近代日本一五〇年

――科学技術総力戦体制の破綻

山本義隆
Yoshitaka Yamamoto

岩波新書
1695

序文

◢日本の近代の始まりを一九世紀中期、もっと限定して明治元年すなわち一八六八年とするならば、二〇一八年は近代日本の一五〇年目になる。

欧米諸国は、一八世紀後半から一九世紀前半にかけて家内制手工業から工場制機械工業への発展をもたらした産業革命を達成した。日本が開国した時代、つまり一八六〇年代、七〇年代には、欧米諸国は国内的には第二次産業革命ともいわれる重化学工業にむけての技術革新を進め、対外的には「列強」として海外植民地獲得に突き進んでいた。これらの国との競争を強いられた日本は、政治思想の面では西欧近代の民主主義思想を、社会思想の面では人権思想を、いずれも十分に尊重することもないままに、天皇制国家の形成にいたったのだが、他方で、西欧の科学技術にたいしては貪欲にそしてかなり効率的に吸収し、官の指導と軍の牽引により、工業化としての近代化を成し遂げ、二〇世紀前半に帝国主義「列強」クラブの仲間入りをはたした。日本のその歩みはアジア・太平洋戦争の敗北でひとたびは頓挫したが、戦後、あらためて新憲法のもとで、経済大国としての復活を遂げた。

この日本近現代史について、明治からアジア・太平洋戦争における敗戦までの大日本帝国憲法の時代と、戦後の日本国憲法の時代に分けるのが普通のようだ。しかし日本は、明治期も戦前も戦後も、列強主義・大国主義ナショナリズムに突き動かされて、エネルギー革命と科学技術の進歩に支えられた経済成長を追求してきたのであり、その意味では一貫している。

徳川日本を開国させたのはペリー率いるアメリカ合衆国東インド艦隊すなわち黒船であった。そのペリーの一八五四年の二回目の来航のときの幕府への献上品が、蒸気機関車の模型そして有線電信の装置一式であったことは象徴的である。それは当時の最先端ハイテク機器であり、ほかでもない西欧近代におけるエネルギー革命の直接的な産物であった。

機械における蒸気動力の使用は、それまで動力、つまり物を駆動する能力、物を持ち上げる能力としては、人力・畜力・水力・風力しか知らなかった人類にとっての動力革命であった。しかし、たんにある形の運動を他の形の運動に転換しているだけの水車や風車と異なり、蒸気機関は、それまでは暖房や調理にしか使われていなかった熱が、物を駆動し、物を持ち上げる能力を有することを示したのであり、そのことによって、熱と動力に汎通的なメタ・レベルの能力としてのエネルギー概念の発見に導くものであった。そのエネルギー概念は、さらに電気が動力のみならず照明や暖房や通信の能力を持つことの発見によって確立されたのである。

したがって蒸気と電気の使用は、動力革命をこえるエネルギー革命であり、こうして人類は、一九世紀中期にその意味でのエネルギー革命を達成したのである。

まさにその時期に開国した日本は、近代化をエネルギー革命として開始することになった。実際に、熱や電気が生産や運輸や通信や照明に強力な力を発揮することを日本人は知ったのだ。一八六九(M2)年に築地～横浜間に電信線が架設され、一八七二(M5)年に新橋～横浜間に鉄道が開通し、その同じ年に群馬県富岡に完全蒸気動力の製糸場が建設され、こうして日本の近代化が始まった。重工業、機械工業、化学工業の面では、幕末の軍需工業を継承する形で、もっぱら新政府の軍によって、軍事優先で始められていた。それ以降の近代化、「殖産興業・富国強兵」の現実化は、運輸や生産における蒸気機関の普及と工場や家庭における電化の拡大、すなわち熱エネルギーと電気エネルギーの使用によって可能となった。

そのエネルギー革命の結果は、人口の変動に端的に表されている。江戸時代のとくに後半、日本の人口はほぼ三〇〇〇万人でほとんど変わらなかった。しかし明治維新後、日本の人口は急速に増加し、アジア・太平洋戦争の終了時にほぼ七二〇〇万人を数え、その後も増え続け、一九六〇年代末に一億をこえるにいたったが、二〇一〇年頃に一億二八〇〇万でピークを迎え、以降、急速な減少に変わっている。そのことは、一八七〇年頃から一四〇年間、日本は、途中敗戦でリセットされたことをのぞけば、一貫して経済成長を続け、エネルギー消費を拡大し続けてきたということ、同時にしかし、二〇一〇年代に入って転換を迎え、いまや経済成長政策そのものの見直しを迫られていることを意味している。歴史人口学者の鬼頭宏は語っている。

少子化は、化石燃料、ウランなど鉱物資源に依存する産業文明が行き詰まり、持続可能な発展・開発を可能にする新たな文明への転換を準備する時代が来たことを象徴しているのだと思います。再生可能エネルギーをベースにした社会に転換するときが来たということです。

(『東京新聞』2017. 3. 25)

二〇一一年の福島の原発事故が、その転換を、つまりひたすらエネルギー消費の拡大を追求してきたエネルギー革命がそのサイクルを終えてオーバーランしたことを、象徴している。

幕末に欧米の科学技術に開眼した日本は、明治になって本格的にその吸収を図り、それが日本の近代化と経済成長を支えてきた。明治以降の日本の近代化は、中央官庁と産業界と軍そして国策大学としての帝国大学の協働により、生産力の増強による経済成長とそのための科学技術の振興を至上の価値として進められてきた。戦後の復興もその延長線上にあった。明治の「殖産興業・富国強兵」の歩みは、「高度国防国家建設」をめざす戦時下の総力戦体制をへて、戦後の「経済成長・国際競争」へと引き継がれていったのである。

日本におけるその官・産・(軍)・学協働の根底にあった思想は、経済の成長・拡大とそれによる国力増進を第一とする「列強主義ナショナリズムに支えられた成長イデオロギー」だったのであり、同時に、それを支える科学技術の進歩にたいする無批判な信頼と無条件な礼賛であった。明治以来今日にいたるまで、「新しい科学の発見と技術の改良は、生産の増大と経済の成長、それにともなう人間生活の改善をもたらし、社会の発展と文明の進歩を牽引する」という命題は、階級的立場を問わず思想信条を問わず、疑われることはなかったのである。

◪そのことが初めて公然と問われ、疑問符が投げかけられたのが、明治維新から百年をへた一九六〇年代末であった。

日本の社会は戦争で壊滅的打撃をうけ、一九四五年に原子爆弾二発で大日本帝国は崩壊したが、敗戦の直後から、日本の科学者は科学による日本の再建を語り、米国の原爆開発を「人類の偉業・科学技術の精華」として称賛し、マスコミも、原子力と宇宙開発を二〇世紀の科学技術がもたらす人類の夢として、描き出してきた。その夢の現実化が始まったと思われたのが一九五〇年代後半だった。一九五六(S31)年の経済白書は「もはや〈戦後〉ではない」と表明している。日本の資本主義は、機械工業、重化学工業を中心とする構造への発展を展望しうるまで立ち直っていたのだ。それはまた、あくなきエネルギー消費の欲求から、水力発電から火力発電、さらには原子力発電へと、エネルギー資源の更新を展望するものであった。とりわけ原子力発電は、たんに経済的問題をこえる、戦後世界における大国のステータス・シンボルとして、さらには潜在的軍事力として、政治的・外交的意味を帯びていた。日本で初めての原子力予算の計上が一九五四(S29)年、原子力基本法の制定が五五年、原子力委員会の設立と科学技術庁の発足が五六年、そして翌五七年八月には東海村で日本で初めて実験原子炉が臨界点に達した。

二〇世紀には、科学は社会を維持するための不可欠な要素としてあり、その維持と発展は国家において制度的に保障されている。科学史家・広重徹の言う「科学の体制化」である。研究面におけるその現実的なあり方は、官(中央官庁)・産(産業界)・学(大学)、ないしは官・産・学と軍(軍隊)の構造化された協働関係においてなされる。研究の前線配置は研究費の配分に表れるが、高度に産業化された国家では、それは産と軍からの要求と官の指導で決定される。

一九六八・六九年の東大闘争において、私たちはそのように国家に取り込まれている大学の教育と研究を問題にし始めたのだ。

そしてまた、六〇年代末までに始まった四大公害訴訟、すなわち、熊本水俣病、新潟水俣病、富山のイタイイタイ病、四日市公害の訴訟は、成田の新国際空港建設にたいする三里塚の農民の異議申し立てをもふくめて、日本における産業の発展と開発による近代化が、農民や漁民の犠牲と共同体の解体、そして自然環境の破壊のうえに進められていることを明らかにした。その経験もまた、科学技術の発展と経済成長を最優先するあり方にたいする批判を促した。

日本における一九六〇年代の理工系ブームは、戦後復活した資本主義が国際競争の場に打って出るためのものであったが、世界的にもその時代は空前の科学技術ブームであった。ソ連による五七(S32)年の人類初めての人工衛星・スプートニク一号の打ち上げから、六九(S44)年の米国のアポロ計画による人類初めての月面着陸にいたるまでの一九六〇年代の米ソの宇宙開発競争は、当初、科学技術のかぎりない進歩を約束しているように思われた。

戦後世界の二大強国のあいだで科学技術の精華を競ったように見えたそのレースは、実際には、ミサイル技術の優劣を競う軍事競争であり、同時に大国間の国家威信をかけたつばぜり合いであった。二〇世紀後半には、国家間の科学技術の優劣は、国家の産業力・文化力の優劣であると同時に、軍事力と政治的発言力の優劣と見なされていたのだ。それこそが、金がいくらかかってもよいから人類の月面着陸は米国が先んじなければならないと叫んで、ケネディ大統領がアポロ計画を命じた本当の理由である。しかも、その華々しい宇宙開発競争の背後では、ソ連においては慢性的経済停滞で民衆の生活が犠牲にされていたのであり、他方、米国においても、六〇年代後半はいくつもの都市で黒人暴動が頻発していたように、大金をつぎ込んだアポロ計画のかげで黒人は差別と貧困のなかに放置されていた。

それと同時に六〇年代の後半は、ベトナム戦争——米国のベトナム侵略——が激化し、米国は、原爆こそ使用しなかったものの、狭いベトナムの国土に第二次世界大戦中に投下した全量の何倍かの爆弾を投下した。大型のナパーム弾やクラスター爆弾から枯葉剤にいたるまで、最先端の科学技術が貧しいベトナムの村落を破壊し民衆の命を奪うことに使われていたのだ。二〇世紀の化学技術が生み出した猛毒の枯葉剤、エージェント・オレンジの恐ろしさは、戦後半世紀近くへた今になって、なお障碍《しょうがい》を有した子供が何人も生まれていることに示されている。その意味では、その非人道性は核兵器の非人道性に劣るものではない。

枯葉剤は、もともとは一九三八年にアメリカの化学薬品メーカーが農業における生産性向上のための除草剤として開発したものだが、はやくも翌三九年に始まった第二次世界大戦中にその軍事転用が研究されている。同様に、一九三八年にドイツとオーストリアの物理学者オットー・ハーンとリーゼ・マイトナーが核分裂反応を発見したが、大戦中にその軍事使用が検討され、七年後の一九四五年に原子爆弾が作られている。この時代には、科学上のどのような発見も、技術上のどのような発明も、ただちに軍事使用・軍事転用の検討対象となることを免れなくなっていたのだ。そして原爆と枯葉剤の効力は、戦闘における攻撃能力の強化というレベルをはるかにこえ、人類の生存条件そのものを左右し破壊しかねない次元に達しているのである。

米国内のベトナム反戦闘争で問われ、弾劾されたのは、合衆国軍隊のベトナム侵略だけではなく、米国の軍事戦略に取り込まれている米国の科学界だったのであり、戦争の破壊力をより強力にし戦争の被害をより拡大している科学技術の進歩そのものであった。米国の学生によるベトナム反戦闘争は、一九六八・六九年には、ハーバードをはじめとする軍事研究をしている全国の主要な大学や研究所にたいする座り込みや占拠闘争という形に発展していった。こうしてベトナム反戦運動と公民権闘争のなかで、六〇年代末に米国においても科学技術批判が語られるようになっていった。

それは、資金と情報と先端科学技術を圧倒的に所有している「産軍学複合体」の暴走にたいする異議申し立てであった。そしてそのような「産軍学複合体」は、二〇世紀における「科学の体制化」のさらに進んだ形態として、二一世紀の「リバイアサン」として、私たちの前に登場している。このような背景のなかで、科学技術の進歩とそれに支えられた経済成長が無条件に良いものであるという、近代社会を推進してきた価値観に、全世界的に疑問符が投げられ始めたのであった。

そして今、科学技術の破綻としての福島の原発事故、そして経済成長の終焉を象徴する人口減少という、明治以降初めての事態に日本は遭遇している。大国主義ナショナリズムに突き動かされて進められてきた日本の近代化をあらためて見直すべき決定的なときがきていると考えられる。本書は、そういう思いから捉え返した近代日本一五〇年の歩みである。

凡例

1．幕末・明治期の引用文では、読みやすくするため、カタカナ文はひらがな文に直し、漢字表記も出来るだけ現代のものに直す。また必要と考えられるところでは、句読点および濁点・半濁点を補った。

2．年代表記は原則として西暦とし、元号を記すときは、M(明治)、T(大正)、S(昭和)、H(平成)のあとに算用数字で記す。

3．鍵括弧での引用文(「…………」)中の鍵括弧は〈……〉に改める。引用文中の〔…………〕は山本の補い。

4．雑誌は、引用にあたっては『科学知識』→『知識』、『科学ペン』→『ペン』、『科学朝日』→『朝日』、『中央公論』→『中公』、『科学史研究』→『研究』、『科学主義工業』→『工業』と略記し、発行年と月を算用数字で記す。

目次

目　次

第1章

欧米との出会い

上：田代義矩纂輯『図解機械事始』1872年
左：髙瀬四郎抄訳『電信ばなし』扉 1873年

1　蘭学から洋学へ

日本の支配層が物理学を中心とする西欧の近代科学に注目するようになったのは、江戸末期である。それ以前に「蘭学」として学ばれていたのは、どちらかというと医学が中心で、その他にはせいぜいが医学に付随した本草学や化学、そして暦算のための天文学くらいで、それも少数の医師やごく一部の武士たちが、もっぱら自分たちの問題関心から私事として学んでいたにすぎない。時計や望遠鏡やその他の西欧の技術も知られてはいたが、それらは趣味人としての蘭癖《らんぺき》大名や裕福な商人にとっての高級玩具のようなものであった。

「医者の蘭学」にかわる「武士の洋学」として欧米の科学と技術が本格的に学ばれるようになったのは、一八四二年に中国がアヘン戦争で英国に敗れた直後からである。当時、欧米列強の艦隊の日本沿岸への接近が頻発していたことにくわえて、強国だと思われていた清朝中国が近代兵器を装備した英国軍隊にあえなく敗北したことは、日本の支配層に欧米の軍事力の優秀さを印象づけるとともに、多大なる危機感を与えることになった。

土佐藩の吉田東洋が一八五二年に書いている。

近古以来、物理の工夫の精密さからするに、西洋人を最も優れていると認めないわけにはいかない。そしてイギリス人を第一と見なすことになる。いまその主たる成果である大戦艦や大砲を見ると、その素晴らしいスピードは風や雷のようである。これを見れば、イギリス人の意匠の精妙さを十分に知ることができる。従来支那《ママ》人は、俗に盲従し古に拘泥し、自身をむやみに尊大に思うばかりで、他者の長所を取り入れて自らの短所を補おうとする心を持たなかった。だからいったん戦争が起こると、遠くから見て驚き逃げるばかりで、有効な措置をとることがまったくできなかったのである。思うに西洋人の学芸に対する工夫は、日々益々精妙なものへと進歩している。天文・地理・暦算術の類も、やはり昔は粗末なものであったが、今では精密なものへと進歩を遂げている。今のものを昔のものと較べてみれば、白と黒の違いを目で見るように、歴然たる違いを確認することができる。（原文は漢文、福島成行著『吉田東洋』にあり。訳は駿台予備学校漢文科講師・三宅崇広氏に教授された。）

この危機感に追い打ちをかけ、日本中にパニックをもたらしたのが、翌一八五三年と五四年のマシュー・ペリー提督率いるアメリカ合衆国東インド艦隊の来航であった。

こうして列強の脅威のもとで、一八五五年に幕府は国防教育と情報収集のために洋学所（翌年、蕃書調所に改称)を急遽開設し、欧米の軍事技術書の収集と翻訳に取り掛かり、ほぼ同時に、洋式海軍の建設をめざして長崎に海軍伝習所を創設し、オランダの海軍士官を教授として造船技術や航海術の教育を開始した。そのことは、欧米科学技術の習得が、「医師の蘭学」の私事としての学習から「武士の洋学」の幕府による公的教育に転換したことを意味している。

もちろんその影響は、幕府にとどまらず、各藩のレベルにも浸透していった。ペリー来航以来一年以内に幕府に大砲鋳造を届け出た大名は実に二二五人、砲一六五七門にのぼる(海野、一九八二)。中津藩の福沢諭吉が、家督を継いだ一八五六年に蘭学学習の希望を藩に願い出たとき、砲術修業という名目なら許されたと、『福翁自伝』(以下『自伝』)にはある。緒方洪庵の適塾でオランダ医学を学んでいた播州の医師・大鳥圭介が西洋兵学学習のために江戸に発ったのは一八五四年である。

このように近代日本における欧米科学技術の習得は、もっぱら軍事技術の側面から開始された。さきに「医師の蘭学」が「武士の洋学」にとってかわられたと言ったが、その「洋学」は、少なくともこの時点では「兵学」であった。そのさい、学習の主目的はあくまで技術――軍事技術――にあり、科学は、技術の習得に必要とされるかぎりにおいて学ばれていた。海軍伝習所では数学や物理学もそれなりに教授されてはいたけれども、それは数学や物理学それ自体が重視されたからではなく、造船技術や航海術習得のためであった。

つまるところ、大部分の日本人にとって、近代西欧文明の優越性は、社会思想や政治思想によってではなく、欧米の科学によって表されていたのであり、しかもその科学は、「黒船」つまり強力な大砲を備え蒸気を動力とする軍艦、すなわち軍事技術に体現されていたのである。

2 エネルギー革命との遭遇

しかし欧米のその優越性は、実際には軍事力に限られていたのではない。その時点、つまり一九世紀中期には、欧米と日本は技術力一般において歴然たる差があった。ペリーが二回目の来航のときに幕府への献上品として持参した蒸気機関車の模型と有線電信の装置一式は、欧米社会ですでに実用化されていたものであるが、それらはエネルギー革命を象徴する当時の先端技術で、幕府の役人たちを興奮させたと言われる。

とりわけ蒸気機関の実用化は、それまで動力源としては人力・畜力・水力・風力しか知らなかった人類が、まったく新しい動力源を知ったことであり、動力革命を意味している。

マルクスの『資本論』には「発達した機械装置は、三つの本質的に異なる部分からなる。動力機、配力機〔動力伝達機構〕、最後に道具機または作業機がそれである」とある。しかしこの意味での機械は、すでに中世以来使われていた。農村での水車による粉挽機や鉱山での馬による巻揚機などがそうである。一八世紀末から一九世紀中期にかけて西洋社会で生じた変化の肯綮《こうけい》は、たんなる機械化ではなく、機械の動力が水力や畜力から蒸気つまり熱にかわったことにある。これによって、水力や風力使用のさいの地理的制約や、人力や畜力における生物的限界をこえて、原料や労働力の調達にとって都合のよい任意の位置に、資本の許すかぎりの大規模な工場を建て、大量生産を行うことが可能となったのである。

日本でそのことに最初に気づいたのは、幕末に欧米社会を直接見聞した武士たちであった。

一八六〇年(万延元年)に蒸気船ポーハタン号で幕府使節団が渡米した。主要な目的は、日米修好通商条約の批准書交換とともに、米国国力の視察であった。その一員の玉虫左太夫は詳細な『航米日録』を遺している。その記録は、米国を「夷狄の国」つまり野蛮国と見なしていた出発前の認識が、航海の経験や米国での見聞とともに改まってゆく様子、同時に、米国の人たちの分け隔てのないフランクさにひきかえ、身分制社会の下での日本人の卑屈さ・尊大さにたいする不信と嫌悪が芽生えてくる様子が読み取れ、その点で興味深い読み物になっているが、ここでは、彼が米国社会で見聞した科学技術についての印象や感想に焦点を絞ることにしよう。

乗船した蒸気船そのもの、パナマ地峡で経験した蒸気車、米本土の工場で見聞した蒸気動力の各種の機械、あるいは写真その他の近代技術について、玉虫は外から観察できるかぎりで構造や機能を記載しているものの「其奇巧の精密唯に驚き入るのみ」「其精密解する能はず」と繰り返し語り、原理的な理解は、はなから放棄している。その姿勢は、たとえば船上で見た避雷針についての「其器械銕《てつ》針の先五分斗鍍金《メッキ》を施す、是を檣頭《しょうとう》〔マスト〕に立て、夫れに接して鉄鎖を海中へ垂下す。是にて落雷の憂なしと云ふ。余其何の所以を詳《つまびらか》にせず、又奇法なりといふべし」（巻二）といった記述に典型的に見られる。玉虫が感じ入ったのは、それらの機械や装置の複雑精妙な作動原理ではなく、もっぱらその強大な生産能力・作業能力にあった。

実際、玉虫は、米本土で、大規模な工場や造船所といった重工業のみならず、印刷所のような軽工業やホテルのようなサービス業にいたるまで、蒸気動力をともなった機械化が行き渡っていること、とりわけそれらが有効に省力化を進めている点に強い印象を受け、そのことに繰り返し触れている。造船所、印刷所、ホテルでの見聞が、それぞれ語られている。

〔造船所では〕其製造を一見せしに、何れも蒸気の機巧にて更に人力を用ひず、百人許の業一両人にて成る。……激発丸の鋳造、木材の鋸鑿《きょさく》、皆蒸気車力を以てす。また巨銕を伸縮するに、百人力許なるを一両人にて自在にす。蒸気の便利如此に至る、……。（巻三）

〔印刷所では〕皆蒸気の機巧を以て為す。其車凡《およそ》二十個許にして、壁間の中央に一大車あり、常に蒸気を以て回転す。是より連接して数車自ら転回す。而して其機巧に因て紙の出入鉛字の印出及び墨の粘染等皆成る。唯傍に紙の出入を司る少女子一両人あり。（巻四）

〔ホテルでは〕工作の業より衣の浣濯に至る迠蒸気の機巧を以て是を為す、人力を用ゆる少し。（巻四）（『日本思想大系66』所収）

玉虫がなにより注目したこの省力化、裏返せばこの作業能力は、たんなる機械化ではなく、蒸気機関の導入による動力革命そのものがもたらした成果であった。蒸気動力によって広範囲に機械化されていたアメリカ文明が与えた強い印象を、そこに読み取ることができる。

ポーハタン号に随行した咸臨丸《かんりんまる》で同時に渡米した福沢諭吉もまた、同様に、アメリカ社会の機械化の普及状況について「都《すべ》て力を費やし候事業は、悉《ことごと》く蒸気仕掛に致、木挽、金物製作、通用金鋳立《いたて》、砂糖製造、麦粉を碾《ひきわ》り候点も、蒸気機関の仕掛に有之候」と『見聞報告書』に記している。

しかしオランダ語と英語をすでにマスターしていた福沢は、玉虫と異なり、「理学上のことについては少しも肝を潰すということはなかった」旨を『自伝』に記している。大坂の適塾時代に当時としては最先端のファラデーの電磁気学を学んでいたと自負しているように、福沢は欧米の自然科学の上面《うわつら》に通じ、電気が何であるのかについてもそれなりの理解があった。しかも福沢は、幕末に米国に二度、西欧に一度、都合三度欧米に渡ったただ一人の日本人で、その意味では、欧米社会について当時もっとも通じている日本人であった。

その福沢が注目し感嘆したのは、たんに蒸気使用の動力革命にとどまらず、蒸気すなわち熱の動力使用と電気の通信への使用が表しているエネルギー革命であった。

福沢の一八六六年の『西洋事情』の扉には、「蒸汽濟人電氣傳信（蒸汽人を済《たす》け、電気信《たより》を伝う）」と大書され（読み方は杉山、二〇〇二に倣う）、中央に電信線で取り巻かれた地球、その下に蒸気船と蒸気機関車が描かれている。維新直前の時代、福沢にとって欧米の科学技術は、ペリーが持参した最先端技術としての蒸気機関と有線電信で代表されていたのである。

西欧近代の遂げたこの変革について、一八八一（M14）年に福沢はあらためて記している。

　千八百年代、彼国に蒸気電信の用法を工夫し、輓近《ばんきん》三、四十年来、其法の整頓するに従て、社会の事物、頓《とみ》に面目を改め、軍備戦闘の事、殖産《ママ》工業の事、一切皆これに籍《よ》らざるはなし、殊に運輸交通の法に於ては、開闢《かいびゃく》以来、蒸気発明の日を堺にして、前後まさしく別乾坤《べつけんこん》と云ふも可なり。（『時事小言』第一編）

蒸気機関と電信機の登場を境にして世界が「別乾坤」に変わったという福沢のこの指摘は、エネルギー革命という、西欧近代の変化の核心を突いていたのである。

3　明治初頭の文明開化

こうした経験をふまえて玉虫左太夫は、欧米諸国との通商にむけて、明確な教訓を導き出す。

万国と貿易するなれば、諸品の制造《ママ》も今に十倍せずんばあるべからず、限りある人力を以て、何程運動力作すとも、決して成るべき理なし。貨幣の損益は論ずる遑《いとま》あらず、国已に衰弱すべし、此を善くせんとならば、蒸気器械を製造して、一人にて百人の業を成すの術を始むるに若かず。（『航米日録』巻八）

それまで欧米社会について知ることの少なかったばかりか、「士農工商」と称される身分制ヒエラルキーの最上部にいて、手工業や商行為を蔑視していた幕末上級武士の訪米での率直な感想であろう。

明治維新の後、欧米社会を実地に見聞した新政府のエリートたちは、この玉虫の得た印象と教訓を、あらためて確認することになる。新政府の中心を担ったのは長州と薩摩の藩士だが、彼らは日本で唯一、欧米の軍隊と直接戦った経験を有していた。長州藩は下関戦争で米英仏蘭の連合軍と戦い、薩摩藩は薩英戦争で英国軍と戦い、薩摩はそこそこ善戦したようだが、長州は完敗であった。彼らは欧米の軍事力の優越性を身に染みて知ったのであり、明治新政府の危機感はより以上に切迫していたと思われる。

明治新政府の首脳陣、岩倉具視を特命全権大使とし、木戸孝允・大久保利通・伊藤博文ら総勢数十名におよぶ使節団は、維新直後、一八七一(M4)年から二年近くにわたって米国と西欧諸国を視察し、彼の地の文明をつぶさに見てまわった。そのひとつの目的は、各国の制度・法律・財政・産業・軍事などの視察・調査であり、この面では使節団は多くのことを学んだ。その様子は使節団メンバーの久米邦武の手になる公式記録『特命全権大使　米欧回覧実記』(以下『実記』、引用末尾の数字は通しの巻番号)に詳しい。

冒頭の「例言」には、西欧での状況に「瀛車其都に達し、僅に笈《きゅう》(荷物)をホテルに弛《ゆる》むれば、回覧即ち始る、昼は輪轡瀛吼の際、鉄臭煤気の間を奔《はし》る、烟埃《えんあい》満身にて、瞑(日暮れ)に及ひ方(部屋)に帰れば、衣を振るに遑《いとま》あらず、宴会の期已に至る、威儀を食案に修め、耳目を観場に倦《つか》らし、子夜に寐床に就き目を覚せば、製場の迎伴人已に至る」とある。使節団は訪れた欧米の諸都市で、産業の視察や工場見学に寸暇を惜しんで精勤していたのである。

最初に訪れた米国の記録に「方今礦産の利益において、第一と謂ふべきものは、石炭と鉄との両種に越るはなし。……製作工芸の興るは、製鉄の業開けるを以て根本をなす」(2)、「米国人器械の製作に長す、自ら謂ふ世界に冠絶す」とあって(12)、すでに機械化に積極的であった一九世紀米国の機械工業の記述に大きなスペースをとっている。同様に、英国について「英国の富は、元来礦利に基せり、国中に鉄と石炭と産出高の莫大なること、世界第一なり、国民此両利により、滊器〔蒸気機関〕、滊船〔蒸気船〕、銕《てつ》道を発明し、火熱により蒸気を駆り、以て営業力を倍蓰《ばいし》し、紡績と航海との利権を専有して、世界に雄視横行する国とはなりたり、故に全国内に銕冶の業の盛なること、我一行の目を驚かせし処たり」とあり(21)、その後にも繰り返し、英国の工業と富の基礎が鉄と石炭にあることが指摘され、確認されている。そしてそのことは欧米諸国全般にあてはまる。

西洋人の物産を論ずるに、皆謂ふ国に銕《てつ》石炭を出すは、富饒の源なりと、……銕の利は石炭によりて著はれ、石炭の用は銕によりて生ず。炭銕の欧洲に於て、工芸を補助し、国民の営業力を増加せしむること、其効用は実に莫大なるものなり。(50)

彼ら使節団もまた、機械化された大規模な工場によって商品が大量に生産されている欧米の工業と商業に、圧倒されていたことがわかる。西欧の産業革命、すなわち、鉄を使用した製造工程の機械化と、石炭つまり蒸気機関の使用による動力革命、それによって達成された強力な経済力に使節団は直面し、強く印象づけられたのである。

同様の感想は、もちろん彼ら以外にも見られる。

政府留学生として一八七二(M５)年から二年半ほどフランスに留学した中江篤介(兆民)は、自由民権論者で、天賦人権論とルソーを日本に紹介したことで知られているが、一八八八年に「工族諸君に告ぐ」という一文を遺している(『日本近代思想大系14』所収)。そこには、西欧の工業が「大仕掛けに貨物を製する工業的実業家」による大規模生産であるのにひきかえ、「我亜細亜にて是迄貨物を製するには、重に自然の習修と当人の巧便(器用)と並に其勉強とを以て基本とするのみにて、工人たる者皆其住居の一室を以て工場と為し、自ら少許《すこしばかり》の貯金を注ぎ又は他人より少許の金を借り来りて資本と為して、即ち傭主と傭工とを一身に兼帯する者最も多きに居れるが故に、大仕掛の工業家は甚だ鮮少なりき」とあり、西欧の工業と日本の生産業が、生産の形態、そして資本の多寡で対比されている。

司法省出仕の身分であった中江の留学は、法学修行として認められていたのであり、滞仏中の彼の関心は文学・思想にむけられていたのだが、それでもさすがに、産業革命をへた西欧の大規模な工場制機械工業と産業革命以前の日本の、せいぜいが問屋制家内工業、多くは零細家内工業との落差、資本力と技術力のその落差には、強い印象を受けたのであろう。経済学者の書にあるように「ほとんどまったく近代産業をもっていなかった日本と、産業革命後何十年かを経過し、そろそろ帝国主義段階への移行を始めようとしていた欧米諸国との差は、ある意味で無限大であった」(大島・加藤・大内、一九七四)。

『実記』にもどれば、久米は、「尚《とうと》ぶべきは、元来国民の生活を便安にし、営業力を増さしめる」ことであるにもかかわらず、日本をふくむ東洋の支配階級が「民生切実の業は、瑣末の陋《ろう》事《じ》(卑しいこと)として、絶て心を用ひず」としてきたことを指摘している(7)。そして、欧米とのその相異は、根本的には商業・貿易にたいする姿勢の違いに由来する、というのが久米の導いた結論であった。すなわち「欧洲の人民、商業を貴重とすること、染《しみ》て一般の肺腑にあり」(93)、「米欧の民は、貿易を以て最要の務めとす」るのであり(4)、「当今欧羅巴《ヨーロッパ》各国、みな文明を輝かし、富強を極め、貿易盛に、工芸秀て」いるのは「欧洲商利を重んずる風俗の、此を漸致せるところ」なのである(23)。それにたいして「日本支那の民、古より今に至るまで、貿易を度外におく」のが、少なくとも支配階級においては普通であった(18)。しかしそれでは欧米を中心とする国際社会ではやっていけない、というのが久米と使節団の得た教訓であった。

しかし、着目すべき、そして学ぶべきは、産業と商業がただたんに盛んなことだけではない。福沢は、一八五一年にロンドン、五五年にパリで開催された万国博覧会について語っている。

各国に博物館を設けて、古来世界中の物品を集むと雖ども、諸邦の技芸工作、日に開け、諸般の発明、随て出、随て新なり。之が為め、昔年は稀有の珍器と貴重せしものも、方今に至ては陳腐に属し、昨年の利器は今日の長物となること、間々少なからず。(『西洋事情』)

のちの『学問のすゝめ』にも「世の中の有様は次第に進み、昨日便利とせしもの今日は迂遠と為り、去年の新工夫も今年は陳腐に属す。西洋諸国日新の勢を見るに、電信、蒸気、百般の器械、随《したがっ》て出れば随て面目を改め、日に月に新奇ならざるはなし」(九編)とある。そして彼の『時事小言』には「太平無事の時にあたり工業商業の戦争あり」と記されている。福沢が強く印象づけられたのは、不断の技術革新により工業と経済が進歩し成長し続けているばかりか、その進歩が国家単位で競われているという事実にあった。万国博覧会は、ほかでもない、その進歩と成長の国家間での競合の場だったのである。西欧諸国が技術革新と経済成長の熾烈な競争を行っていることには、久米もまた注目し、『実記』では、それを「太平の戦争」と表現し、そのことを「開明の世に、最も要務の事」と記している(82)。

欧米諸国が帝国主義段階にむかいつつあるこの時代に福沢や久米たちが見たのは、科学が技術に直結し、産業の発展と軍事力の強化にとって不可欠の要素となっていることにとどまらず、国家が科学技術の振興と革新を積極的に支援していることであった。本格的な世界分割戦に突入する直前の欧米諸国の状況を、福沢や久米は正確に捉えていたのである。こうして日本は、科学技術と経済成長が相携えて世界を席巻している近代社会に引き込まれていくことになる。

幕末から明治初期に欧米列強に接し、軍事力と経済力の落差を思い知らされた日本の支配層は、たえず進歩し、たえず成長しなければ国家として生き残れないという強迫観念を植えつけられたのである。そこから久米は、新生日本の針路に思いを巡らせる。

方今〔目下〕世界、舟楫《しゅうしゅう》相通し〔海上交通が盛んになり〕、貿易交際の世となりては、国権を全くし、国益を保つには、国民上下一和して、第一に財産を重んじ、富強を致すに、注意を厚くせざるべからず。(『実記』24)

国民一丸となって富強に励むべしということだが、しかしそのことは、たんに西洋技術の転移で済むものではなく、それまでの日本の支配に関わる思想に根底的転換を迫るものであった。

4　シンボルとしての文明

江戸時代には「士農工商」と称される階級構成が維持され、そこでは、軍事をふくむ政治が最上位に、工業と商業は最下位にランクされていた。幕府や藩の官僚として農工商の労働に寄食していた武士たちは、職人の手仕事や商人のそろばん勘定を賤しいこととして蔑み、それらに関わることを忌避していた。明治の世になって「四民平等」が語られても、その風潮はなかなか改まらなかった。一八七四(M７)年から執筆された福沢の『文明論之概略』(以下『概略』、引用末尾に章番号を記す)にも、士族が「理財(経済)を談ずるは士君子の事に非ずとして、之を知らざるを恥とせざるのみならず、却て之を知るを恥と為し」とある(９)。豪農の家に生まれ、幕臣をへて明治政府に出仕し、おなじ頃に大蔵省を辞して実業の道に入った渋沢栄一は、そのときの談で、古来日本人は「武士を尊び政府の官吏となるを無上の栄光と心得、商人になることを恥辱と考え」てきたと証言している。一八八五(M18)年に実業家・吉田平二朗は『工業振興論』を著したが(『日本近代思想大系14』所収)、その執筆理由に「世間一般の人は工業に従事する者を侮辱すればなり」と語り、「世間に論客多しと雖《いえども》、未だ工商の地位の転倒せるを揚言することなきは何ぞや」と嘆いている。その偏見は根強いものであった。

「士農工商」の階層化された社会から、国民一丸となって工業と商業に励む社会への移行は、それまでの価値観の一八〇度の転換を要したのである。

そのためには、欧米から移植すべき科学技術を在来の技術から差別化し価値的に上位に置いて習得するための一般的な思想《イデオロギー》と社会的な制度《レジーム》の確立が必要とされたのであり、それには、一方では、福沢のような知識人の側からの啓蒙活動と、他方では、国家のイニシアティブによる教育制度の両面が必要とされた。とりわけ前者の啓蒙活動においては、近代西欧の自然科学が、それまでの東洋や日本の自然観にたいして圧倒的に優越しているという認識(より正確にはイデオロギー)、そして欧米の技術がその近代科学に支えられた科学技術としての優れた合理的体系であるという理解(より正確には幻想)を、一体として、たんに知識階層のあいだにだけではなく、民衆のあいだにも行き渡らせる必要があった。

その活動を推進し支えたシンボルが、「文明化」あるいは「文明開化」であった。

明治の初めに新生日本の針路としてたんなる開国をこえる「文明開化」をもっとも明確に揚言したのは福沢諭吉であった。幕末の一八六六年に『西洋事情』で「歴史を察するに、人生の始は莽昧《もうまい》にして、次第に文明開化に赴くものなり」と語り、「文明開化」という言葉を世に定着させた福沢は、『概略』で「人間の目的は唯文明に達するの一事あるのみ」(3)、「文明は人間の約束なれば、之を達すること固より人間の目的なり」と言いきっている(4)。

単純化して言えば、人類は「野蛮」→「半開」→「文明」という一方向に進歩していくというのが福沢の歴史哲学であって、アフリカは「野蛮」、アジアの国々は「半開」、そして大多数の欧米諸国は「文明」の状態にある、というのがその現状認識である。すなわち「西洋諸国は文明にして、我が日本は未だ文明に至らざる」。そこから導かれる結論は、現時点での最高の文明段階にある西欧文明を目標として日本は「文明化」を進め、欧米諸国にならぶかたちでの独立を達成すべきということになる。そしてその「文明化」とは、つまるところ工業と商業の発展にほかならなかった。裏返して言えば「製造の術の未だ開けざるは、即ち国の文明の未だ具足せざる証拠」なり(『概略』10)ということになる。そしてその意味での文明化のためには、商工業の発展をもたらすための学問が盛んとならなければならない、すなわち

学問の道は虚ならずして発明の基を開き、工商の業は日に盛にして幸福の源を深くし、人智は既に今日に用ひて其幾分を余し〔知識をすでに活用しつつも未だ途上にあり〕、以て後日の謀を為すものの如し〔将来の発展を期す〕。これを今の文明と云ふ。(『概略』2)

一言で言えば、文明の指標は絶大なる生産力を生み出したところの、そして更なる進歩を約束するところの「科学技術」の有無ということになり、それはとりもなおさず「実学」すなわち「有用の学」としての西洋近代科学、とりわけ近代物理学そのものを持ち合わせているということになる。晩年の『福翁百余話』の「今の文明学を文明として、之を和漢の古学に比較し、両者相互に異なる所の要点を求むれば、単に物理学の根本に拠ると拠らざるとの差異あるのみ」という指摘に明らかであろう。「東洋の儒教主義と西洋の文明主義と比較して見るに、東洋になきものは、有形に於て数理学と、無形に於て独立心と此二点である」と『自伝』で言い

きった福沢にとって、数理科学としての物理学に代表される西洋科学は、それまでの日本や中国の自然観にたいして、圧倒的に優れていると見なされていたのである。

「誰か大八車を以て蒸気車に比し、日本刀を以て小銃に比する者あらん。我に陰陽五行の説を唱えれば、彼には六十元素の発明あり。我は天文を以て吉凶を卜《ぼく》したるに、彼は既に彗星の暦を作り、太陽太陰の実質をも吟味せり。我は動かざる平地に住居したる積りなりしに、彼は其円くして動くものなるを知れり」という『概略』(6)の感慨こそ、明治初頭に福沢が率先して物理学——当時の言葉では「窮理学」——の啓蒙に励んだ理由に他ならない。

5 窮理学ブーム

明治の初め、森鷗外の小説に「当時の流行語で言ふと、開化と云ふものが襲つてでも来たのか」(『雁』)とあるが、まさにそのとき、「窮理熱」と言われた西洋科学技術啓蒙書の出版ブームが生じたことが知られている。火をつけたのは一八六八年、明治改元直前に出版の、福沢の『訓蒙窮理図解』と福沢の盟友・小幡篤次郎の『天変地異』の二著であった。

福沢のこの『訓蒙窮理図解』は初等的な「物理学のすすめ」、実際には薄っぺらな物理学入門であり、書かれている個々の内容も、大半は江戸後期の青地林宗や幕末の川本幸民らの蘭学書にすでに書かれていたことで、それらを通俗的に表現した程度にとどまっている。決定的な違いは、それまでの蘭学書の読者が蘭学者のせまい人脈の内に閉じられていたのにたいして、福沢の書が「文明開化」の伝道書として、蘭学の知識をひろく民衆に解放したことにある。

福沢の書は、民衆のあいだに語り継がれていた様々な迷信を一掃する啓蒙の精神に導かれたものではあるが、しかしその出版のタイミングの絶妙さがブームを生むことになった。内的には慣れ親しんだ徳川幕藩体制が崩壊し、外的には西洋近代が得体の知れない強力な力として押し寄せてきている、アモルファスで先行きの見通せない状況下に民衆は置かれていたのである。その不安感の背景にあったのは、政治的・社会的変動だけではない。

幕末期、一八五四年には七月に伊賀上野大地震があり、犠牲者は一五〇〇人をこえた。同年一二月の二三日と二四日には大津波をともなった安政東海地震と安政南海地震の珍しい双子地震が続き、死者はあわせて数千を数えた。翌五五年一一月には、直下型の地震として安政江戸地震を迎える。死者は七〇〇〇から一万と伝えられる。さらに五八年には四月に富山・岐阜でとくに被害が大きかった飛越地震、七月の八戸・三戸の地震と続いている。マグニチュード七とか八クラスの大地震、まさしく天変地異が続発していたのであり、これらもまた民衆のあいだに動揺を生み出していたのである（表記は新暦）。

公方様の権威の失墜とともに、一方ではこれまでの常識や知識が覆され、他方ではこれまでまったく知ることのなかった事柄や文物に直面し、不安感に囚《とら》われ途方に暮れていた維新直後の民衆にたいして、福沢と小幡は、どのような不可思議に見えることであれ「道理を考えれば驚くには足りず」「天地の万物みなこの理に外るることなし」と諭し、その拠り所を与えるものとして「窮理」というものの見方を教示し、それが「文明開化」の機運に共鳴したのである。

そしてこれ以降、「窮理もの」と言うべき書物が堰を切ったように溢れ出ることになる。幕末に欧米の言語を習得し洋学を多少は齧ったものの、幕藩体制の崩壊で食い扶持や拠り所を失った一部の筆の立つ士族たち、あるいは中国語(漢文)に訳されていた西洋の科学書を学んだ者たちが、きそって窮理の書を執筆し翻訳し、生半可な知識を披瀝し、民衆に伝道した。若干の例をあげると、一八七二(M5)年には土屋政朝訳の『訓蒙窮理餘談』、鳥山啓の『窮理早合点』、永澤克久の『訓蒙窮理新編』、後藤達三の『訓蒙窮理問答』、清原道彦の『窮理智環』が、翌七三(M6)年には西尾猛訳の『窮理訓蒙』、中神保訳、瓜生政和校訂『窮理和解』、尾形一貫の『窮理通』、東井潔全の『窮理日新発明記事』、七六(M9)年には眞山温治の『窮理一端』等が出版され、重力や自然現象や天文現象ばかりではなく、蒸気機関や電信機そして気球等の人工の機械類にたいしても、初等物理学にもとづく説明が与えられている。

その他に、気球や摩擦電気その他を記した麻生弼吉著『奇機新話』(一八六九)、輪軸や梃子や滑車や斜面等の機械学の基礎とともに水車や蒸気機関に論及している田代義矩纂輯『図解機械事始』(七二)、高瀬四郎抄訳『電信ばなし』(七三)、あるいは静電気を解説した中神保抄訳の『電気論』(七一)のような書も出されている。話題の中心は機械そして蒸気と電気にある。

瓜生政和の一八七三(M6)年の『素読窮理双紙』には「近頃窮理書行われ、世に発兌《はつだ》するもの数部《すぶ》、其記す箇条、大同小異と雖も、皆依る所あり、而して取る所あり、故に人是を看るを悦ぶ」とあるが、実際には、同様の書物がその一〇倍ほどの点数出版されたと推定される。

しかしこの窮理書ブームは、このような初等科学書の出版にとどまるものではない。そのことこそがブームのブームたる所以であろう。実際にも、一八七二(M5)年の『窮理捷径十二月帖』や七三年の『窮理贈答之文』といった「窮理」にかこつけた習字の手習い書が出されているばかりか、七六年に印刷された増山守正の『滑稽窮理臍の西国』にいたっては、落語の書である。しかし落語とはいえ「窮理」と銘打っているように、題材を物理学・化学に採っている、あるいは物理学・化学のある程度の知識を前提としている。「原素坊」という題目の落語は、子供の長命を願って僧が長い名前を付けるという「寿限無」ばりの話だが、付けた名前が「アルミニウム」に始まり「カリウム」をへて「チルコニウム」に至るまで、元素名が全部で六三続き、最後は「造化単純用太郎」で終わるというもので、このことは、福沢の謂う「彼(西洋)に六十元素の発明あり」の知識がそれなりに浸透していたことを窺わせる。この時代に西欧科学の断片が、興味本位にせよ民衆のあいだで口にされていたのであろう。

戯作者・仮名垣魯文は、一八七一(M4)年から翌年にかけて刊行された『安愚楽鍋』に「ひらけねへ奴等が肉食をすりア、神仏へ手が合されねへの、ヤレ穢れるのと、わからねへ野暮をいふのは、窮理学を弁えねへからのことでげス。そんな夷《えびす》に、福沢の著た肉食の説でも読ませてへネ」と書き、翌年、『通俗窮理話』を著しているが、その冒頭は「西洋家作の門口へ窮理学教授所という札を掛けしは文明斎開化と呼ばれたる人にて」と始まっている。窮理学は肉食とならんで開化のシンボルであり、それゆえにこそブームとなりえたのである。

それればかりか、そのブームは、窮理学を文明開化のプラスシンボルと結びつけることによって、窮理学つまり近代物理学の優越性を大衆に説き、窮理を知らずんば人並みに非ずという、なかば強迫的観念を生むにまでいたっている。一八七二(M5)年の青木輔清の『画本窮理物語』では、息子に洋学を学ばせるために洋学塾を訪れた町人に語らせている。

方今は大造《たいそう》に西洋の学問が流行いたしまして、町人でも、百姓でも之をしらなければ人間ではなき様に相なりました。……然し学問さへ勉励しますれば、また西洋に勝る知識もでき、善き新工夫も発明し、西洋に鼻をあかせる吏《こと》もできませふかと存じますから、仰願《どうぞ》愚息を先生の御門人となし、洋学の御教諭をうけ、人間なみに致し度と、態々《わざわざ》めし連れまして御座ります。(秋田摩紀「窮理学の流行をめぐる磁場」『日本思想史学』第35号より)

先述の『滑稽窮理臍の西国』の初編「手与指相異《てとゆびのそうい》」には「当時は則《すなわち》文明開化、彼に窮理あり、此に化学あり、妓楼娼廓に至ても亦金銭を賤しみ窮理を尊ぶ」とある。福沢自身、一八七一(M4)年に「元来、物を見て其理を知ざるは、目を具へて見ざるが如し。故に、窮理書を読ざる者は、瞽者《ごしゃ》に異ならず」と、ほとんど恫喝に近い言葉を残している(『啓蒙手習之文』)。たんなる啓蒙書の出現をこえるこの特異なブームをとおして、江戸「洋学」の遺産は、相当に水増しされた形であれ、大衆化され、幕府禁制の秘教から新時代の教養へと姿を変えることになった。徳川幕藩体制が崩壊し、この先どうなるか誰にもよくわからない維新直後の束の間のエアポケットの時代に、こうして民衆は、西欧近代科学思想の洗礼を受け、自然を合理的に捉え、その知識にもとづいて自然の力を使役するという、今まで馴染みの薄かった自然の見方、自然への対処の仕方を、上っ面であれ知ったのである。そしてそれは、明治新政府の推進する「殖産興業・富国強兵」の回路へ民衆を導くにあたっての地均しをすることとなった。

6　科学技術をめぐって

本書ではここまで、幕末から明治にかけて日本が直面した欧米の技術、とりわけ蒸気機関や有線電信の装置のことを断りなく「科学技術」と語ってきた。そのさい「科学技術」を、科学によって導き出された技術、あるいは科学によって裏づけられた技術の意味で使ってきた。

しかし現実には、西洋においても、もともと技術が科学理論にもとづいて形成されてきたわけではないし、技術が科学的裏づけをともなっていたわけでもなく、他方で、科学も、技術的応用を目的に研究されてきたわけではない。実のところ、科学技術なるものが形成されたのは、せいぜいが一八世紀末以降のことで、それまでは、科学と技術は本質的に異なる営みであった。

世界の理解と説明を目的とする科学は、大学アカデミズムの内部で論じられる哲学ないし思想としての自然観であり、実践の学としての医学をのぞいて、何らかの実際的応用を意図していたわけではない。他方、製作や操作を目的とする技術は、長年にわたる膨大な経験の蓄積をとおして形成されたもので、機械の製作にせよ金属精錬にせよ、力学理論や化学理論に裏づけられていたわけではない。梃子や滑車の原理が力学法則としての仕事の保存にあるということが判明する以前から、梃子や滑車は使われていたし、製鉄が鉄鉱石中の酸化鉄を炭素で還元することであるという理論が知られるはるか以前から、製鉄の技術は存在していた。そして技術の知識は理論化されることもなく、徒弟修業による実地訓練で伝承されてきたのである。

そもそも大学アカデミズム内部の学問は、言葉の学問、論証の学問であり、もっぱら古代文献の閲読と釈義に終始していた。中世末期にアリストテレスの運動理論にたいする批判が英仏の大学内部で起こったときも、ただ論理の精密さのみが問われ、議論の正否を実験で検証しようとした者はいない。医療実践と結びついているはずの医学の世界ですら、手術や医薬の調合のような手を汚す作業は、大学外で職業教育を受け職人扱いされていた外科医や薬剤師に委ねられていた。アカデミズムの世界では、職人もその技術も蔑まれていたのである。

そして西欧中世では、文字文化はもっぱらラテン語で表され、アカデミズムの学者と教会の聖職者たちに独占されていた。しかし一六世紀になって、印刷書籍の出現と宗教改革にともなう俗語の国語化の動きとともに、僧侶と大学知識人による文字文化の独占に風穴が開けられ、職人たちの内部から自身の経験を俗語書籍に表現する者たちが登場することになる。それは「一六世紀文化革命」ともいうべき知の世界の地殻変動であった。そしてその変動に呼応して、アカデミズムの内部からも、手仕事を厭わず実験装置を組み立て観察や測定を重視する新しいタイプの学者が登場してくる。ガリレオやトリチェリやフックやボイルたちであり、彼らによって、観測と実験にもとづく実証科学の形成が始まる。これが「一七世紀科学革命」である。

しかしそれでもなお、科学と技術は別々に営まれていた。

一八世紀後半から一九世紀初めにかけてのイギリス産業革命の過程で、蒸気機関の発展による動力革命と紡績産業の機械化が達成されるが、その過程にオクスフォードとケンブリッジは何の寄与もしていない。ジェームズ・ワットもそうだが、ワット以前に蒸気機関を考えたトマス・セイヴァリやトマス・ニューコメンも、ワット以後に高圧蒸気機関を創り出したリチャード・トレヴィシックや高圧蒸気機関を二段式に改良したアーサー・ウルフ、そして蒸気機関車を実用化したジョージ・スチーブンソンも、すべて高等教育とは無縁であった。高圧蒸気機関の効率が良いということも、経験的に見出されたことで、当時その理論的根拠はわかっていなかった。また、飛び杼《ひ》を発明したジョン・ケイ、ジェニー紡績機を発明したジェームズ・ハーグリーヴズ、水力紡績機を発明したリチャード・アークライト、そしてミュール紡績機を発明したサミュエル・クロンプトンやミュール機の自動化に成功したリチャード・ロバーツのような人物も、やはり徒弟制度で教育され、実地の経験で学んだ職人であった。力織機を発明したエドモンド・カートライトは例外的にオクスフォードの出であるが、四〇歳までは牧師であり、彼の学問は技術とつながっていない。彼らによる発明や改良は、ただもっぱら従来の技術の使用経験と既存の機械の直接的観察にもとづくもので、力学理論に依拠したものではないし、力学理論から導かれたものでもない。

金属精錬を含む化学工業についても、同様のことが言える。専門書によれば「初期(一九世紀中期まで)の化学工業を振り返ってみると、ちゃんとした化学教育を受けていない人びとによって、それも、最も熟練した専門家の間ですら化学的知識がいまだ非常に幼稚であった時代に、多くの業績が上げられたことに驚く」とある(ウィリアムズ、一九八七)。

彼らが発明に熱中したのは、学問的関心からではなく、基本的には職人気質とでも言うべき、物づくりにたいする本能的な熱意に突き動かされたものであり、そして同時に、すでにこの時代には発明の成功が富に結びつく可能性を特許制度が保証していたからに他ならない。そして競合するいくつもの新技術のうちでどれが優れているかは、市場によって判定された。

科学にもとづく技術革新の第一歩として、一七六九年に最初の特許を取得したワットによる蒸気機関の改良が挙げられる。ワットは、高等教育とは無縁であったけれども、蒸気機関の改良にさいしてはそれなりに科学的な手法で臨んでいたのである。しかしこの時点でも、実際には技術は科学に先行していた。科学が技術に先行し、技術にたいして指導性を発揮して科学技術が形成されるのは、ようやく一九世紀になってからである。

この点で少し脱線しておくと、「技術とは生産実践における客観的法則性の意識的適用である」という武谷三男の技術についての規定は有名だが、その規定は私の言う「科学技術」にしか当てはまらない。実際、人間が自然の一部であった中世までは、そもそも「客観的法則性」なるものは存在しなかったし、一七世紀科学革命以降も、一八世紀末まで、「客観的法則性」を考究する大学アカデミズムと無関係に技術は営まれていたのである。*

＊以前、私は自著『福島の原発事故をめぐって』で、「近代社会、もっと限定すれば西欧近代社会の最大の発明品のひとつは科学技術だと思う。科学と技術ではない。客観的法則性として表される科

学理論の生産実践への意識的適用としての技術である」と書いたとき、武谷の規定との違いを強調したつもりでいたのだが、その違いは読み取ってもらえなかったようである。

ともあれ、一八世紀末にボルタ電池が発明されてから電流の研究は飛躍的に進み、一八二〇年に電流の磁気作用が発見され、これによって電気学と磁気学が結びつき電磁気学が生まれ、その電磁気学にもとづいて三〇年代に有線電信の技術が開発された。これが純然たる科学技術の始まり、つまり純物理学上の発見によって導かれた技術開発の最初と言える。そして一八三一年に英国のマイケル・ファラデーが、そしてほとんど同時に米国のジョセフ・ヘンリーが電磁誘導の法則を見出し、運動エネルギーの電気エネルギーへの転換への道が開かれ、ここにその後の電気文明全面開花への端緒が形成されたことになる。

さらに一八四〇年代に熱力学の原理（熱力学第一法則・第二法則）が発見されたことによって、エネルギー概念が確立され、前世期末から実用化の始まっていた蒸気機関、そしてその後の内燃機関の発展にたいして、物理学の理論にもとづく改良が可能となった。原動機工学の誕生である。それはドイツのルドルフ・ディーゼルによる一九世紀末のディーゼル機関の開発によって示される。

一八五六年には英国のウィリアム・パーキンがアニリン染料の合成に成功して、有機合成化学工業が始まるが、これもまた、科学と技術の関係に新しい時代を開くものであった。

「確立された自然学を新しい道具や新しい事物の発見のための基礎として利用しようという考えは、初期の人類社会には存在しなかったのであり、それは未だ少数のヨーロッパ諸国に特有の近代的観念なのである」と英国人ジャーナリストのウォルター・パジェットが言ったのは、一九世紀後半であった（三谷、二〇一七）。哲学者ユルゲン・ハーバーマスの書にも「学問と技術の相互依存関係は、一九世紀後半まで存在しなかった」、「一九世紀後半に科学が工業社会の生産力に格下げされ（ていった）」とある（ハーバーマス、一九七〇ａ、一九七〇ｂ）。

しかしそのことは、それまでの科学がそのままで技術の基礎になったということではない。その過程で科学自体も変化した。「一八六〇年にはイギリスでは、秩序だった自然現象の繰返しを、対応する条件から出てくる一定の結果と見なす習慣が（そのような条件と結果の一般的表明を科学の法則とするという考えが）広く受け入れられるようになった」（アーミティッジ、一九七二）のである。

自然学は、自然を解釈し説明する哲学から、自然に法則を読み込み、現象の行く末を予測する術へと変化してゆき、そのことによって、自然への働きかけの指針を与えるものとして、科学の技術への接近が可能となった。そしてそれに応じて、科学は専門化され、研究の方法も技術化され、専門化された教育を受け、専門分野の学界や学術雑誌に専門論文を発表する職業化された「科学者（サイエンティスト）」が誕生したのである。

7　実学のすすめ

日本が欧米の技術に開眼したのは、まさにこの時代であった。それゆえ明治期には、欧米伝来の技術があまねく科学技術であると受け取られることになった。「彼土《あっち》はすべて理でおして行国がらだから、蒸気の船や車のしかけなんざアおそれいつたもんだネ」という仮名垣魯文の『安愚楽鍋』のセリフがそのことを示している。それはまた明治期に欧米の技術が、「工学」つまり厳密な言語と記号のシステムによって体系化された知として教育された背景である。

福沢の場合で言えば、その技術の基礎にある科学は、ほかでもない窮理学（物理学）であった。一八八二（M15）年に福沢は「欧洲近時の文明は皆この物理学より出でざるはなし。彼の発明の蒸気船車なり、鉄砲軍器なり、又電信瓦斯なり」と『物理学之要用』で語っているが、この点についての福沢の主張は、蒸気機関や有線電信といった当時の先端技術にかぎられてはいない。八一年の『時事小言』に「欧洲各国に於ては、有形物理の学、夙《つと》に開けて、人間百般の事、皆実物の原則を基《もとい》として次第に進歩を致し、物産製造、運輸交通、農工商一切の事業より、居家日常の細事に至るまで、物理学の原則に出るもの多し」と記した福沢は、八三年にあらためて明言している。

近年西洋に於て学芸の進歩は殊に迅速にして、物理の発明に富むのみならず、其発明したものを、人事の実際に施して実益を取るの工風、日々新にして、凡そ工場又は農作に用る機関の類は無論、日常の手業《てわざ》と名く可き灌水、割烹、煎茶、点燈の細事に至るまでも、悉皆《しっかい》学問上の主義に基て天然の原則を利用することを勉めざるはなし。（『学問之独立』）

西洋においては、およそ技術という技術は、ごく卑近な技術にいたるまで、すべて科学理論、とりわけ物理学にもとづいて形成されたものであると、福沢は見なしていたのである。かかる理解は、もとより福沢だけのものではなく、欧米を少しでも知った当時の多くの日本の知識人に共有されていた。そして彼らはそのことをしばしば在来技術との対比で強調していた。

久米の『実記』(33)には「西洋の民は……理、化、重の三学を開き此学術にもとづき、助力器械を工夫し、力を省き、力を集め、力を分ち、力を均くするの術を用ひ、……其利用の功を積み、今日の富強を致せり」とある。「理」は熱学や電磁気学よりなる物理学、「化」は化学、「重」は力学と機械学を指す。久米も、欧米の技術が物理学や化学にもとづくものと了解していたのだ。そして久米の場合、それは明確に日本の技術との対比で語られている。すなわち「我邦の工事、多く粗鹵《そろ》〔粗末〕なるは、其原則物理、化、重の学、及び度学〔製図学〕に暗きによ」る(27)。同様に中江兆民も、先にふれたエセーで、西洋の工業が「第十九世紀学術の力に依頼する工業」として「理化学の娩出する貨物」を生産しているのにひきかえ、これまでの日本の工業すなわち「純然たる亜細亜流儀の工事」は「学術の力に資《よ》らずして盲目なる習慣に由《よ》りて成り立ちたる工業」であったとの見解を語っている。

欧米の技術が西欧の科学に裏づけられた科学技術であるという理解は、裏返せば、西欧の科学がもっぱら「実用の学」としての性格において評価されているということを意味している。そのことは、福沢の『西洋事情』の次の一節から、かなり明白に読み取ることができる。

〔自然科学においては〕千四百年代に至るまでは、……世人皆古聖アリストーツル〔アリストテレス〕の学流に心酔し、附会奇異の神説を唱へて、有用の実学に志すものなく、千六百年の頃に至るまでも其形勢依然たり。此時に当《あたり》てフランシス・バーコン〔ベーコン〕、デス・カルテス〔デカルト〕等の賢哲、世に出て、専ら試験の物理論を唱へて古来の空談を排し、千六百六年には伊多利の学者ガリレオ、初て地動の説を建て、千六百十六年には英国の医師ハルフィー〔ハーヴェイ〕、人身体血液運行の理を発明する等、世の学風漸く実際に赴く。

ここでは「附会奇異の神説」「古来の空談」と対比される「試験の物理論」が「有用の実学」

であるとされ、そのことで評価されている。「実物の原則を基として」と語られる実証性は、実用性にほとんど等値されている。実際、技術の基礎となる物理学の場合、「窮理とは、無形の理を窮め、無実の議論を為すに非らず」(『啓蒙手習之文』)とあるように、「実学」の「実」、「無実に非ず」の「実」とは、『概略』(2)に言う「虚ならずして発明の基を開」くことを意味している。福沢にとって、西欧に生まれた科学理論の真理性と優越性を担保しているのは、ほかでもない実際的応用の可能性と現実性それ自体であり、実用性にその価値を見出すこの手の学問観こそが、明治の初めに日本が西欧科学を受けいれたときの基調であった。

かくして明治期の日本では、科学は技術のための補助学として学ばれたのであり、今日にいたるまでの日本の科学教育は、世界観・自然観の涵養によりも、実用性に大きな比重をおいて遂行されることになった。日本が近代化に素早く成功したひとつの理由でもあるが、それはまた、日本の近代化の底の浅さの原因でもある。

8　過大な科学技術幻想

西欧の技術を科学技術と捉えた明治日本は、そのことで、科学を技術のためのもの、言うならば技術形成の妙法と矮小化することになったが、逆に技術にたいしては、過剰に合理的な、そして過度に強力有効なものとして受け止め、受けいれることになった。

近代以前の西欧世界では、自然は有機的で生命的な全体であり、人間はその一部として自然に調和して生きていると考えられていた。人間は自然の摂理にしたがって自然と共生していたのである。そのさい技術は、自然の模倣、自然の働きの人為的再現であり、それゆえ自然に劣るものと見られていた。古代ギリシャの科学と哲学が西欧キリスト教世界で再発見されるのは一二世紀だが、その時代にいちはやくアリストテレス哲学を学んでいた学者コンシュのギヨームは「すべての技は、創造主の技か、自然の技か、自然を模倣する職人の技のいずれか」であり、「創造主の作品が完全である」のにひきかえ「人間の作品は不完全である」と記している。同時代のサン・ヴィクトル修道院のフーゴーもまた「業《わざ》は三種類あり、神の業、自然の業、自然存在を模倣する技術者の業がそれである」と語り、そのさい「技術者」が作るものは「まがい」であって、やはり自然に劣るとしている。一三世紀の代表的西洋文学『薔薇物語』には「〈技芸〉は自然の前に跪いて猿のように〈自然〉を真似る」が「決して〈自然〉には到達できない」とある。そして一六世紀にイタリアの技術者バンノッチョ・ビリングッチョは書いている。

自然は諸事物においてその内側から作用し、そのすべての基本実体をあるものからあるものへと完全に変化せしめるのにたいして、技術は自然にくらべてきわめて非力で、自然を模倣しようとして自然に従うのであるが、事物にたいして外部から表面的に作用するにすぎない。（『ピロテクニア』）

ここでも、自然の模倣としての技術は、自然に及ばないもの、自然に劣るものとされている。技術は自然を越えられないと言うとき、自然にたいする畏怖の念がその底辺にあったことは間違いないであろう（詳しくは、拙著『一六世紀文化革命』を参照していただきたい）。

中世的な自然観からの脱却は、一七世紀の西欧における近代自然科学の誕生に始まる。近代の哲学と科学は人間を自然の外に置いた。自然の外にいる人間が外から自然を観測し、外から自然に働きかけることによって、自然の法則を探ろうとするのが近代科学なのである。つまり人間は「上から目線で」自然を見るようになったのだ。

そしてこれこそが、ガリレオが落体の法則や慣性の法則を導いたやり方なのである。重い物は速く落ち、軽い物はゆっくり落ちる、また力が働かなければ物体は動かない、とアリストテレスは語っている。日常的な経験ではそうである。石ころはストンと落下するが、木の葉はヒラヒラと舞い落ちる。そして馬につながれない馬車は動かない。しかしガリレオは、そのようなあるがままの自然、見えるがままの現象から一歩離れて、頭のなかで自然を構成し直し、「本来の」言い換えれば「真の」あり方では、重い物体も軽い物体も落下速度はおなじであり、動いている物体は力が働かなくともそのまま動き続けるはずであると主張した。現実にはそうならないのは、空気抵抗や摩擦があるからで、なにものにも妨げられない自由落下こそが「本来の」落下であり、同様に、なにものにも妨げられない運動が「本来の」運動であり、空気抵抗や摩擦はその本来のありようを妨げる攪乱要因だと考えたのである。

しかしそれまで、空気のない世界を見た者はいない。そこでガリレオは、速度とともに増加する空気抵抗の影響を低減する目的で斜面を使って速度増加の割合を小さく保ち、摩擦の影響をなくすために金属球を磨きあげ、斜面を滑らかにし、真空に近い条件を人為的に作り出して落下時間を測定し、こうして落下距離と落下時間の関係を数量的に表した。

実際の自然は、様々な要素が作用しあい、多種の要因が複雑に絡み合ってできている。その中の特定の要素と特定の要因のみを本質的なもの、本来のものとして選定し、その他の要素や要因を副次的な夾雑物であり非本質的な攪乱要因であると見なすのは、もちろん人間の判断である。結局のところ近代科学は、人間が本質的と判断した部分だけを取り出して、もともと自然にはなかった理想的状態なるものを人為的に作り出し、そこに「自然の本来の法則」を探るのである。一八世紀の哲学者のカントは、ガリレオによる落体の法則のこの実験をとらえて「近代科学はガリレオによって始まった」と言っている。その意味は、近代科学の研究が、あるがままの自然に鼻づらを引き回されるようにして自然に教えられるのではなく、人間が裁判官となって自然に尋問し、自然にたいして人間が主体的に設定した設問にむりやり答えさせるというようにして行われるということを意味している。そして物理学理論の持っている合理性・計算可能性・予測可能性は、このかぎりにおいて保証されている。

ここには、人間が自然にたいして上位に立ったという自覚が明瞭に読み取れる。一七世紀の思想家たち、「自然の秘密もまた、その道を進んでゆくときよりも、技術によって苦しめられるとき、よりいっそうその正体を現す」と言ったフランシス・ベーコン、あるいは人間が自然を拷問にかけて自然に自白させる、それが研究の正しいやり方だと言ったロバート・ボイルたちによる科学の方法についての新しい立場は、ここから生まれてきた。ジョセフ・グランヴィルは「自然を知ることによって自然を支配し、管理し、そして人間のために利用する」と語り、デカルトは、新科学のもたらす「実践的な哲学」によって「私たちは自然の主人公で所有者のようになることができるでしょう」と豪語している。そして「知は力なり」と宣言して科学を技術に結合させるべきことを強く主張したのが、他でもないベーコンであった。

その延長線上に科学技術による自然の征服という近代人の思想が登場する。実際「技術が自然と競争して勝利を得ることにすべてをかける」と語るベーコンにとって、自然研究の目的は、端的に「行動により自然を征服する」ことにあった。これはベーコンの一六二〇年の書『ノヴム・オルガヌム』の一節だが、そこには「技術と学問」は「自然にたいする支配権」を人間に与えるものと明記されている。

そしてそのベーコンの夢を現実化させたと思わせたのが、一九世紀の蒸気機関と電気の使用、すなわちエネルギー革命であった。この革命によって、多くの人々は、技術が自然を凌駕したと信じたのである。その思想は、「最初のテクノクラート」として科学と産業を結びつけた先駆者としてのサン＝シモンによって現実化の方向を与えられた。そして彼の思想は、蒸気機関の使用が広がっていった時代に、鉄道建設や都市改造計画に情熱を燃やしたサン＝シモン主義者たちに継承されていった。その一人、ナポレオン三世時代のフランスの官僚ミッシェル・シュバリエは、一八三六年に語っている(鹿島、一九九二より)。

それ自身では弱く貧弱な存在にすぎない人類は、機械の助けを借りて、この無限の地球の上に手を広げ、大河の本流を、荒れ狂う風を、海の満ち引きを我がものとする。機械により、大地の内臓から、そこに埋まっていた燃料と金属を引きだし、さらには、その燃料と金属を渡すまいと頑張る地下の大河をてなずける。人類は、機械を用いて、水の一滴一滴を蒸気の貯水池に変え、力の貯蔵庫にする。地球のわきにおいたらひとつの原子にすぎない人類が、その地球を、倦むことなく従順に働く召使にしてしまう。地球は、主人の監視のもとで、どんな過酷な労働もしてくれるようになる。人間のこのうえない力を思い知らせてくれるもの、それは、鉄道の上で荷物を運ぶために考え出されたあの独特の形の蒸気機関にほかならない。

一九世紀の科学技術は、人間が自然より優位にあるという立場の近代科学にもとづいているのであり、ここから技術によって自然を人間に奉仕させる、技術によって自然を征服する、技術によって自然から収奪するという観念が生まれてきた。技術が科学技術となることによって、技術観そのものが変わってしまったのである。

一九世紀後半には、この科学技術幻想が肥大化してゆく。開化に背をむける蒙昧な精神を啓蒙主義者が引率して、文明の精華としての蒸気船や電信機、一八六九年に開通のスエズ運河や一八七一年に完成をみるアルプスはモン・スニ峠のトンネル等を見せてまわり、文明に開眼させるというストーリーの、この時代にイタリアで創られたバレエ「より高くに(*Excelsior*)」がフランスとイタリアで大ヒットし、三〇年余にわたって公演を続けたことが知られている。アーミティッジによれば「自然を正しく研究すれば必ず自然は征服されるという確信」が、その後のテクノクラート勃興の前提だとあるが、その確信を与えたのが、この時代であった。

日本が欧米の科学技術に出会ったのは、まさにこの時代であった。科学のもつ潜在能力への圧倒的な信頼は、「人の精神の発達するは限あることなし、造化の仕掛には定則あらざるはなし。無限の精神を以て有定の理を窮め、遂には有形無形の別なく、天地間の事物を悉皆人の精神の内に包羅して洩すものなきに至る可し」という『概略』(6)の一節に、端的に表明されている。自然は完全に合法則的であり、人間精神は無限ゆえ、科学によって解明しえないものは何もないという、近代科学への絶対的な信頼である。それは、欧米の技術があまねく科学にもとづいているとの思い込みを背景に、技術の可能性にたいする過大な期待につながっていく。

水火を制御して蒸気を作れば、大平洋の波濤を渡る可し、アルペン山の高きも、之を砕けば車を走らしむ可し。避雷の法を発明したるの後は、雷霆《らいてい》も其力を逞《たくま》ふするを得ず。化学の研究、漸く実効を奏して、飢饉も亦人を殺すを得ず。電気の力、恐る可しと雖ども、之を使へば飛脚の代用を為さしむ可し。……概して之を云へば、人智を以て天然の力を犯し、次第に其境に侵入して造化の秘訣を発し、其働きを束縛して自由ならしめず、知勇の向ふ所は天地に敵なく、人を以て天を使役する者の如し。既に之を束縛して之を使役するときは、又何ぞ之を恐怖して拝崇することをせんや。(『概略』7)

福沢自身、その過大なる科学技術幻想に囚われていたのであり、その幻想は、以後一五〇年にわたって日本を呪縛することになる。

第2章

資本主義への歩み

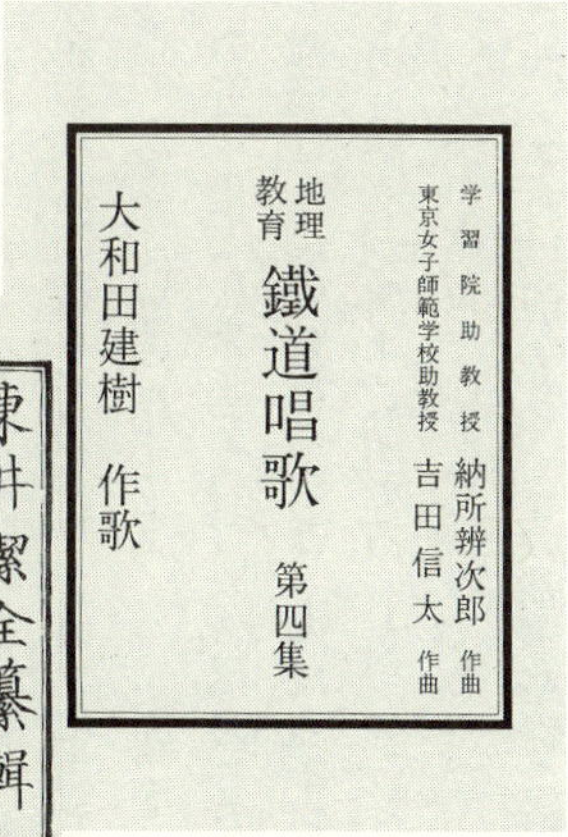

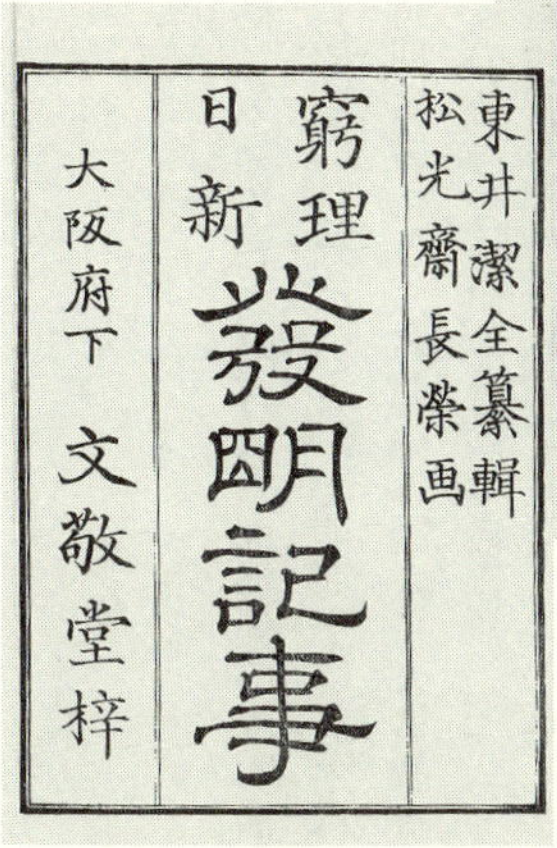

上：大和田建樹作歌『鉄道唱歌』1900 年
左：東井潔全纂輯『窮理日新発明記事』1873 年

1 工部省の時代

一九七九年に出版された開国百年記念文化事業会編、矢島祐利・野村兼太郎編集の『明治文化史5 学術』では、明治の科学史を前期・中期・後期に分けている。「前期」は、一八八五・八六(M18・19)年までで、帝国大学誕生までの時期にあたり、お雇い外国人による教育と組織的な海外留学による、欧米の科学と技術の一からの習得と移植の時代である。

新生明治国家がめざした道は、「殖産興業・富国強兵」のスローガンに表される、資本主義経済の形成と発展、そのことによる経済的・軍事的強国化であった。内務卿(のちの内閣制度の下での内務大臣にあたる)として農業の近代化と在来産業の育成に尽力した大久保利通は、「殖産興業に関する建議」で「大凡国の強弱は人民の貧富に由り、人民の富貴は物産の多寡に係る」と語っている。人民を豊かにするのは産業を興すことであるが、それは国家を強大にするためである。「国家の富強」が目的で「人民の富貴」はその手段であった。大久保がこれを明示的に語ったのは一八七四(M7)年だが、それ以前から、その基本路線は追求されていた。それ

実際、明治新政府は、維新直後から工業化政策、産業の近代化・機械化を進めていた。それ

を中心的に担ったのが、ひとつは、欧米の軍事技術移植に急な兵部省(のちの陸軍省・海軍省)であり、いまひとつは、国家富強と利用厚生を二大政策原理とする工部省であった。

軍は幕府や西南雄藩が設立した兵器工場や造船所を接収し、官営の軍事工場としての大阪砲兵工廠、東京砲兵工廠、海軍造兵廠、横須賀海軍工廠に改変した。軍工廠の最大の目的は、もちろん兵器の自給化にある。日本の近代化の軸は、産業の近代化・工業化であると同時に軍の近代化・西欧化であった。通常、産業の近代化がすなわち日本の資本主義化と見られているが、軍の近代化が日本の資本主義化にはたした役割は、きわめて大きい。「当時の日本の技術全体の前進にあたって、政府の軍事工場は、部分的に指導的な役割をはたす立場にあった」(星野、一九五六)。実際、軍による兵器自給化の欲求、およびもともとは軍事から始まった造船業こそが、明治期日本の重工業・機械工業・化学工業への大きな推進力であった。軍と産業の近代化が同時並行で上から進められたことが、日本の資本主義化を特徴づけている。そして軍によるこの兵器自給の欲求が、やがて、そのための資源を求めてアジア侵略へと日本を駆り立ててゆく。

他方、内務省に先んじて一八七〇(M3)年に設置された工部省は、鉄道、鉱山、土木、造船、電信、製鉄等を中心的事業とし、産業基盤と社会基盤の整備を進め、工業化を牽引することになる。工部省は、長崎や兵庫の造船所、そして幕府や諸藩の鉱山を接収しただけではなく、民間に資本の蓄積の乏しかった状況下で、自身で官営工場を建設し、経営に乗り出し、近代化・工業化に必要とされる技術官僚・技術士官の育成に取り組んだ。ちなみに、これらの原資は、基本的には地租、すなわち農民からとりたてた租税であった。

工部省によるこの上からの工業化政策と、そのための先行的技術者教育を明治前期に推進したのが、俗に「長州ファイブ」と呼ばれた、幕末にイギリスに密航した長州藩士、山尾庸三、井上馨(志道《しじ》聞多)、井上勝(野村弥吉)、遠藤謹助、そして伊藤博文(俊輔)であった。とりわけ工部省の設立に力を尽くし、明治の工業教育に大きく貢献したのは、ロンドン大学をへてグラスゴーで造船学を学び、維新直前に帰国した山尾である。維新後に工部少輔(局長)となった山尾は、七一年に工業人材養成のための学校の創設と海外留学制度を上申し、前者の目的で創設されたのが工学寮であり、のちにそれが工部大学校に発展し、現在の東京大学工学部の前身となる。山尾自身は、七二年から工部大輔(次官)となり、八〇年には工部卿に上りつめる。

こういうことは大概の書物には書かれているが、山尾や伊藤や志道たちが日本を脱出する前に何をしていたのかは、あまり書かれていない。大佛次郎の長編『天皇の世紀』や司馬遼太郎の短編小説『死んでも死なぬ』によると、彼らは、高杉晋作らが一八六二年一二月に品川御殿山に建設中の英国公使館を焼き打ちしたときのメンバーであり、それればかりか、その八日後、山尾と伊藤は、塙保己一の息子で幕臣の国学者・塙次郎が廃帝の典拠を調べているという根拠のない風説をもとに、待ち伏せして斬殺している。彼らは攘夷を唱え天皇親政をめざすテロリストであった。司馬によれば、実際に塙を斬ったのは山尾だとある。山尾は渡英して攘夷の旗を降ろした後も、明治天皇制国家に忠実な尊王主義者であり国家主義者であり続けた。

その山尾は、工学寮創設にあたって、時期尚早との批判にたいし、「たとへ為すの工業無くも、人を造らば其人工業を見出すべし」と反論している（高崎、二〇〇八）。明治の初め、工業の振興に先んじて未来の工業のための技術者教育が国家の手で始められたのである。「工業を解明し工部に従事する士官を教育する」目的で一八七一（Ｍ４）年に創設された工学寮は、七七（Ｍ10）年に「工部に奉職する工業士を養成する学校なり」と規定された工部大学校に格上げされる。土木工学、機械工学、電信学（電気工学）、造家学（建築学）、実地化学（応用化学）、採鉱学（鉱山学）、溶鋳学（冶金学）、そして後には造船学の学科を有し、予科学・専門学・実地学の三課程からなる六年制の単科大学である。教授はすべてイギリス人で、その教育方針は、都検（プリンシパル、事実上の学校長）として招請されたグラスゴー大学出身の弱冠二五歳のヘンリー・ダイアーによって定められた。

明治における科学技術教育のいまひとつのチャネルは、文部省による。

維新ののち、新政府は一八七一（Ｍ４）年に廃藩置県を断行し、近代国家の建設に取り掛かる。文部省もその年に設置された。七二年の戸籍調査や七三年の徴兵令の発布は中央集権的な統一国家形成の一環であるが、それらと同時期に日本最初の近代教育法制として学制が公布され、師範学校が創設された。それまで藩ごとに行われていた単純な読み書きそろばんの実務教育にかわって、国家意識の涵養を目的とする教育が始まった。藩への忠義心にとらわれている民衆の帰属意識の対象を、藩から国家に変えさせる必要があったのである。義務教育としての小学校教育はまた、起立・礼・着席に始まり、一定時間座って授業に集中させ、期末に学習成果を試験するという教育をすべての子供たちに課すことによって、規律正しい集団行動が求められる近代的工場労働や近代的軍隊に必要な資質を植えつけようとするものであった。そして学校教育が社会のすべての階層に開かれ、同時に試験制度が学校教育と結びつくことによって、上級学校への進学が選抜試験によって定められるようになり、こうして学制改革は、「士農工商」の身分制による秩序にかわる、「四民平等」を建前とする学歴による秩序の形成を促すことになった。

いずれにせよこの時点では、文部省の主要な関心は初等教育にむけられていた。

高等教育について文部省は、蕃書調所に始まりその後いくつもの変遷をとげて幕末には開成所と称されていた幕府の洋学研究機関を引き継ぎ、開成学校、さらにのちには東京開成学校とし、それを幕府の医学所に始まる東京医学校と併合し、工部大学校の誕生にわずかに遅れて、一八七七(M10)年に、日本で初めての総合大学としての法・理・文・医の四学部からなる東京大学を立ち上げた。その理学部には、化学科、数学・物理学及び星学科、生物学科のほかに、工学科と地質学及び採鉱学科という二つの工学系の学科が含まれ、その工学科は翌年、機械工学科と土木工学科に分かれることになる。つまりその「理学部」は、むしろ「理工学部」のようなものであった。「理学」という言葉さえ広い意味を有し、工学との区別を強調するときには「応用理学」にたいする「純正理学」のように使われていた(辻、一九七三)。もともと、物理学そのものも技術のためのものと見られていたのであるから、当然といえば当然である。

実際には、幕府の開成所から東京開成学校にいたるまでも、あるいは幕府の医学所から東京医学校にいたるまでも、その名称および組織がそれぞれ幾度も変更されていたのであり、その事実を見ても、あるいは東京大学理学部のこの折衷的な学科編成を見ても、これまで文部省が、高等教育にたいしては、漢学・国学にかわり洋学を中心に据えること、そしてお雇い外国人と留学制度によって各分野での次代の指導者を養成するということ以上には、確たる方針を有していなかったと推察される。その意味では、工業化推進のための人材養成という明確な目的を有していた工部大学校が「高級エンジニアの供給源としては東京大学理学部より本流であった」(中山、一九七八)ことは確かである。

一八八五(M18)年に太政官制が内閣制度にかわり、おなじ年に工部省が廃止され、それにともなって、工部大学校は東京大学理学部の一部の工科系学科と併合され、これでもって帝国大学が誕生し、工部大学校は帝国大学工科大学、すなわち現在の東京大学工学部の前身となる。[*]

＊ここで言う「帝国大学」は、一八八六（M19）年に設立された固有名詞としての帝国大学で、分科大学制であり、法科大学・理科大学・文科大学・医科大学・工科大学で構成されていた。東京農林学校（もと駒場農学校と東京山林学校）が農科大学として編入されるのは一八九〇（M23）年である。一八七七年創立の東京大学は、帝国大学（八六）、東京帝国大学（九七）、東京大学（一九四七）と名前を変えることになる。東京帝大が学部制に改めるのは一九一九（T8）年。ただし以下では、区別せずに東大あるいは工学部等の略称を使用する場合も多い。

2　技術エリートの誕生

工部省が廃止されたこの頃までに、工部省が起業した官営企業はほぼすべて行き詰まり、民間に払い下げられていった。経済学の書には「日本の産業革命の開始時点」が一八八六（M19）年とされているが（石井、二〇一二）、文明開化を物質化する任務を負っていた工部省とその教育機関は、日本の産業革命が始まる時点でその任務を終えたことになる。この時期まで、つまり近代化への助走の時代は、工部省と工部大学校が牽引した時代であり、日本における近代的技術者養成の創世期と言える。

そしてその時代が、その後の日本の科学技術の社会的な性格を形成することになる。

欧米科学技術輸入の中核的存在としての工部省による明治前期の工業化は、欧米科学技術のほとんどまるごとの移植によって進められた。その基本方針は、在来の職人層に依拠し、彼らからの発意を促して、従来の技術を改良し発展させるのではなく、おもに士族の中から能力のある者を選抜して技術士官を育成し、彼らの指導で欧米の科学技術をほとんど白紙の状態にある日本にひたすら移植することであった。その科学技術は、物理学によって裏づけられ、大規模な生産や広域的な運輸・通信に供されるところの、強力な動力源を備え、込み入った機械装置によって作動する技術、あるいは化学理論に裏づけられ、複雑な化学反応にもとづき、新しい物質を人為的に創り出す技術で、それまでの日本に培われていた経験主義的で伝統的な工芸技術には無縁のものであった。

工業教育史の専門書には「士農工商の身分が固定された封建の社会にあって、支配層である武士が、被支配層の職業とされた工業の担い手となるところに、日本の工業化のひとつの特徴がある。……日本では職人は依然としてその地位にとどめ置かれたまま、武士が工業化の旗手として登場した」とある(三好、一九八三)。実際、明治前期に上級学校に進んだのはほとんどが士族の子弟で、明治期の技術者はその大半が士族出身者で占められていた。しかし徳川の時代に「士農工商」の身分制ヒエラルキーの最上部にいた士族は、職人や商人の仕事を蔑んでいたのであり、士族に根強かったこのような階級的偏見を払拭するには、工部大学校、のちには帝国大学工科大学で教育されることになる技術を、舶来のものとして箔をつけ、お上のものとして権威づけ、こうして教育される技術者を、技術エリート・技術士官として在来の職人から差別化しなければならなかった。工部大学校の都検ヘンリー・ダイアーは、自著『大日本』で「〈技術者こそが本当の革命家である〉……。なぜかと言えば、技術者の仕事は社会と経済の状態を変革し、単なる立法がもたらすものに比べてはるかに強力なさまざまな影響力を発揮することになるからである」と記している。これはダイアーが常々学生に訴えていたモットーで、ダイアーは、山尾と協力して、学生たちに強烈なエリート意識を植えつけたのである。

工部大学校と東京大学が共存していた時代まで、技術者教育の主流は工部省＝工部大学校にあり、六年制の工部大学校では、グラスゴー大学出身のダイアーの方針で、実地訓練が重視されていた。グラスゴー大学は、イギリスの他の大学に先駆けて一八四〇年に土木・機械学の講座を開設したことで知られる。一九世紀のグラスゴー大学が生んだ最大の物理学者ウィリアム・トムソンが大西洋横断海底電線敷設の指揮を執るような技術的応用にも関心の高い人物であったように、グラスゴー大学の学風は、貴族的なオクスフォードやケンブリッジとかなり異なっていた。みずからも職工の子として生まれたダイアーは、教養人のための高踏的な教育ではない、むしろフランスのエコール・ポリテクニクやドイツとスイスの高等工業《テー》専門学校《ハー》に幾分近い、実用と実地を重んじる技術者教育をめざしていた。フランスが技術重視の高等教育機関としてエコール・ポリテクニクを創ったのは、反革命同盟による包囲下で技術者を緊急に養成する必要があったからであるが、列強の包囲下にあった明治初期の日本は、その意味では革命直後のフランスに近い状態にあったと言える。そのためダイアーの方針は、その要請によくマッチしていた。

しかし東京大学との併合で生まれた帝国大学工科大学では、ヘゲモニーは文部省に移行し、修業年限の短縮にともない実地訓練の比重が減らされ、その結果「帝国大学の他の分科大学の影響をうけ、徐々にではあるが学理優先主義へと傾斜した」(三好、一九七九)。日本は欧米の技術を高等教育機関で「工学」として教育したのだが、その「学」的要素がより強められることになったのである。その影響は後々まで尾を引くことになり、二〇世紀に入ると「帝国大学工学部の教育内容は、現場教育に重点をおくものからむしろ研究に重点をおくものへと変貌した」(星野、一九五六)。ずっと後、戦時下の一九四三(S18)年に大阪帝国大学教授で工学博士の熊谷三郎は「大学工学部及び高工の卒業生は世に出てからは技術者として働くのであるが、彼等は在学中、技術に関して殆んど学ばないのが普通である。彼等は学校に於て工学を学ぶが技術に関しては殆んど学ぶ機会を持つてゐない」と記している(「生産技術の研究」『工業』1943. 7)。事実であろう。

併合のいまひとつの結果として、「帝国大学のいうところの官学アカデミズムや官僚主義的高踏性などとも無縁ではなくなった」ことが指摘されている(三好、一九七九)。そのことは、工部大学校時代に山尾やダイアーが植えつけたエリート意識ともあいまって、科学技術の世界において「官尊民卑」の風潮を生み出していくことになる。

いずれにせよ、「忠義」を倫理観の基礎にもつ江戸時代の武士は、実質的には藩や幕府の官僚であり、それゆえ士族出身の技術者は、もともと主君に従順で組織に忠実なエートスの持ち主で、近代国家の官僚に親和的であった。福沢諭吉は一八九三(M26)年に「(高等教育を受けた)本来の士族か、しからざれば他族の工化した者たち」は「其志す所は遺伝の気風に従ひ、十中八九官途の一方に赴き」と語り(『実業論』)、大学で学んだ者の多くが官途を志向していることを繰り返し嘆いている。民間の就職先が限られていたことや、官吏の社会的地位がきわめて高かったということだけではなく、士族出自の彼らが営利事業に従事するのを潔しとしなかったということもあった。したがって、帝国大学工科大学の卒業生たちは、高級専門的技術官僚つまりテクノクラートとして、為政者の意を体して明治の国家建設に邁進することになる。

市民社会がすでに形成され、その発展過程で職人層の内部から技術革新の担い手として生まれてきた西欧とりわけ英国の技術者と、支配階級の出自で、市民社会誕生以前にいきなり工業化の担い手として国家の指導で教育された日本の技術官僚は、根本的に異なっていた。日本における科学技術揺籃期のこういった特徴は、今日にいたるまで、大学の工学部で講じられている専門の知に過大な権威を与え、同時に、科学技術の担い手、とりわけ上級の技術者たちに、一方では過剰なエリート意識と排他的な性格、他方では官僚的で組織や国家にたいしては従順な性格を与えることになった。実際にも、すでに明治中期に「大学の外では、大学を卒業した学士の技術者と伝来の職人との軋轢が生じていた。……工学士は実業を見下し、現場の職人との間に疎隔が生じている。……帝大出身者がすでに官の権威を得て、民を支配している構造が成立していた」と言われている(瀧井、二〇一六)。

士族によって官僚機構が形成された明治には、江戸時代の武士の農民・町人にたいする差別意識が民間人にたいする官吏の差別意識に横滑りしていったのだが、それは同時に、工部大学校や帝国大学工科大学で教育されたエリート技術者の在来の職人にたいする優越感情と、それに裏腹な差別意識をもたらしたのであった。

3　帝国大学の時代

帝国大学の誕生は一八八六(M19)年で、日本の産業革命開始の時点、つまり日本の資本主義が実質的に歩み始める時点にあたる。それまで主要な関心を初等教育に示していた文部省は、この頃に高等教育に目をむけた。官僚機構が整備されるにつれて、そのための人材を組織的に養成する必要が生まれてきたからである。内閣制度の発足が一八八五（M18）年で、その最初の内閣である第一次伊藤博文内閣は、翌八六年に大日本帝国憲法（いわゆる明治憲法）の起草に取り掛かるが、自由民権運動の高まりに抗して政党勢力や議会に干渉されることのない強力な、つまり強権的な内閣をつくることも、憲法制定の目的のひとつであり、その強力内閣を支える有能な官僚機構をつくり出す必要性こそが、帝国大学の第一の存在理由であった。

初代文部大臣で帝国大学令の公布者・森有礼《ありのり》は、一八八九年に「帝国大学に於て教務を挙《あげ》る。学術の為と国家の為とに関することあらば、国家のことを最《もっとも》先にし、最《もっとも》重んぜざるべからず」と表明している（木村、一八九九）。帝国大学の中心的理念は国家第一《ファースト》主義にあった。ちなみに帝国大学の誕生とおなじ年に、教科書検定が制度化されている。文部省は初等教育から高等教育までを、国家目的に沿うように再編したのである。

翌八七年には官吏任用制度が定められ、近代的な官僚制度が形成され、その結果、これまで伝《つて》によって採用されていた官吏のうち、高等文官と呼ばれる幹部官僚と普通文官が、それぞれ文官高等試験と文官普通試験で選抜採用されることになった。文官高等試験の試験委員は帝国大学の教官であったため、合格者は事実上帝大の卒業生に限られていた。ただしそれは法制官僚（事務官）にたいしてであり、技術官僚（技官）は文官高等試験委員会と文官普通試験委員会の銓衡つまり裁量により採用されていた。このことが、以後長期にわたって文官にたいする技官の差別をもたらし、やがて技術官僚の運動を生み出すことになるが、その点は後に述べる。

明治の科学史を前期・中期・後期に区分した先述の『明治文化史5』では続けられている。

中期というのは一八八六年(明治一九年)ごろから一九〇〇年(明治三三年)ごろまでの約一五年間をさす。この期においても外国の科学技術の移植は続けられているけれども、もはや単なる移植だけではなく、自分のものを生みだすようになり、本邦人の科学的業績が現れてきた。

この「中期」は、帝国大学の誕生の時点、すなわち日本の産業革命の始まりから、日清戦争に勝利してその賠償金で京都帝国大学が創られ、それまでの帝国大学が東京帝国大学にかわった一八九七(M30)年の直後までの時代に、ほぼ一致している。

この引用には「自分のものを生みだすようになり、本邦人の科学的業績が現れてきた」とあるが、実情はどうだったのか。一八八六年に建築学会、八八年に電気学会、九七年に機械学会、九八年に工業化学会が創設され、それなりに専門の科学者集団が生まれていたことがわかる。建築学、電気工学、機械工学、応用化学の日本人研究者の自立と見てよい。

物理学では『帝国大学紀要』理科第一冊第一号が出版されたのは一八八七(M20)年であるが、その『紀要』に八七年、八九年、九五年にわたって掲載された北尾次郎の「大気運動と颶風に関する理論」(独文)は堂々たる数理物理学の論文で、国内より外国で評価されていた。ドイツで学んだ北尾の業績は、日本ではほとんど孤立特異点で、それをもって日本の学問レベルを云々することはできないが、それでも先の引用は、「この頃からほとんど総て邦人を以て教育に当たらせるようになった。これは大きな進歩といわねばならない」と続けられている。

実際、たとえば物理学訳語会編纂の『物理学述語和英仏独対訳字書』が八八年に発行され、物理学の約一七〇〇の専門用語の統一的な訳語が提示されている。このことは、この頃に大学での講義が外国語から日本語にかわったことともに、日本における物理学の教育、ひいては自然科学全般の教育がようやく自前のものになったことを示している。「自前」と言っても、教授内容は欧米の物理学や化学であるが、それでもそれなりに順調な歩みと言える。

その順調さの背景には、日本の開国のタイミングのよさがある。日本が近代化に乗り出した一九世紀後半は、西欧諸国で科学研究が社会的に制度化され、それぞれの分野において研究を職業とする「科学者(サイエンティスト)」が生まれた時代であった。そんな次第で日本は、はじめから科学を社会的に制度化された機能として受けいれることができたのであり、それゆえ、科学の習得や研究が国家の枠組みの中で組織的に能率よく行われることになった。

そして同時に、その時代は、いわゆる古典物理学、つまり私たちが直接見たり触ったりすることが可能な巨視的世界の物理現象についての物理学である古典力学、電磁気学、そして熱力学の原理がほぼ出揃った時代でもあった。当時は、すべての物理現象はこれでもって原理的に説明がつくと考えられていた。微視的世界、つまり原子や分子の世界では古典物理学が適用できないということが判明するのは二〇世紀になってからで、当時は物理学においては原理的に新しい発見はもはや望めないとさえ考えられていたのである。そのため物理学の研究は、一方で電磁気学にもとづく通信技術や発送電技術の開発や、熱力学に依拠した動力装置(熱機関)の改良のような技術的応用、他方でその当時「惑星科学」と呼ばれていた地球物理学への対象領域の拡大がメインであった。なにしろ当時の第一級の物理学者ウィリアム・トムソンが、一方で大西洋横断海底電線敷設の指揮を執り、他方で地球の年齢を論じていた時代である。

それと同時に、西欧ではこの時代になってようやく物理学から前近代的な神学的ないし形而上学的夾雑物が追放され、また数学もかなり整理洗練されてきたことがあり、その上、科学研究と研究者養成が社会的に制度化されたこともあいまって、教科書的な書物が誕生し、中世以来の西洋思想、とりわけ神学思想などの素養がなくとも、理解可能になっていたのである。つまり物理学が、ある程度以上の能力があれば努力次第で誰にでも習得可能な体系化された学問になったのが一九世紀後半なのである。しかもこの時代には、まだ量子物理学も相対性理論も生まれていなくて、素朴で納得しやすい物質表象と常識的で日常的な時空概念を基礎とする古典物理学がすべてであり、この点でも、習得へのハードルは低かったといえる。

まさにその絶妙のタイミングで日本は西欧科学の移植を始めた。このことが、次の時代、つまり二〇世紀初頭の長岡半太郎による原子模型の提唱や木村栄《ひさし》による緯度変化の計算式におけるZ項の発見、そして一九一〇年代の石原純による一般的な量子条件の定式化のような、世界に足跡を残しうるだけの先端的な研究が生まれることになる背景であった。開国が五〇年早くとも、五〇年遅くとも、日本が欧米の物理学に追いつくのは大変に難しかったと思われる。

しかしそういった「最先端の成果」だけを見て、その時代を判断することはできない。

そもそも帝国大学の教育と研究は、そんなにアカデミックなものではなかった。元工部少輔で東京府知事から帝国大学初代総長となった渡邉洪基は、総長就任の直後の東京化学会での「理化両学の功益を民間に播布せんことを務むべし」と題した講演で、「何の学科を問はず、〔学問は〕人間の幸福安全を捗らすの要具に過ぎず。如何なる高妙の理論と雖も、経済上の益なきものは其功なき者と云て可なるべし」と断言し、学問の意義を明確にその実用性に求めている(瀧井、二〇一六)。イデオロギー的には国家第一主義を理念としていた帝国大学における教育と学問の実情は、実用主義にあった。実際にも、一八八九(M22)年から五年間の帝国大学の卒業生は、実務教育が主となる法学部三一三名、医学部一九二名、工学部一二四名、農学部一

○九名にたいして、純粋の学問が主となる理学部は三九名、文学部も三八名で、全体としても圧倒的に実学に比重が置かれていた。八〇年代半ばに森有礼が書いた「学政要領」には「学問は、純正学(ピューアサイエンス)、応用学(アップライトサイエンス)の二門を別つ。共に国家必須の学問となす。而して純正の門は小にして足り、応用の門は大なるを要す」とある。「純正学」は少しあればよい、というのが正直なところであった。

ではその「純正学」の存在理由はなんだったのか。ナショナリストの陸羯南は、一八八九(M22)年に「大学の目的」として「有用の人材を養成する」ことと「学問の進歩を計る」ことの二点を挙げている。前者はもちろん、法学部や医学部や工学部での実社会に有用な実務教育を指している。他方で、後者について「抑《そもそ》も学問の蘊奥を考究し新事実新定則を発明するは、直接に社会に効用なきが如しと雖も、深く之を思考せば其決して然らざるを見るべし。我日本も已《すで》に世界の中に建国する以上は、其独立の体面を存するの必要は今更論ずるまでもなし。果して然らば一国の品位を保つ上に於て、世界の学問に新発明の事物を呈出するは、最も必要の一事たり」(「大学論」『日本近代思想大系10』所収)と語り、このことをもって「純正学問の立国上必要の一原素」と結論づけている。この点では「理学研究は、尚ほ一国の価値を増加し、国威を海外に輝かす所以なることを忘るべからず」という化学者で東京帝国大学教授・桜井錠二の九九(M32)年の「国家と理学」における表現はもっとストレートである。

純粋の学問においてそれなりの業績を生み出し、なにがしかの成果をあげるということは、当時の日本にあっては、近代国家としてのステータス・シンボルと考えられていたのである。そしてその傾向は、大国意識の高まりとともに、強まっていった。

4　鉄道と通信網の建設

物理学の場合と同様に、技術の場合も、日本が比較的短期間で西欧技術の習得と移転に成功した理由のひとつには、やはりそのタイミングのよさがある。久米邦武は『実記』で「東洋西洋は開化の進路に於て、已に甚だしき隔絶をなしたるに似たれども、其実は、最も開けたる英仏にても、此盛を致せるは、僅《わずか》に五十年来のことにすぎず」(33)、「全欧地に工芸煥然の美をみる時運となりたるは、僅僅《きんきん》十余年間の事にすぎざるなり」(23)と再三語っている。蒸気と電気の使用によるエネルギー革命が欧米で起こってから明治維新まで、せいぜい半世紀、追いつくことのぎりぎり可能な時間差であった。

むしろ後発国日本は、たとえば蒸気機関の場合で言えば、セイヴァリやニューコメンの大気圧機関に始まり、ワットによる改良、そして一九世紀前半の蒸気機関車や蒸気船等の多方面への応用にいたる、一世紀をこす英国での模索と試行の過程を一足飛びにこえて、結末から習得することができる、その意味で有利な地点にいたのである。そのうえ、当時は「先進国に機械輸出の制限はなく、日本は……先進的なすべての諸国から自由に最新の機械を輸入することができた」という事情もあった（鈴木、一九九六）。それどころか「先進国は完成された機械技術を日本に売り込むことに熱心であった」（内田、一九七四）とさえ言われている。

決定的な違いないし遅れは、むしろ民間における資本の蓄積があまりにも僅かでしかなかった、という点にある。それゆえ日本の近代化は、さしあたってほとんど百パーセント政治権力の主導で進められることになり、そのため軍と官僚機構が大きな影響力を持つことになる。

とくに電信と鉄道については、明治新政府の動きは素早く、工部省の前身の民部省が一八六九（M2）年に立案している。

電信網について見ると、イギリスでパディントンとウェストドレイトン間の電信回線が開通したのが一八三九年、アメリカでワシントンとボルチモア間の回線が敷かれたのが一八四四年、それにたいして日本ではイギリスに三〇年、アメリカに二五年の遅れで、六九（M2）年に横浜裁判所と東京築地の運上所（税関）のあいだに電信が敷設されている。そしてはやくも七五年には北海道から九州までの基幹電信網が形成され、七八年には東京木挽町に中央電報局が設置され、七九年には電信局が一一二局、電信線の延長が6000㎞を数えるまでに普及し、国内主要都市を結ぶ基本的な電信ネットワークの形成がほぼ完了している。

鉄道の場合、イギリスでストックトン〜ダーリントン間にはじめて公共鉄道が開通したのが一八二五年、新橋〜横浜間の鉄道の開通はその四七年後であった。工部省のプランで、イギリスから高給で技術者を招き、機関車・車輛そして資材を一式まるごと輸入したものであり、この鉄道建設が、ハードウエアとして動力革命による近代化モデルを出現させたことになる。

当時「陸《おか》蒸気」と呼ばれていたこの鉄道によると新橋〜横浜間の移動に一時間を要しないというのは、当時の人たちにとってやはり驚異的であったと思われる。幕末に渡英した中村正直は、イギリスの著述家サミュエル・スマイルズの『自助論』(一八五九)を明治の初頭に『西国立志編』の題名で翻訳出版し、大きな評判を博したが、その第二編「蒸気機器の創造のこと」には「蒸気機器は機器の王《かしら》なり」とある。仮名垣魯文の『安愚楽鍋』にも、文明開化の代表的な風景として「肉食」とならんで「蒸気の船や車」が挙げられている。明治の日本人が、機械化一般ではなく、ほかでもない動力革命そのものに大きな印象を受けていたことがわかる。

先述の明治初期の窮理書ブームにおいても、その多くの書に蒸気機関が取り上げられている。一八七二年の永澤克久の三巻よりなる『訓蒙窮理新編』の上巻は「蒸気機器」の歴史に始まり、中巻はすべて「蒸気機器」の構造と作動原理の説明にあてられている。同様の書籍はいくつもあるが、あえてひとつを挙げれば、翌七三年の東井潔全の『窮理日新発明記事』であろう。これは全六巻すべて蒸気機関の説明にあてられ、中に次の記述が見られる。

汽は水に因《よ》りて生じ、水は熱に因て滾《たぎ》り、熱は火に因て発し、火は石炭に因て燃ゆる。然れば汽力の原因《もと》は即ち石炭の自然に含蓄へて、此に揮発する弾力《はじくちから》より譲受けたる者にて、又其石炭弾力の原因《もと》は即ち太陽《にちりん》の光と熱より譲受けたる者なり。抑《そもそも》万物をして自然に弾力を生ぜしめる者は太陽也。（第四章）

蒸気動力の原理的問題が、エネルギーのさまざまな形態への転換にあることが的確に捉えられている。地球上のエネルギーの究極の起源が太陽エネルギーであることをドイツのユリウス・マイヤーが初めて指摘したのが一八四〇年代であることに鑑みると、石炭の燃焼熱が究極的には太陽の光と熱にあるという東井の正鵠を得た指摘には、とりわけ驚かされる。

同書の冒頭には、「土地を開き産物を盛んにして国家を富強ならしむるは、必ず器械の運動と汽力の機関とを用て、人力を省き、費《ついえ》を減ずるにあり」（第一章）と明言されている。蒸気機関の使用が「殖産興業・富国強兵」の物質的基盤を形成することの指摘である。そして工部大学校に学び鉄道局で働いていた杉山輯吉は、一八八二（M15）年に「鉄道の有無は国の開不開を示し、又線路の長短は国の盛衰を占ふに足る」と断じている（「日本鉄道延線論」『日本近代思想大系14』所収）。鉄道は文明化と富国化のバロメータと見られていたのである。

専門書には「日本産業革命の開始を告げる資本制企業の本格的な企業勃興は、こうして鉄道業からスタートし、鉄道交通が道路・河川交通に代替していった」(石井、二〇一二)とある。それは華族たちから資金を募って一八八一(M14)年に民間企業として日本鉄道会社が設立されたことを指している。経済学では、それは日本における産業資本の誕生という意味で語られているのだが、それだけではない。鉄道は人間と物資の輸送において従来の交通機関にくらべて格段に強力ゆえ、社会と経済の発展を大きく推進するばかりか、その建設と運営に大量の資金と労働力そして技術を要するため、産業としての鉄道は、資本や雇用や管理というソフトウエアの面においても、大規模近代産業の雛形を与えることになったのである。

一八八七年に私設鉄道条例が公布されて私鉄の敷設はさらに加速され、八九年には東海道線が神戸まで全通し、一九〇〇(M33)年には鉄道の総路線が6168㎞を数え、そのうち75%が民営の鉄道線であった。その年、歌人・大和田建樹が第一集「汽笛一声新橋を」で始まり、「おもへば汽車のできてより　狭くなりたる国の内」と第四集が終る「鉄道唱歌」を発表した。それは日本中の主要都市が鉄道で結ばれたことによって、日本が単一の国家になったことをつよく印象づけるものであった。

鉄道網の建設と電信網の確立は、郵便運送を主要任務とする一八七一(M4)年の郵便蒸気船会社(後の三菱会社)の創立、そして翌七二年の郵便制度の確立とあわせて、国内市場の統一を進め、日本の資本主義の土台を築き、その成長・発展のための強力な推進装置となった。

5　製糸業と紡績業

鉄道とならぶ蒸気動力の導入は、製糸業に始まる。製糸はすでに江戸末期に農村の重要な副業であり、生産された生糸は、開港による貿易が始まってのち、日本の輸出に大きな比重を占めるに至った。ことに原料の繭は百パーセント国産であったために、外貨獲得という点では、製糸の貢献度は抜群に高いものであった。明治新政府も、引き続き製糸産業の拡大に力を入れるが、それは同時に製糸産業を近代化することでもあった。そのスタートが、フランスからの技術導入——技術者の招聘と機械装置一式の輸入——による、工女二〇〇人余を擁する大規模な富岡製糸場の一八七二(M5)年の建設である。

製糸は、繭を鍋で煮てほぐし繭糸《けんし》を引きだして何本かを撚りあわせる繰糸と、それを生糸として巻き取る工程よりなる。糸を巻き取る木製の繰枠を人力で回し、この一連の作業を一人で行っていたそれまでの農家の副業的な製糸(座繰製糸)にたいして、富岡製糸場では、繭の加熱にボイラー(汽缶)からの蒸気をもちい、繰枠の回転を作業者の手から解放し、大規模な金属製の糸枠を蒸気機関で回転させ、そのうえさらに品質管理を厳密化し、太さの揃った斉一糸を大量に作り出す点で、決定的に異なっていた。もちろん富岡は当時としては超モダンで、動力としての蒸気利用が国内に広く普及するには、もうしばらく時間がかかることになる。

しかし、日本における製糸業の近代化と発展は、外国からの技術導入だけによったのではないし、百パーセント政府主導だったわけでもない。一八八五（M18）年頃までは座繰製糸による家内工業やマニュファクチュアが圧倒的ではあったが、松代の六工社《ろっこう》のような、蒸気動力ではないものの富岡をモデルに規模を縮小し、水力駆動ではあるがボイラーを設置し蒸気加熱の機械制製糸場も造られていた。また諏訪では、連結した糸枠を人力や水力で均一に回転させる方式の二〇ないし三〇人繰りの小規模機械制製糸場がいくつも造られ、さらに松代の館三郎が一八七〇年代初頭に安価な脚踏み式座繰製糸を考案し、これらが機械制製糸場の普及と並行するかたちで広がってゆき、こうして生糸の生産は順調に拡大していった。

機械制製糸場の普及は一八七〇年代後半（明治一〇年代）だが、蒸気の使用が鉄道についで普及していたのも、機械制製糸場である。もっとも、多くの製糸場では、ボイラーを備えた段階でも、当初、その蒸気は煮繭に使われるのが普通で、動力としては人力ないし水力が使われていた。鈴木淳の『明治の機械工業』によると、機械化とともに動力としての蒸気使用が急速に広がっていったのは明治二〇年代とある。この時期「製糸業はいちじるしく発展した」。実際一八八六（M19）年からの一〇年間の生糸の輸出は年平均で二五五四トン、これは一八八五年までの一〇年間の輸出の年平均にくらべて倍増とある(石井、二〇一二)。機械化と動力革命の進展とともに、製糸業は発展し、生糸の輸出は拡大していった。福沢諭吉の『実業論』によると、「蚕糸及蚕綿類」の総額と日本の輸出総額にたいする割合は、一八八三(M16)年に約一九〇〇万円で五割強、一八九二年には約四〇〇〇万円で約四割五分、ダイアーが『大日本』に記しているように「生糸は日本の外国貿易の収支均衡を支える存在」であった。

ダイアーがこれを書いたのは一九〇四年であるが、それから実に四〇年近く後、農学博士・林浩植の随筆には「支那《マヽ》事変以来、我国は外貨獲得の必要痛切なるものがあって、長野県その他の養蚕地の製糸工場では、可憐な少女たちが〈外貨は生糸で……〉の標語の下に汗を流して働いてゐる」とある(『ペン』1941.1)。幕末・明治初期の軍事力のほとんど零からの急激な近代化から、欧米にならぶ軍事大国となった昭和の総力戦時代の軍備増強にいたるまで、そのための外貨は農村の若年女子労働力に負っていたのである。

製糸業と異なり、紡績業(綿糸紡績業)は明治中期に急成長を遂げた産業のひとつである。これもその成長は、蒸気動力の使用と機械化による大量生産に負っている。幕末では紡績も農村の子女の副業であった。明治期の機械制紡績業は、川べりに建てられた木造工場の水力駆動でせいぜいが二〇〇〇錘規模のミュール機による官営紡績に始まるが、その経営は、ことごとく失敗した。その真の発展は、純然たる民間資本による株式会社組織の大阪紡績会社の一八八二

(M15)年の設立に始まる。西南戦争後に綿製品の輸入が増大したのにたいし、消費財の輸入による貿易赤字が日本の産業的自立を阻害すると見通した実業家・渋沢栄一によるものである。イギリスからプラントを輸入し八三年に操業を開始した大阪紡績は、近代的工場における蒸気動力を使用した一万五〇〇〇錘の大規模な生産が、十分な利潤を上げることを証明した。この成功が、鉄道会社の設立とならんで、日本の産業革命の導火線を形成することになる。

実際、松方デフレをぬけた一八八六(M19)年以降、日本は第一次企業勃興期をむかえ、いくつもの紡績会社が相ついで生まれ、それらが合併をとおして大企業に成長し、紡績業は日本の産業資本を代表する位置を占めるまでにいたった。そして、大学卒を多数採用して工場管理にあたらせるというような、イギリスではおよそ考えられないシステムを採用することで、「機械制綿糸の生産量は一八九〇年には早くも輸入量を超え、九七年にはついに輸出量が輸入量を上回るまでになった」。これは石井寛治の『日本の産業革命』によるが、この一八九〇年以降の発展の原因について、同書には簡潔に要をえて書かれている。

安い中国・インド綿を使用し、従来の重くて操作に力のいるミュール精紡機を軽快な最新式のリング精紡機に切り替え、寄宿舎に収容した若い「女工」に昼夜二交代で休みなく稼働させるという資本家的合理性にもとづく経営方針が、そうした発展をもたらした。

この時期に誕生した一万錘規模のほとんどの紡績工場は、アメリカで発明され改良されたリング機を積極的に採用し、一八八九(M22)年にはリング機の総数はミュール機を上回った。ミュール機でスタートした大阪紡績がすべてリング機に入れ替えたのは一八九四年である。他方で、日本より一世紀も早くに近代紡績業が勃興し、ミュール機が行き渡っていたイギリスでは、リング機への切り替えが困難であり、その点で、後発国日本は有利な地点にあった。

たしかに日本の産業革命は、こうして、民間で調達された産業資本による近代的な機械制大工業として始まった。しかしそのような大企業と工部大学校出のエリート技術者だけで産業革命が遂行されたのではない。「日本の産業革命期には、移植産業と近代化しつつある在来産業とが同時に発展した」(鈴木、一九九六)とあるように、在来の職人や大工や鍛冶師らの中からも、輸入技術と在来技術の折衷型の、あるいは模倣型の技術が生み出されていた。

一八七七(M10)年の第一回内国勧業博覧会の機械部門で金賞を取った、一部に金属を使っているが大部分は木製の紡績機械(ガラ紡)を発明した臥雲辰致《がうんときむね》や、機《はた》大工の子で一八九七(M30)年に綿織物の木製動力織機を発明し事業化した豊田佐吉に代表されるような「草の根発明家」とでも呼ぶべき人たちが、登場していたのである。ガラ紡は、最終的には近代的紡績業によって駆逐されることになるが、官営紡績業の時代、一八八七(M20)年頃まで、民間に普及し洋式綿業に抗して在来綿業を維持する主力となった。製糸業でも、諏訪の地に見られた折衷型の機械製糸が移植型の近代製糸業を凌ぐ発展をしていたのである。

そもそもが、富岡製糸場や大阪紡績といった最新鋭の機械化された工場でも、それが稼働してゆけるためにはメンテナンスが必要で、機械が故障したときに修理しうる職人や技術者が必要なだけではなく、破損した部分を取り換えるための部品のコピーを製造しうる作業所が存在しなければならない。ODA(政府開発援助)で途上国に供与された機械類が十分に使われずに放置されていると、ときに報道されているが、それは現地にメンテナンスの能力がないからである。明治の日本でメンテナンスの役割を担ったのは、ひとつには、軍工廠であり、この点で軍工廠のはたした役割は大きかったようだ。そしていまひとつには、民間の小規模な作業所であった。実際にボイラーや小型の蒸気機関などは、比較的早くに国産品が作られていた。

結局、日本における明治期の機械工業の発展は、一方では、軍の近代化に牽引されるとともに、他方では、輸入された最新鋭プラントの裾野に、在来の意欲的な職人たちが、輸入機械をモデルにして人力や水力駆動の、木製ないし一部金属製の比較的安価で在来職人にとって使い勝手の良い和洋折衷の機械、あるいは比較的単純で小型化された模倣品を作り出し、そのような国産機械の製造あるいは輸入機械の部品製造を手掛ける中小規模の企業が地方都市にいくつも生まれることで達成されたのである。この点は特筆すべきことである。

6　電力使用の普及

蒸気機関の普及に続くエネルギー革命、総じて近代化の次のそしてより重要なステップは、電化である。アメリカの研究者トマス・ヒューズによる大部な『電力の歴史』の冒頭には「一九世紀の雄大な建設プロジェクトの中で、電力システムほど、技術的・経済的・科学的な面から見て強烈な印象を与えたものはなく、社会的にこれほど大きな影響を与えたものはない」とある。事実、「電力」と通称される電気エネルギーの利用こそが、後述する内燃機関の普及とならんで、近代化の真のメルクマールであり、エネルギー革命のピークを形成する。その意味では、発電機の原理を与えた一八三一年の電磁誘導の法則の発見が決定的であった。それは、水力であれ火力つまり蒸気動力であれ、それらが生みだす運動エネルギーの電気エネルギーへの転換への道を開くことになり、その後の電気文明全面開花への出発点を形成したのである。

電気エネルギーは、ひとたび発電所と消費者をつなぐ送配電線網さえ設置されれば、その輸送も制御も分配もきわめて容易で、動力にも暖房にも照明にもさらには情報通信や化学反応にさえ使用可能な汎用性を有し、これほど有用なエネルギーは他にはない。電気エネルギーの発生には実際には他のエネルギーの三倍近くの消費を必要とするにもかかわらず、電気エネルギーがすみやかに普及していった所以である。

電気エネルギーの実用的使用は、一九世紀前半の電信システムに始まるが、その普及にとっては、その後の安定な電流を生む発電機（ダイナモ）と電動機（モーター）および白熱電球の発明、そして大規模発電所とそれを中心とした送配電システムの形成が決定的であった。欧米で水力発電や火力発電が実用化されたのは一八七〇年代、エジソンが白熱電球を完成させたのは七九年、実用的な交流発電機や交流電動機の発明は八〇年代である。つまり一九世紀後半は、電気エネルギーが解放され、エネルギー革命が成し遂げられたことで特徴づけられる。

日本では一八八三（M16）年に東京電燈が設立された。そのおなじ年に琵琶湖の水を京都に引いて水運と灌漑と発電に使うという計画を立案したのは、弱冠二十歳《はたち》の工部大学校生・田辺朔郎である。その琵琶湖疏水事業のために八八年にアメリカの電力使用を調査した田辺とのちに京都の市会議員となる高木文平の作成した報告書の次の一節は、電力使用の意義と利点をほぼ余すところなく語っている。

　米国において近来電気力使用の驚くべき盛んなると、電気を使用して各種の工業に便利を与ふる景況を略述せんに、水火の力をダイナモー〔発電機〕に移し、之を導線に移し伝へ数哩《マイル》の外に伝送してモーターに移し、此の力を諸種の工業に用ゆるや従前の火力に優れる箇条は枚挙に遑《いとま》あらざれども、第一失火の恐れなく汽鑵破裂の危険なく、煙煤を散乱せず、機械司・火夫等用ゆるに及ばず、モーターの形小なれば機械室を設くるに及ばず、且つ修繕の費用少なく、馬力を自由自在に細分するを得べく、之を我京都の諸工場に用ひて至便なる例を挙げんに、大なるは諸会社等の製造所を始め、最も小なるは彼の西陣織業者の如き糸繰者の如き、粟田清水の陶磁器車の如き、各印刷所の如き、鍛冶の如き、木具挽物者の如き、木材商の木挽の如き、何工業にても其分限に応じ、或は数馬力或は一馬力以下と雖も望に応じ自由自在に分ち送ることを得るなり。（「琵琶湖疏水水力配置方法報告書」『日本近代思想大系14』所収）

神戸電燈、大阪電燈、京都電燈の設立は一八八七（M20）年、この年、東京電燈は日本橋に直流の火力発電所を設け、営業用の電力供給を始めた。電気学会が工学会から分離したのが八八年、工部省の電信部門を母体とする逓信省電気試験所の創立は九一年で、その年、京都の蹴上にタービンを用いた水力発電所が完成し、九五（M28）年に日本最初の路面電車が京都で走っている。そして九八年に名古屋で、大阪と東京では一九〇三（M36）年に路面電車が走るようになる。「鉄道唱歌」のヒットを受けて、東京の市電を歌った「電車唱歌」が作られたのは、一九〇五年であった。ベルリン郊外で世界最初の電気鉄道が営業を開始したのは八一年であり、欧米にくらべてせいぜい二〇年の遅れで、日本は電気エネルギーの実用的使用を始めたのである。技術史家・星野芳郎の言うように「日本の工業の電化のテンポは、先進資本主義国にくらべて、かなりはやいものであった」(星野、一九五六)。

フランスにおける電気照明の普及を描いた『電気の精とパリ』の序文には「本書からは、電気が勝利を収めるには長い時間を要したことが理解されよう。圧倒的な力を持っていたガスの明かりとの長い闘いもあった。照明の革命には石油、アセチレン、合成ローソクも加わっていたからである。すくなくともフランスで白熱電灯が定着するのは、二十世紀初頭のことである」とある。日本ではガス灯が十分に普及していなかったことが、電灯の普及に幸いした面があるが、いずれにせよ、日本の産業革命は、たしかに欧米に大きく遅れて開始されたが、エネルギー革命としては、それほど遅れることなく達成されたと言うことができる。

7 女工哀史の時代

機械化された製糸業や紡績業において、その機械を操作する主力は若年女子労働者(女工)であった。西洋技術の移転と習得のために始まった官営の富岡製糸場では、当初、八時間労働としていた。女工も、のちに各地で建設される機械化工場の指導員の養成が目的で、多くは士族の子女からリクルートされていた。富岡はこのように模範工場ではあったが、しかし経営としては不首尾で、赤字を続けていた。明治政府は営業面で採算のとれない官営事業の払い下げを一八八〇(M13)年に決定したが、業績の上がらない富岡は応じる企業がなかったため、企業的性格を強め、労働時間を延長してゆくことになり、八三年に約八時間半、そして三井に払い下げが決まる九三年には一一時間弱に延びていた。

その後の民間資本による製糸場では、女工は大部分が貧しい農家の娘たちで、その労働条件は劣悪なものであった。一八九九(M32)年に出版された横山源之助の『日本之下層社会』には、日清戦争後の一八九六〜九七年頃の製糸業の状況がリアルに描かれている。

労働時間の如き、忙しき時は朝床を出でて直に業に服し、夜業十二時に及ぶこと稀ならず。食物はワリ麦六分に米四分、寝室は豚小屋に類して醜陋見るべからず。特に驚くべきは、其地方の如き、業務の閑なる時はまた期を定めて奉公に出だし、収得は雇主これを取る。しかして一カ年支払う賃銀は多きも二十円を出でざるなり。しかしてかれら工女の製糸地方に来たる、機業地もしくは紡績工場に見ると等しく、募集人の手より来たるは多く、来たりて二、三年なるも、隣町の名さえ知らざるもあり。その地方の者は、身を工女の群に入るるを以て茶屋女と一般、堕落の境に陥る者となす。もし各種労働に就き、その職工の境遇にして憐れ

むべき者を挙ぐれば、製糸職工第一たるべし。〔第三編第三章第三〕（注　当時の大卒官吏の初任給月四〇〜五〇円〕）

これでもまだ控えめなのか、一九〇三（M36）年に農商務省が出版した『職工事情』では、「労働時間を夜間に延長する所あり。……この方法を行ふときには毎日の労働時間は決して十三、四時間を降ることなく、長きは十七、八時間に達することもまたこれなしといふべからず。……殊に諏訪地方においては……生糸工場の労働時間の長きことは全国に冠たり、毎日平均十五時間を下らざるべし。……〔好況時には〕十八時間に達すること、しばしこれあり」とある。

女子労働力の過酷な収奪という点では、「資本家的合理性に基く経営方針」が貫かれた紡績業も負けてはいない。先述の横山源之助の書には、女工の年齢について「〔紡績女工のうち〕年齢の長ぜるは粗紡機もしくは紐機に属し、幼なるは精紡機に属するは通例なるが、長ぜるも十六、七歳、大抵十二歳ないし十四、五歳、甚だしきは七、八歳の児女を精紡に見る事あり」とある（第四編第三）。マルクスの『資本論』には「機械装置が筋力を不要なものとするかぎりでは、それは、筋力のない労働者、または肉体の発達が未熟ではあるが四肢の柔軟性に富む労働者を使用するための手段となる。だから、婦人労働と児童労働とは、機械装置の資本主義的使用の最初の言葉だった！」とあるが、そのとおりのことが明治の日本で行われていたのである。

いや『資本論』の記述をこえている処さえある。大正時代に書かれた細井和喜蔵の『女工哀史』には「およそ紡績工場くらい長時間労働を強いる処はない」とあり、とくに女性や幼年者の一二時間交代の深夜労働について「これは飽くまで近代工業の所産であり、しかも日本がその創始者であるのはいかにしても申し訳ない」と書かれている。生産設備の稼働率を上げるための昼夜二交代制は、産業革命期の英国にもなかったことなのである。「日本綿糸の競争力の基礎的条件は、一口にいって、アジア的低賃金と西洋の最先端技術の結合にあった」（高村、一九九四）。かくして一八九七（M30）年には、日本の綿糸輸出量は輸入量を上回るにいたった。

そのあたりの詳しい状況は、一八九三（M26）年の福沢の『実業論』に書かれている。それを福沢がどのように見ていたのかは興味があるので、やや長くはあるけれども引いておこう。

〔紡績〕工場の秩序事務の整理は、我国人の最も重んずる所にして、次第に慣るるに従て次第に緒に就き、之を英国の工場に比して大なる相違なき上に、我国特有の利益は、工場の事業に昼夜を徹して器械の運転を中止することなきと、職工の指端機敏にして能く工事に適すると、之に加ふるに賃金の安きと、この三箇条は英国の日本に及ばざる所なり。彼国の工場にて、作業時間は毎日十時間にして、夜は器械の運転を止め職工も十時間を働くのみ。日本は昼夜二十四時間打通しに器械を運転して、其間凡そ二時間を休み、正味二十二時間を二分して職工の就業は十一時間なり。故に紡錘一本に付き、一年の綿花消費高に大なる差を見る可し。

福沢がこれを書いてから三〇年後の一九二三(T12)年に、鐘淵《かねがふち》紡績の当時世界最大級であった神戸工場を見学した駐日フランス大使ポール・クローデルが、若年女工の労働実態について「昼夜二交代制で各チームが十ないし十一時間働くのです。食事に三十分、そして三時間半ごとに十五分の休憩があります」と記し、その印象をスケッチしている。

産業の分野であれ、教育の分野であれ、日本は一所懸命やっているのですが、うまくいっていません。恐ろしいほどの犠牲を払い、みずからの血肉を削って、かろうじて西欧との僅差を保つことができているのです。夏の猛烈に暑い夜を徹して、年端のいかない娘たちがまるで夢遊病者のようにミュール精紡機の動きに合わせ、休むことなく前に行ったり後ろに戻ったりして体を動かしているのを見たフランス人の私は、深い同情を禁じえませんでした。
(クローデル、一九九九。)

歴史書には、一八九九(M32)年に女子や年少者の深夜労働の禁止を定めた工場法案が作成されたが、議会に提出されず、一九一一(M44)年に規制を緩和させて議会を通ったが、紡績会社からの反対で、その施行は一九一六(T5)年まで先送りされたとある。しかし現実には、クローデルの書にあるように「日本紡績業の深夜業は……昭和のはじめにいたるまで、日本中の紡績工場に行われて」(星野、一九五六)いたのである。それにしても、おなじ現実にたいする福沢とクローデルの感想は一八〇度異なる。福沢の文明観の余裕のなさが露呈したといえる。福沢は、この非人道的な労働の実態を、国際競争における日本の利点として評価していたのだ。

若年にして親元を離れ、拘置的な寄宿舎に押し込まれて劣悪な条件で長時間労働を強いられた農村出身の女工たちは、身体をすり減らし、過酷さに耐えかねて逃亡しても故郷に帰る旅費もなく、酌婦や娼妓などに身を落とすことが多く、帰郷できても結核をわずらって死亡する者も少なくなかった。明治末期には、女工の結核が社会問題になっていたのである。『職工事情』には「紡績工女中、肺病患者の極めて多数にして、その原因が綿塵を呼吸すると徹夜業をなすとにあるはまた工場に経験ある者の認むる所なり」とある。もともと日本に結核がなかったわけではないが、この時代の工場と寄宿舎による不衛生な集団生活が、結核を社会問題化させたのである。明治期における外貨獲得の優等生たる製糸業、そして日本の産業革命を代表する紡績業は、すくなくとも明治の後半には、ともに「ウルトラ・ブラック企業」であった。

ちなみに、紡績業において若年女子による労働を可能にしたのがリング精紡機の発明であったとすれば、労働時間の夜間への延長と昼夜二交代制を可能にしたのは、電燈の発明であった。紡績工場は綿埃《わたぼこり》が多く、火がつけば大火になる恐れがあり、石油ランプによる夜間照明は危険すぎたのである。大阪紡績が深夜労働に踏み切ったのは、一八八七(M20)年にエジソン社から輸入した発電機と白熱電灯を工場に設置することによってである。

大阪紡績に始まる日本の紡績業の成功は、低賃金労働力とともに、蒸気動力による大型最新機械の駆動と電力照明による労働時間の延長、すなわちエネルギー革命に負っていたのである。日本の労働運動の生みの親の一人・高野房太郎は一八九〇(M23)年に書いている。

今十九世紀の文明が世界の労役者に与えたる影響は実に偉大の者にして、取り分け彼機械の発明が労役者に与えたる影響は殊に驚くべき者あり。……吾人は彼機械の発明が社会を益するの大なるを知る。しかれども社会の一民たる労役者としてはその損する所その益する所より遙かに大なるを覚る。……けだし彼機械の発明は大いに資本家を益する者にして労役者としてはその益する所甚だ少なり。(高野、一九九七)

久米の『実記』(11)にも、一七九〇年頃に綿花を紡ぐ機械が発明されたために、アメリカ南部諸州の黒人奴隷の解放が遅れたことが記されている。

機械化は、それだけではけっして人間の労働を軽減させるものではないのである。

8　足尾銅山鉱毒事件

明治における古河鉱業の足尾銅山鉱毒事件は、日本の公害問題の原点として、その被害の甚大さにおいて、農民の闘争の激しさにおいて、そしてまた田中正造という無二の人格を生み出したことにおいて、よく知られている。その田中正造の一九〇一（M34）年の天皇への直訴状に「東京の北四十里にして足尾銅山あり。近年鉱業上の器械洋式の発達するに従ひて其流毒益々多く、其採鉱製銅の際に生ずる所の毒水と毒屑と之れを澗谷を埋め渓流に注ぎ、渡良瀬河に奔下して沿岸其害を被らざるなし」とある。「器械洋式の発達するに従ひて其流毒益々多く」とあるように、その鉱毒公害は、足尾銅山の近代化・機械化とともに深刻化していった。

福沢の『実業論』では、この足尾銅山が日本における電気利用の最初に挙げられている。実際、足尾では、一八九〇（M23）年に水力発電所の工事が竣工し、電力による坑内の揚水と巻揚げ、そして照明が始まり、知られているかぎりで日本で初めての電気鉄道が九二年頃に本山終点から製錬所まで敷設され、九五年には鉱石掘り出しの巻揚機が全面的に電化され、九七年にはやはり日本で初めての電解精銅に成功している。「このころの足尾銅山のいちはやい電化は国際的にも特筆すべきもの」(星野、一九五六)であった。実際、日本の工場の主要動力が水力や蒸気から電力にかわったのは、二〇世紀になってから、こまかく言うと原動機使用工場において電動機の馬力数の総馬力数にたいする割合が50%を超えたのは一九一〇年代、炭鉱でもほぼ同様である。そのことを考えると、古河鉱業の経営がいかに先駆的であったかが窺える。

古河市兵衛は、もともとは小野組の手代つまり中間管理職として生糸取引に従事していたが、小野組倒産後、渋沢栄一の援助で鉱山業に踏み込み、一八七七(M10)年に足尾銅山を手に入れた。技術の重要性を十分に把捉し、近代技術を率先して導入した、その意味では、古河は日本の近代化を推進した明治日本を代表する「きわめて有能な産業資本家」であった。

山尾庸三の一八七二(M5)年の建白書に「銅の儀は皇国の名産にして従来外国貿易随一の品に有之候」とあるように、明治初期には銅は、生糸とならぶ主要輸出品であり、日本近代化の原動力のひとつであった。明治後期になっても輸出に占める銅の重要性は基本的に変わらない。「生糸・米穀と並んで一八八〇年代に輸出が大きく伸びたのは銅と石炭」と言われているが、古河の足尾銅山が産銅量を激増させ、住友の別子銅山を抜いて日本最大の銅山になったのも八〇年代で、一八八五~九五年に足尾は国内の銅の四割以上を生産するにいたった。

銅は電気伝導度が良く、そのうえ柔らかくて細工し易いため、導線に最適の金属で、電力使用の拡大とともにその需要は増加していった。とくに「日本で産出される銅は品質が高く不純物を含んでいないため、電気関係の用途に非常に適している」と、ダイアーの『大日本』にはある。足尾銅山は、勃興期電気工業の要求に応える良質の銅を提供したのであり、足尾の近代化はエネルギー革命によって、そしてエネルギー革命のために進められたのである。

それとともに足尾銅山こそは、明治におけるもっとも深刻な公害の元凶であった。銅の精錬過程の排ガスである亜硫酸ガス等の周辺の山塊への飛散と、精錬用の燃料としての木材の過剰な伐採で、周辺の山林の植生が破壊されていった。一九〇八（M41）年に新聞連載された夏目漱石の『坑夫』は、足尾銅山で働いた人物の実体験をもとにして書かれた小説だが、銅山の周囲について「見えるものは山ばかりである。しかも草も木も至って乏しい。潤《うるおい》のない山である。これが夏の日に照りつけられたら、山の奥でもさぞ暑かろうと思われるほど赤く禿げてぐるりと自分を取り捲いている」と書かれている。

有毒ガスによる被害は、愛媛の別子銅山でも、技術革新による生産の大規模化とともに、きわめて深刻な問題になっていた。別子銅山で研修した帝国大学工科大学冶金学科の学生・今泉嘉一郎が一八九一（M24）年に書いている。「我国の如き地勢、山多く平地少く且家屋其他木材を需要する極めて盛なる国柄に取りては山林培養は亦是一大要務なり。然るに各地銅山の近傍に入りて眺望すれば、山林は勿論草根をさへ止めざる一団の死世界あるを見ん。別子の如き古鉱山にありては此現象特に著明なりとす」（「伊予鉱山論」『日本近代思想大系14』所収）。

足尾では、さらに採鉱や精錬過程でのおもに硫酸銅よりなる酸性の排水や鉱滓・粉鉱の廃棄により、有毒重金属で渡良瀬川が汚染され、一八七八(M11)年頃から川の水につかると足の指の股がただれるという症状が見られるようになり、川魚の大量浮上にいたる。そしてこの汚染水が灌漑用水をとおして下流の農地を汚染しただけではなく、保水力を喪失した銅山周辺の山塊を水源とする渡良瀬川は頻繁に氾濫を起こし、沿岸の農地に甚大な被害を与え、下流の農業を破壊していった。「田畑は荒れ、五穀は実らず、家畜は斃死し、人また病みて斃るる者数知らず」と伝えられている。当時の最新鋭の装備を有したこの足尾銅山は、有害廃棄物を気体であれ液体であれ固体であれすべてそのまま撒き散らし垂れ流していたのである。

農業の受けた被害についてはあちこちに書かれているので、現在ではちょっと想像しにくい、沿岸漁業の被害についてふれておこう。古河が足尾銅山を買収したのは一八七七(M10)年一〇月だが、その前年の沿岸での漁獲高の記録には「桐原村　鮎三万尾、大間々町　鮎八十万尾、……」とある。汚染される直前まで、渡良瀬川は「その漁利実に関東無比……殊に香魚の香味と肥大は、遙に多摩、長柄の其れに優り」と語り伝えられた豊かな河川であった。それがわずか二年後には「明治十二年夏渡良瀬川魚族故なくして浮かび死するもの数万」と記録されている。そして一八九〇(M23)年一月二七日の『郵便報知新聞』は、「渡良瀬川に魚族絶つ」との見出しで、「去る明治十年東京の豪商古河市兵衛氏が其の水源なる足尾銅山を借区し製銅に従事せし以来不思議にも漸次同河の魚類減少し今は全く其の跡を絶ち沿岸の漁夫等は為めに活路を失するに至れり」と指摘し、沿岸漁業の崩壊を告げている。

その年八月の大洪水で鉱毒被害が拡大したことで、足尾銅山の鉱毒問題は一挙に爆発した。そして九六(M29)年の大洪水によって、汚染は栃木・群馬・埼玉・茨城・千葉・東京にまで広がり、大きな社会問題となった。翌年には栃木県選出の衆議院議員・田中正造が帝国議会で足尾銅山の操業停止を要求している。しかし国は、終始企業サイドにたって、操業中止を求める農民や漁民の運動をときには暴力的に弾圧してきた。四度にわたる農民の集団上京による請願(押出し)も警察により弾圧され、一九〇〇(M33)年の川俣事件では「兇徒嘯聚事件」として大量の逮捕者を出すにいたっている。歴史書には「慢性的な輸入超過により巨額の貿易赤字を抱えているなかで、輸出総額の5％強を占める産銅業は重要な外貨獲得産業であり、日本最大の産出量を誇る足尾銅山に対して操業停止措置はとられなかった」(飯塚、二〇一六)とある。

一九〇五(M38)年一月二三日、農商務省鉱山局長・田中隆三は衆議院鉱業法案委員会で「鉱業と云ふものは、其国家の一つの公益事業と認めている、随って其事業の結果として、他の人が多少の迷惑を受けるということは仕方がない」と明言している。そして一九〇七年、鉱毒沈澱と渡良瀬川の洪水調整のためという触れ込みで計画された遊水池の予定地となった谷中村は、村民の反対にもかかわらず滅亡させられた。官民挙げての「国益」追求のためには、少数者の犠牲はやむをえないというこの論理は、その後、今日にいたるまで、水俣で、三里塚で、沖縄で、そして日本各地で、幾度もくり返され、弱者の犠牲を生み出してきたのである。

経済学の書には「日本産業のきわめて早期的な近代化は、このような殖産興業政策の成果であったといっていい。それはほとんど世界の歴史に例をみない成功だったといってよく、それゆえしばしば奇跡とよばれるほどのものだったのである」とある（大島・加藤・大内、一九七四）。その「成功」、その「奇跡」としての日本の急速な資本主義化は、先に述べた開国と近代科学技術習得開始のタイミングのよさとともに、国家の強力な指導と進取的な経営者の出現、江戸時代以来の民衆の識字率の高さ、能力も意欲もある士族の子弟がその能力を発揮せしめうる効果的な教育制度の形成、さらには在来の職人層内部からの「草の根発明家」の誕生、等々をその原因として挙げることができるが、それとともに、農村労働力の過酷な収奪と農村共同体の無残な破壊を不可欠の因子として遂行されたのであることを指摘せざるをえない。

第3章

帝国主義と科学

上：『科学知識』1928年1月号「拓殖科学」特集号
左：『科学知識』1932年7月号「支那の資源と文化」特集

1　福沢の脱亜入欧

「殖産興業・富国強兵」をスローガンとして、近代的常備軍の形成と同時並行で進められた明治期の日本の近代化・経済成長は、アジアの諸国にも多大な影響を与えることになる。黒船によって象徴された西欧文明の軍事的優越性は、同時に、西欧文明の知的優位性を押しつけるものであり、日本の支配層はそれを危機感と劣等感をともなって受けいれた。

一八八五(M18)年に初代文部大臣に就任することになる森有礼は、明治の初めに公使としてアメリカに駐在しているときに、日本人留学生に以下の訓示を垂れている。

抑々《そもそも》日本語にては文明開化を図ること能はず。よつて余は日本語を廃止して英語を採用せんと欲す。……又日本を文明開化の域に進むるには、日本語の廃止のみにては十分ならず。先づ日本人種を改良せざるを得ざるなり。故に日本人は将来欧米人と雑婚するの必要あり。よつて君等は留学中、米国の娘と交際し、帰朝の時はその女子と結婚して帰国すべし。（金子堅太郎「明治五年より同十一年まで　米国留学懐旧録」『知識』1940. 1）

ハーバードで森の訓示を直接聞いた、のちの伊藤内閣の閣僚・金子堅太郎の晩年の回想である。その手の回顧録には誇張や潤色がつきものだが、まったくの作り話ではないだろう。こういう人物が文部大臣になったのかと思うと現在の私たちはあきれてしまうが、当時、欧米のことをいくらかでも知ることになった日本の知識人の多くは、ここまで極端ではないにせよ、多かれ少なかれ西洋文明にコンプレックスを抱いていた。明治の初めに『学問のすゝめ』(四編)で学術も経済も法律も欧米諸国に及ばないと嘆いた福沢諭吉は、『概略』(6)にも「日本人の智恵と西洋人の智恵とを比較すれば、文学、技術、商売、工業、最大の事より最小の事に至るまで、一より計《かぞ》へて百に至るも又千に至るも、一として彼の右に出るものあらず」と繰り返している。「文明開化」という言葉の裏には、劣等感がこびりついていたのである。

しかし、アジアの諸国に先んじて独立の維持と曲りなりにせよ近代化にある程度の目鼻がついた段階では、欧米にたいする劣等感――「劣亜」の心情――が、近代化に立ち遅れた他のアジア諸国にたいする優越感――「蔑亜」の心情――に転化するのは容易な道であった。

前章で見たように、一八八一(M14)年の日本鉄道会社と、翌八二年の大阪紡績会社の設立によって日本の産業革命への道が開かれた。その時代に民間に払い下げられた古河市兵衛の足尾銅山や岩崎弥太郎の高島炭鉱が生産を拡大し、日本は資本主義社会としての成長を始める。この経済の発展とともに、それまで独立維持のためであった強兵が、アジア諸国への国権拡張、そして資源と市場を求める日本経済の海外進出を後押しするものへと変質してゆく。

はやくも一八七六(M9)年に日本は、以前にアメリカが幕府に不平等条約を押しつけたのと同様の砲艦外交で、朝鮮に日朝修好条規(江華条約)を押しつけている。それは、条規附録と貿易規則などをあわせて、漢城《ハンソン》(現ソウル)に公使館の設置、釜山《プサン》・仁川《インチョン》・元山《ウォンサン》の開港と居留地の設定、居留地での治外法権、日本商品にたいする関税の撤廃と居留地での日本通貨の使用を認めさせるという、きわめて一方的なもので、のちの朝鮮領有にいたる第一歩となる。

壬午《じんご》軍乱と呼ばれた、日本の進出に反発する保守派の軍人を中心とした反乱に民衆が加わった一八八二年の暴動は、清国の素早い軍事行動によって鎮圧されたが、日本の公使館が襲撃されたこともあり、日本政府は国内世論におされて軍隊を派遣し、その圧力のもとで多額の賠償金と日本軍の常時駐兵権を朝鮮政府に認めさせた。大陸への軍事進出の第一歩である。そして日本の軍事力を背景にした親日的な急進開化派による八四年のクーデタ(甲申《こうしん》政変)が清朝の軍事介入によって挫折したのを機に、日本は清国を仮想敵国として軍備の増強に取り掛かる。背後にあったのは、日本と清国の朝鮮をめぐる市場と支配権の争奪戦であった。

かつて日本の「文明開化」を熱く説いた福沢は、一八八二(M15)年に『朝鮮の交際を論ず』で「日本はすでに文明に進て、朝鮮は尚未開なり。……彼の国勢果して未開ならば、之を誘ふて之を導く可し」」と語り、朝鮮の親日開化派への支援を表明していたが、クーデタで開化派が敗北した後の八五年の『脱亜論』では「我日本の国土は亜細亜の東辺に在りと雖ども、其国民の精神は、既に亜細亜の固陋《ころう》を脱して、西洋の文明に移りたり」と現状をとらえ、みずからを「文明」サイドに置き、そのうえで支那《ママ》(中国)と朝鮮は「古風旧慣に恋々する」ばかりと決めつけ、文字どおり上から目線で「吾輩を以て此の二国を視れば、今の文明東漸《とうぜん》の風潮に際し、迚《とて》もその独立を維持するの道ある可らず」と断定している。

この時点で福沢は、中国・朝鮮の近代化に見切りをつけたのである。自他についてのその現状認識から導かれる結論が「脱亜入欧」であった。

　左れば今日の謀を為すに、我国は隣国の開明を待て共に亜細亜を興すの猶予ある可らず、寧《むし》ろ其伍を脱し西欧の文明国と進退を共にし、其支那朝鮮に接するの法も、隣国なるが故にとて特別の会釈に及ばず、正に西洋人が之に接するの風に従て処分す可きのみ。(『脱亜論』)

こうして、明治中期の日本に列強主義ナショナリズムが生まれ、一八九四・九五(M27・28)年の日清戦争をへて、日本は、一八九〇年代に始まる本格的な世界分割競争に最後のメンバーとして仲間入りするにいたった。

2　そして帝国主義へ

先に電信網と鉄道路線の敷設が、国民の統合と国内市場の統一を推進したことを見たが、それにとどまるものではなく、それは日本のアジア侵略を準備し、現実化するものでもあった。

電信線架設工事の初期にかかわった工部大学校のダイアーは「電信の便利さと重要性を世間に強く印象づけたのは、一八七七年の西南戦争の時だった。戦場で電信を活用した政府軍は、西郷ひきいる反乱軍を相手にきわめて有利に戦いをすすめることができたのである」と回顧している。政府軍は前線に電信兵を送りこみ、戦線の拡大にあわせて電信線の敷設を進め、薩摩軍の動きを逐一本営に伝えていた。すでに電信の軍事的有用性が認識されていたのである。

鉄道建設についても、経済からやがて軍事にその重心が移行していく。ここでもダイアーは「鉄道の建設には、もちろん政治的な配慮と軍事上の理由がかなりの重きを占めていた」と認めている。鉄道の敷設区間にたいする陸軍省の関与権が認められたのは一八八三(M16)年であり、明治も中期には軍事目的が前面に出始める。一八九一年、松方首相は国家による鉄道一元化の必要性を主張するにあたって「鉄道は国防上及び経済上の点に於いて之を国有と為し……」と語り、政府は翌九二年に「鉄道敷設法」を制定し、軍事と経済の両観点から全国的な官営鉄道建設の構想を示している。その翌年に福沢は「過般政府より議会に報告したる鉄道路線の如き、軍事用の目的を専にして、山間を択び、非なる公費をもって世間を驚かせたるものあり」と零《こぼ》している(『実業論』)。

この時期、軍事力はまだ国内平定に向けられていたが、やがて、対外進出のためのものに変貌してゆき、それに応じて電信網や鉄道路線の拡張も、帝国主義的な意義を帯びていく。つまり、統一国家形成のためのものから、アジア進出のためのものへと変貌していく。一九〇〇年に「鉄道唱歌」で国内統一を歌った大和田建樹が、一九〇四年に「天に代わりて不義を討つ忠勇無双のわが兵は」で始まる「日本陸軍」を作詞したことは、象徴的である。

実際、壬午軍乱ののち、政府は外国の会社に委託して九州〜釜山間の電信線を敷設している。電報局は、日清戦争勃発の一八九四(M27)年には七二六局あり、電信は日清戦争に重要な役割をはたす。そして日清戦争の勝利で朝鮮にたいする支配力を格段に強化した日本政府は、釜山、漢城、仁川にも電報局を開設し、日露戦争勃発直前の一九〇三年には電報局は実に二一九〇局を数えるにいたり、日露戦争では、電信はさらに重要な役割を担うことになる。

同様に鉄道もまた、海外進出・アジア侵略のためのものへと「発展」してゆく。日清戦争勃発時に大本営を広島に置いたのは、宇品港という良港を近くに有していたこととともに、当時は本州縦貫鉄道の終点が広島であったことによる。鉄道の現状が軍の方針を規定していたのである。一八九五年に日清戦争に勝利した日本は、朝鮮にたいする支配権をさらに拡大していくが、日本による朝鮮支配の中枢は鉄道の敷設であった。日清戦争の最中に朝鮮政府と結んだ日韓暫定合同条款にもとづくもので、京城《ソウル》～仁川《インチョン》間の京仁《キョンイン》鉄道の建設(一八九八～一九〇〇年)に始まり、京城～釜山《プサン》間の京釜《キョンプ》鉄道の建設(一九〇一～〇五年)、さらに京城～平壌《ピョンヤン》～新義州《シンイジュ》間の京義《キョンイ》鉄道の建設(一九〇四～〇六年)と続く。その建設の実態を現代韓国の研究者・鄭在貞《チョンジェジョン》は『帝国日本の植民地支配と韓国鉄道』に記している。

日本は京釜・京義鉄道を韓国と大陸を侵略する兵站幹線と認識していたため、停車場が軍隊の駐屯地であり、出発地であることを望んだ。そればかりか、停車場が日本人商人と農民の集団居住地となって政治的・経済的に韓国を制圧する前哨基地となるよう構想した。したがって、日本は想像を絶するほど広い鉄道用地を韓国に要求し、実際に各種条約を口実にこれを貫徹した。〔注　朝鮮は一八九七年に国号を「大韓帝国」と改めた。〕

建設は日本の土建会社が請け負い、日本軍の銃剣下で労働力と建築資材を安くほとんど思いのままに調達できる状況下でなされ、建設に要した費用は日本の大手建設会社に還流された。日本側のねらいとしては、朝鮮から米および木材や鉱石等を日本に輸入し、綿布等の製品を日本から輸出するという経済上の目的と、大陸にむけて軍隊を迅速に輸送するという軍事目的が考えられていた。日清戦争時に国内での軍隊の移動に鉄道が大きな役割をはたした経験からして、日清戦争後にロシアを仮想敵国として軍備を増強していた日本が、朝鮮縦貫鉄道の軍事的重要性を意識していたことは当然考えられる。

朝鮮半島の鉄道建設に経済と軍事のどちらにより比重が置かれていたのか、また財界と軍・官僚のどちらのイニシアティブで進められたか等については、日本の研究者のあいだで議論があるようだが、「当時、韓国への最大規模の投資であった京釜鉄道への投資に、日本の資本家が欧米の資本家と共同して当たることは、決して不可能ではなかった。……そうした条件の設定を拒んだのは、日本政府とりわけ陸軍で、そこでは韓国の独占的支配をめざす軍事的・政治的観点が、経済的観点を圧倒していた」という指摘が妥当であろう(石井、二〇一二)。

京仁鉄道と京釜鉄道の創設に携わった渋沢栄一は、「この鉄道が敷設せられたために、日露戦争の勃発に際しては、軍事上頗《すこぶ》る重大な役目を演じたことは私の私《ひそか》に自ら慰めている処である」と自伝に述懐している(渋沢、一九九七)。鄭在貞も「朝鮮半島を南北に縦貫する京釜線と京義線……は韓国の政治・軍事・経済・文化の中心を貫くだけでなく、日本と満洲を時間的・空間的に最大限に近づける核心的動脈だった」と正確に指摘している。朝鮮半島における鉄道建設の日本のねらいは、基本的には中国大陸への発展にあったと見るべきであろう。

なお渋沢は「朝鮮における鉄道敷設」が「朝鮮開発の上に多少の貢献をした」としているが、この類の手前勝手な施恵論的評価については、鄭在貞の抑制のきいた指摘を引用しておこう。

植民地の鉄道は概ね帝国主義国家の資本・商品・軍隊・移民を浸透させる一方、そこから原料・食料を収奪する役割を担うことが多かった。したがって、植民地・半植民地の鉄道は近代文明の伝播者として機能した面もあったが、総体的には国民経済の形成を歪曲し、現地人の主体的成長を抑圧する役割が大きかった。一八九二〜一九四五年の韓国鉄道も例外ではなかった。(鄭、二〇〇八)

ともあれ日露戦争後、国内での軍事輸送の重要性があらためて認識されるようになり、そのため軍が鉄道網の全国的統一を主張し、その結果、一九〇六(M39)年に「鉄道国有法」が施行され、各地の幹線を国が買い上げることによって「国鉄」が誕生した。以後、国鉄は、中曽根内閣による一九八七(S62)年の分割民営化まで、約八〇年にわたって存続することになる。

日本の近代化とエネルギー革命の象徴であった電信と鉄道は、明治期をとおして、中央集権化された新生日本国家の建設に大きな力を発揮しただけではなく、同時に日本帝国主義の朝鮮・中国進出のための人と物と情報のハイウェーとなったのである。

3　エネルギー革命の完成

日本の産業革命について、研究者の見解はかならずしも一致していない。経済学者・楫西光速たちの書『日本における資本主義の発達』では、「明治二〇年代(一八八七年―)にはいって、まず綿糸紡績業を中心とする軽工業部門において産業資本の確立を果した日本資本主義は、三〇年代(一八九七年―)における重工業部門の確立によって、みずからの産業革命を完成する」と書かれている。同様に、歴史学者・高村直助の『産業革命』にも「日本の産業革命は、……時期的には一八八〇年代半ばから九〇年代末にかけて進展した」とある。

他方で石井寛治の『日本の産業革命』では、産業革命の開始が大阪紡績の成功に刺激されて機械制紡績業の勃興が見られる一八八六(M19)年で、この点では他の論者と一致している。しかし終了の時点については「機械の導入という産業革命が一国のレベルで完了するためには、必要とされる機械とその材料である鉄鋼の国内自給が達成されなければならない」との判断のもとに、後発資本主義国では機械や鉄鋼の輸入が可能なため産業革命の完了時期を決めるのが困難であるので「輸入が戦争などで途絶えたときに自給が可能な技術が獲得され、生産の担い手が出現したことをもって……後進国なりに産業革命が完了したものと考えたい」という立場から「日本の産業革命は……日清・日露の二大戦争を経験したのち、一九〇七年恐慌前後にひとまず完了する」と結論づけている。

たしかに日清戦争までは、工場制機械工業といっても、製糸や紡績といった軽工業において先進工業国から輸入した機械を使っているだけで、製鉄にしろ機械製造にしろ、大きく立ち遅れていた。日清戦争後には第二次企業勃興が見られたが、それは製糸・紡績・発火物(マッチ製造)・織物・煙草・製紙等が中心で、この時点でも、軍工廠と造船業をのぞくと、重工業・機械工業は育っていない。重工業の新しい発展が始まり、軌道に乗るのは日露戦争後になる。

工業化にとって重要な大型機械の国産化を進めるための条件は、鉄鋼生産であり、そのため政府は日清戦争の賠償金の一部を元手として八幡に大規模製鉄所を計画した。楫西たちの書には「〔一九〇一年に操業を開始した〕八幡製鉄所は、経済的・軍事的必要から、鉄鋼自給の目的をもって創設されたのであるが、日露戦争にさいしてさらに拡張され、重工業の発展に大きく寄与した」とある。ここに「鉄鋼自給」とあるが、この時点での鉄鋼の需要は、国有化後の鉄道建設とともに、軍需、そして軍事から始まった造船においてであり、製鉄所建設の必要性をもっとも熱心に主張したのは軍であった。「資本主義的製鉄業を発展させることになった進展の歩みは、よりすぐれた砲身を求める需要から発生した」という一六世紀から一八世紀にかけてのドイツの歴史にもとづくゾンバルトの指摘(『戦争と資本主義』)が、この時代の日本にもあてはまるであろう。

一九三五年（S10）年に陸軍造兵廠長官陸軍中将・植村東彦が書いている。

日清戦役勃発し俄《にわ》かに軍需関係工業の活躍を来し、戦後四億に上る賠償金が流入したのであるが、愈々《いよいよ》各種の工業が勃興し、茲《ここ》に農業国より工業国への転化の第一歩を踏み出したのであるが、之を概観的に見れば漸《ようや》く民間工業独立の曙光を認むるに至ったので、真に工業の発達を見たのは日露戦役中及其の以後である。（「日露戦役の回顧」『知識』1935. 3）

実際日本は、一九〇四〜〇五年の日露戦争で満洲の鉄と石炭を確保し、ようやく製鉄製鋼・造船・機械工業が発展する条件を確保し、官営八幡製鉄と民営釜石製鉄所でも銑鋼一貫作業が軌道に乗ったのであり、この事実をふまえて石井は、この時期を産業革命終了と見ている。

しかし後発資本主義国としての日本における産業革命を特徴づけるのは、単に産業資本による工場制機械工業の確立にとどまらず、エネルギー革命をともなった機械制工場の出現にあると見るべきであろう。この点を指摘したのは、むしろ工学者や技術史の研究者であった。

すでに戦前に、理化学研究所の所長で工学者の大河内正敏は語っている。

熱力学は工学に対して動力を、電磁気学は動力と、光と、今迄容易に得られなかつた高熱とを提供したのである。さうしてこれらが一緒になつて、従来の産業とは雲泥の差のある大工業組織を作り上げて、遂に産業革命と謂はれる程の大変化を産業界に投げたのである。従来人力によつて動かされてゐたものも、或は牛や馬を使駆し、其力を利用してゐたものも、悉くそれが機械化されて、蒸気機関や電動機で運転されるやうになつた。蒸気を動力の根元としたのは、産業革命初期のものであり、電動機を使ひ出したのは後期である。(「資本主義工業と科学主義工業」『工業』1937.12)

技術評論家・星野芳郎の戦後の書にも書かれている。

先進資本主義諸国、ことにイギリスにあっては、電力技術は、産業革命が爛熟し蒸気動力が十分に普及したうえに登場したのであったが、わが国の産業革命は、欧米で第二次産業革命が開始されたちょうどそのときに本格化したものであるために、……電力技術は産業革命の本格的な進行とほとんど並行して、むしろその一環として発展した。(星野、一九五六)

この立場では、日本の産業革命は、電気エネルギーの動力使用の普及で完了することになる。

世界的に電力使用が本格化するのは、変動の少ない実用的な三相交流の発電機と高電圧長距離送電システムが形成されてからで、それが一八九〇年の前後である。遠距離送電に必要な実用的変圧器は一八八五年に発明されている。これによって小規模な火力発電所が都市に何カ所も散在する状態から、山間部に大規模水力発電所を建設し、そこから都市まで高電圧ケーブルで送電する広域的システムの形成が可能となった。

日本での交流使用は一八八九(M22)年の大阪電燈に始まるが、東京電燈が一八九五年に市内に散在していた小規模な発電所を浅草の火力発電所に集中し、そこに三相交流五〇サイクルの発電機を設置したときに本格化する。二年後に大阪電燈が三相交流六〇サイクルの交流発電を始める。現代日本の交流のサイクルが東西で異なっている所以である。

遠距離送電の先駆は、一八九九(M32)年に黒瀬川の水力発電所から広島まで26kmを11kV(キロボルト)の高電圧で送電したものであるが、これは日清戦争で広島に大本営が置かれ、呉に大海軍基地と急膨張をとげていた海軍工廠があったからである。つねに軍優先であった。実際、この時代の大口電力消費者は軍工廠であり、そして軍需を中心とする八幡製鉄であった。

電力が民間にもひろく使われるようになったのは、二〇世紀に入ってからである。森鷗外が一九〇九(M42)年に書いた小説『電車の窓』に「電灯の光の簇《むら》がっている」という記述がある。この頃には、都会の路面電車も珍しくなく、電灯がすでに他の灯火を圧倒していた。

しかし電気エネルギーの本当の普及は、やはり工場の動力で見るべきであろう。それは一九一〇年代、山間部での水力発電所が発展し、電力が安く供給されるようになってからである。日露戦争後に水力電源開発ブームが生じる。石炭による火力発電は、好況で電力需要が高まる時期に同時に炭価が上昇するという不都合があり、その点からも水力発電への移行が促されることになった。大容量の水力発電は、一九〇八(M41)年、東京電燈が山梨県桂川の出力1万5000kw(キロワット)の駒橋発電所から早稲田変電所まで75kmを55kVで送電したことに始まる。

明治末期の一九一一(M44)年に木曽川発電所から名古屋まで47kmを66kVでの送電が始まり、だいたいこの頃に水力発電が火力発電を上回ったようだ。この年に電気事業の促進を目的とした「電気事業法」が制定される。そして一九一四(T3)年、出力3万7500kwで115kVの高電圧送電を行う猪苗代発電所が完成し、翌年、東京まで228kmの送電に成功することによって、大送電線網の時代が幕を開ける。その後、大正時代をとおして、各工業分野で、蒸気から電気への動力の転換が急速に進行していく。民間工場そして官営工場の電化率は、ともに一九一七年に蒸気動力を上回っている。したがって一九一〇年代半ば、第一次世界大戦始まりの頃が、エネルギー革命をともなった日本の産業革命の完了と考えられる。「欧米は、蒸気機関の発明によって産業革命を達成し工業国になったが、日本は、電力の利用によって農業国から工業国となったのである」(内田、一九七四)。

日清・日露の勝利で満洲の権益を手にし、さらに朝鮮を植民地として獲得し、日本が帝国主義国家となったこの時点で、日本は同時に産業革命を完了した。こうして「殖産興業・富国強兵」をスローガンとする明治期の近代化が、ひとまずそのサイクルを終えたと見てよい。

ちなみに、京都帝大の誕生は、日清戦争での賠償金によるものであり、九州帝大と東北帝大は、古河鉱業の寄付によって生まれた。古河市兵衛は、足尾鉱毒問題での世間の非難を緩和するために寄付をしたと伝えられる。帝国大学はまさに帝国の発展とともに生まれたのである。

4　地球物理学の誕生

幕末と維新の過程で産声をあげ、帝国大学の創設とともにそれなりに成長していった日本の物理学研究も、日本の帝国主義化の影響をもろに受けながら進められていった。

さきに帝国大学の理念を国家第一主義と実用主義だと指摘した。この実用主義がすべての教授たちに共有されていたとは言えないにせよ、すくなくとも理科系の多くの教授たちには事実上受けいれられていたと思われる。技術者養成を目的とする工科大学(工学部)では言うまでもないが、理科大学(理学部)においても、それは認められる。実際にも、化学科において教えられていたのは応用化学であり、物理学もその点では大差ない。というのも当時、物理学は、技術に直結し技術のための補助学のように見なされていたこともあるが、前にも言ったように、古典物理学の原理が出そろい、もはや原理的に新しい展開はないであろうと思われていたこの時代には、欧米においても、技術的応用か、さもなければ対象領域を地球にとる地球物理学が重視されていたのである。

とりわけ地球物理学は、「元来欧米人の植民地またはそれに準じた地方においては、宣教師であって地球物理学を研究した者がたいへん多い」(松澤武雄「南方圏の地震活動」『図解科学』1942.5)とあるように、欧米諸国の植民地獲得とともに発展したのであり、帝国主義にむかっていた欧米諸国にとって、戦略的にも重視されていた。アメリカ合衆国東インド艦隊司令長官のペリーは、遠征にさいして、航海中に科学的調査や観察に時間を割くように部下に命じているが、その項目のなかに水路学、気象学、地質学、地理学、地球物理学がふくまれていた。

日本では、物理学の技術的応用の中心のひとつは電気工学にあり、この方面では、お雇い外国人教師の指導もあって、活発に学ばれていた。それ以外の面でも、やはりお雇い外国人科学者の手によって日本に持ち込まれた地球物理学、すなわち地震学、気象学、そして日本近辺の重力測定や地磁気測定が主流的な位置を占めていた。日本の物理学研究の基礎を作ったのは、一八七八(M11)年に東京大学に招聘されたトマス・メンデンホールであるが、彼は、東大の学生を動員して東京・札幌・富士山頂における重力測定を実行して地球の密度測定を試み、また地磁気測定や気象観測を指導したことで知られている。

明治前半に日本で発行された総合的、および理学、工学、ないし農学の学術雑誌四十余に掲載された全論文を総覧した調査によると、数学から生物学、医学、薬学までふくむ「理学」関係全体のうちもっとも多いのが地球科学の約23％（生物学、医学、薬学をのぞいたもののなかでは地球科学は約36％）、そして地球科学のうち気象学と気象観測があわせて40％、地震学が24％を占めている（渡辺正雄「明治前期の日本における科学と技術」『研究』II, 1972春）。

しかし、一見地味で純学術的に見える日本の地球科学研究もまた、底流においては国家第一主義と実用主義に導かれていた。先述の『明治文化史5　学術』には書かれている。

大学以外の試験研究機関が、〔明治の〕早期に設立された。それは地学関係のものに多く、しかもそれは陸海軍関係のものであった。海軍水路部（一八七〇年　明治三年）・中央気象台（一八七五年　明治八年）・陸地測量部（一八八四年　明治一七年）など国防に関係のある部門が早く開かれたことは、日本の科学のひとつの特徴であろう。天文学・気象学・測地学などの学問が、国家経営の実務と結びついて、早期に開発されたのである。

日本は島国であり、欧米列強の圧力下にあった明治政府にとって、国防とはまずもって「海防」であった。そのため明治維新後、はやくに海軍が形成され、「日本の海洋学は、幕末の発端から太平洋戦争に至るまで、つねに海軍力の基盤として、軍事的な面が重くみられてきた」（湯浅、一九八〇）。とくに海軍水路局のちの水路部の海洋研究は、日本が帝国主義国家としてアジアに進出していく下地を形成し、同時にアジア進出にともなって活動を拡大していくことになる。明治日本の海外出兵は、一八七一（M4）年に台湾東南部に漂着した琉球の住民が掠殺された事件と、七三年に漂着した日本人が物品を略奪された事件をとらえて、七四年に明治政府が「問罪」と「皇威の発揚」を大義名分に台湾に出兵したことに始まる。それは同時に、日本の海洋研究のフィールド拡大の第一歩でもあった。海洋研究は測量から始まるが、専門書によれば「日本沿岸の測量が進まない中で、軍事的な要請から台湾近海（一八七三年）や朝鮮沿岸の測量を実施するなど、水路業務は外にむかって拡大する」とある（小林瑞穂、二〇一五）。

気象学について言えば「気象図を作つて天気予報を学問的に行はうとしたのは（一八五三〜五六年の）クリミヤ戦役に際して仏艦が荒天の為に沈没したのが動機である」（『ペン』1946.4）とあるように、近代気象観測は、その発端から軍事に関わっていた。一八七一年の普仏戦争における勝利によりプロイセンを中心とする軍事国家として「ドイツ国家」が誕生したが、専門書には「気象学という科学はドイツ国家と歩調を合わせて発展していき、偵察と帝国の夢のための科学的口実を提供した。ドイツ国家が存続する限り、気象学は特別の支援を当てにすることができた」とある(ウッド、二〇〇一)。ちなみに、天気図の「不連続線」は第一次大戦中の軍事目的の気象観測で発見されたと伝えられる(「不連続線の話」『知識』1934.9)。

日本での初めての気象観測は、幕末の軍艦操連所(以前の長崎海軍伝習所)における航海術教育の一環としてあった。維新後、一八七二(M5)年に函館に最初の常設気候測量所(後に測候所)設置、七五年に東京気象台創設、以後、気象観測は内務省地理局のもとで継続され、測候所が増設されていき、八七(M20)年に東京気象台は中央気象台と改称され、九〇(M23)年にその中央気象台の官制が確立される。この年、全国の測候所の数約四〇。初代の中央気象台台長は、もとは軍艦操練所に学んだ幕府海軍の軍人で、戊辰戦争のさいに榎本武揚や大鳥圭介らとともに五稜郭に籠城した荒井郁之助であった。

もちろん、気象観測が初めから軍事目的であったわけではない。予報は一八八三(M16)年の暴風警報に始まる。しかしその人脈からしても、軍事に敏感に反応していくことになる。

物理学者の寺田寅彦は、気象学・気候学の軍事的重要性について、一九一八(T7)年に書いている。

日露戦役の際でもわが軍は露兵と戦ふばかりでなく、満洲の大陸的な気候と戦はなければならなかつた。日本海の海戦では霧の為に被つた損害も少なくなかつた。かういふ場合に気象学や気候学の知識が如何に貴重であるかは世人の余り気の付かぬ事である。……日本軍が西比利亜《シベリア》へ出征するといふ場合でも、気象学上の知識は非常に必要である。彼の地に於ける各時季の気温や、風向、晴雨日の割合などは勿論、些細な点に就いても知識の有無に従つてその方面の準備の有無は意外の結果を来すであらうと考へられる。(「戦争と気象学」『理科教育』1918. 12. 10)

雑誌『科学ペン』一九四一年七月号の「日本気象学史」には「明治二七年七月日清戦役起こり、大本営を広島に進められたので、九月一六日以降全国の気象要素を日々広島測候所に電報し、天気図を作製して大本営に差出した」とある。そして一八九五(M28)年の日清戦争の勝利で、日本は台湾を植民地として獲得し、その翌年の台湾総督府による台北測候所の設立によって外地の気象事業が始まる。さらに同号の「最近の天気予報術」には「(明治)三七年には対露関係の悪化とともに朝鮮・満洲・支那に臨時観測所を急設し」とある。外地の気象観測は、来たるべき戦争を見越して行われていた。日本は、日露戦争時には、朝鮮に七カ所、中国本土に六カ所、満洲に五カ所、樺太に三カ所の測候所を増設している。

近代日本の海洋研究や気象観測事業は、戦争そして植民地獲得とともに、そのフィールドを拡大させ、内容を充実させていったのである。

5　田中館愛橘をめぐって

海洋調査や気象観測事業は現業部門の性格が濃く、もともと軍人や技術官僚によって担われ、当然のように軍事との関係を強めていったが、その点では、大学も免れてはいない。

西南戦争では、政府軍は包囲されている熊本城との連絡に気球の使用を考え、陸軍省が工部大学校にその製作を依頼している。明治の初期には、幕府から引き継いだ海軍横須賀造船所でかなりレベルの高い技術教育が行われていたのだが、一八七七(M10)年に海軍は技術教育を東大に委託することになる。八四年には海軍省の要請で、東大に造船学科が設けられた。これは海軍省が海軍技術士官の養成を大学に委託したことによる。そして八七年には帝国大学工科大学に造兵学科と火薬学科が増設された。中山茂によれば、そのようなことは「西洋の大学でもあまり例のないこと」であった(中山、一九九五)。その造兵学科では一九〇二年まで専任の教官は存在せず、陸軍と海軍から講師を呼んでいた。陸軍は一八八九(M22)年に砲・工兵の将校養成のために砲工学校を設けたが、一九〇〇年にその卒業生のうち優秀な学生を東大の理科系の学科で学ばせる員外学生制度を作っている。はやくから軍と学の協力関係が始まっていた。

前にも言ったように、初期の段階では国内平定のためのものであった日本の軍事力は、明治期をつうじて対外侵略のためのものへと変貌していくことになるが、学者はその過程になんの疑問もなく追随していった。その例を田中館愛橘に見ることができる。

田中館は一八五六（安政3）年に岩手の兵法師範の家系に生まれ、八二年に東京大学理学部を卒業し、イギリスとドイツに留学し、一八九一年から一九一七年まで東京帝国大学の教授をつとめ、東大理学部物理教室の創始者とされている。ちなみに東大の物理学の最初の日本人教授は、五四年に会津藩家老の家に生まれ、維新後アメリカに留学し、のちに東大総長になる山川健次郎である。この山川と田中館、そして六五年に肥前（長崎）大村藩藩士の家に生まれ、帝国大学理科大学に学んだ長岡半太郎の三人が、明治の東大の物理学を人格的に代表していた。

日露戦争が始まったときには、田中館は測定した地磁気のデータを印刷段階で軍に送付している。磁針は正確に北を向かず子午線から東西にわずかに振れる。この振れ（偏角）の値は地球上の各地点で異なるので、この時代の航海にとってはきわめて重視されていたこともあり、その測定は日本におけるお雇い外国人研究者の重要な研究テーマであった。実際、日本の地磁気測定は、当初ミュンヘン大学出身のドイツ人地質学者エドムント・ナウマンの指示ではじまり、ついでエディンバラ大学出身の物理学者カーギル・ノットによって、一八八七年により本格的に遂行された。はじめは長岡が、のちには田中館がノットに協力している。そして田中館は、ロシアとの日本海海戦を前にして、そのデータを日本海軍に提供した。これがもとで海軍水路部は、一九一一年以来一〇年に一度ずつ田中館の指導で全国的な地磁気の測定を行うことになり、それは実に一九四二年まで続けられた。

田中館の軍とのかかわりは、地球物理学に限られるものではない。明治の学者のある意味での典型として、もう少し先まで見てゆこう。

日本で気球の実際的使用を真っ先に考えたのが軍であったことからすれば、飛行機が出現した時に軍がただちに着目したのはきわめて自然な成りゆきである。ライト兄弟が人類初の動力飛行に成功したのは一九〇三（M36）年で、その六年後、〇九年七月二五日にフランス人飛行家がドーバー海峡横断飛行に成功し、早くもその五日後の七月三〇日には、日本政府の一部で飛行機の軍事使用の可能性が検討され、陸軍省・海軍省・文部省共同で臨時軍用気球研究会が発足している。そしてこれには、田中館をはじめ東大や中央気象台の教官や技師が委員として加わっている。一五（T4）年、田中館は貴族院議員の有志に「航空機の発達及び研究の状況」と題する講演を行い、冒頭で「航空機関は輓近、軍事及び交通上重要のものとなった」と訴え、東大に航空学の講座と研究所を設けることを主張し、それにより一八年に東大附属航空研究所が創設され、同時に工学部に航空学科（四講座）、理学部に航空物理学講座が新設された。

ちなみに、その当時東大総長であった山川健次郎も、航空機研究にきわめて熱心であったことが知られている。一九四二年の『東京帝国大学学術大観　工学部　航空研究所』には「大正

4年より7年に亘る前世界大戦に於て航空機は武器としては目覚ましい活躍をなし、非常な進歩を遂げたのである……。その結果航空に関する大規模の学術研究機関を設け航空工業の基礎を深く学術の上に置かなければならぬといふことが考へられ、殊に山川総長は率先その必要を力説した」とある。実際にも山川の日記には、一五年三月四日に「航空術講座設置の件」で田中館および後に東大航空研の初代所長となる工科大学教授・横田成年と話し合い、四月八日には「飛行機研究所の件」で大隈重信首相宅を訪れたことが記されている。

明治の初めに、日本の高等教育の基軸を、国学・漢学にするのか、それとも洋学にするのかをめぐって議論があったが、その論争で洋学派が勝利したことが知られている。アジア・太平洋戦争の真っ最中の一九四三年に八八歳の田中館は、この件について回顧談で語っている。

若し明治の教育において、科学などは全く技術であるから修むるに足らない、外国人を雇つてやらせればいいといふことにして、日本の古典、歴史、支那の文学をのみ修めてをつたならば、今日の戦争のみならず日清戦争でも日露戦争でもあの戦果を挙げることはできなかつたらうと思ひます。(「田中館博士を囲みて明治初期の我が科学を偲ぶ」『研究』1943. 6)

当時、科学が技術として捉えられていたことが読み取れるが、注目すべきは、田中館の語る科学の成果が、もっぱら「戦果」に求められていることである。一九七八年に書かれたウィリアムズの『二〇世紀技術文化史』にも、明治日本の科学技術教育の成功が「一九〇五年、日本がロシアを打ち負かしたときに明白になる」とある。対外的にもそう見られていたのである。

そして田中館は、戦時下の一九四四年に地球物理学と航空学の研究で文化勲章を授与されている。学術的業績だけではなく、軍への積極的な協力も評価されたと推測される。

6　戦争と応用物理学

もちろん田中館が特別だったわけではない。一九一二(T1)年の桜井錠二の「明治の理学」には「本邦に於ける物理学最近の進歩を代表するものは、理科大学教授田中館愛橘、同長岡半太郎の両理学博士である」とあるが、その長岡について、弟子で光学の研究者として知られている山田幸太郎は、「〔先生は〕国防に対して絶大なる関心を有して居られた。……海軍嘱託として、あの御多忙の時間を割いて、折々海軍造兵廠にお出でになって、技術の指導をされた」と記している(「我が国の光学工業と長岡半太郎博士」『日本科学技術史大系13』所収)。

応用物理学・応用化学としての科学技術は、当然、直接的に軍事に使用されていた。銃や砲、船舶・車輛、爆薬、そして通信手段の改良や開発がそれにあたる。産業の近代化が軍の近代化と同時並行で進められた日本では、科学技術は当初から産業と同時に軍事を支えていた。

一九世紀末に発明された無線通信を世界で初めて実戦使用したのは、日露戦争時の日本軍であった。イタリアのマルコーニがコヒーラー検波器を用いた無線電信装置を発明したのは一八九五年、日本では、一九〇〇（M33）年に海軍無線電信調査会が設けられ、東大物理学科出身の海軍技師・木村駿吉が中心になって実験を始めていた。一九〇二年に木村はヨーロッパ諸国の無線技術研究を視察しているが、その時の経験をのちに回顧している。

此視察旅行で真の価値のある収獲と思つたのは、何処の国でも我海軍無線電信調査委員会で研究し得た成績以上のものが見当らず、日露戦役が始まつても不意打ちに仰天させられる様な心配がないと云ふことを感得して、自信と安心と請合を持帰つたことであつた。……何処でも送信が火花式であり、受信がコヒーラー式の印字受信機又は炭素の音響受信機である以上、どれもこれも似たり寄つたりのドングリの背比べであるのは当然の事であらう。その中でも日本は日露戦役に実際使用したと云ふことで、或は一頭地を抜いてゐたかも知れぬ。

（「日本海軍初期無線電信思出談」『研究』1945. 5）。

回顧談ゆえ美化され誇張されている処もあるだろうが、その分を差し引いても、この方面では日本はすでに世界のレベルに手が届いていたことがわかる。日露戦争では、日本の連合艦隊は木村式無線装置を装備していたのである。ちなみにこの木村駿吉は、福沢諭吉が最初の訪米時に従者としてしたがった咸臨丸の艦長で軍艦奉行・木村摂津守喜毅の次男である。

なお、このときの日本海軍の無線装置の電源はGSバッテリーと言われる蓄電池であるが、その事に少しふれておこう。日本で初めてダニエル電池を作ったのは、安政年間の佐久間象山と言われているが、充電可能な蓄電池は一八八五(M18)年に工部大学校と工部省電信局電気試験所の広瀬新が軍用に作ったのが始まりとされる。GSバッテリーは、京都の鍛冶屋が起業した島津製作所の二代目・島津源蔵が作った蓄電池(GSは Genzo Simazu のイニシャル)であり、日露戦争で使用されて、その性能が証明され、世界的に知られることになった。

ちなみに乾電池は、時計の修理工で東京物理学校(現東京理科大学)の付属職工であった屋井先蔵が、一八八七(M20)年に世界にさきがけて創り上げた。八五年に電池で動く連続電気時計を発明した屋井は、それまでのものでは電池の手入れが必要なこと、冬場に電池の液が凍結することなどの不都合から乾電池の開発にとりかかったと伝えられる。一般家庭に電気製品などのない時代で、乾電池にたいする民間からの需要は事実上望めなかったが、屋井は貧困の中で製造を続け、九四(M27)年、陸軍が電信機の電源に五〇〇個発注したことで報われることになる。そして屋井乾電池は、厳寒の中国大陸で十分に作動し、電信が確保されたことによって、その性能が認められ、以来、陸軍が使い続けることになった。

屋井も島津も高等教育を受けてはいない。彼らを突き動かしたのは、第一義的には職人気質ともいうべき、ものづくりにたいする情熱であった。精紡機についても以前にふれたが、この時期の日本における技術開発が、このような在来の職人の中から生まれた「草の根発明家」にも大きく負っていることは、注目すべきであろう。

それとともに、そのような先端的技術の多くが真っ先に評価されたのが、すくなくとも明治期にあっては軍事面からであったことは認めなければならない。要するに、市場としては軍需市場しか存在しなかったのである。この点は大学での研究も同様で、帝国大学の理念が国家第一主義と実用主義とあっても、民間に先端産業の存在しない時代にあっては、そして軍事技術でいちはやく近代化をめざした日本では、その実用主義の協力対象はさしあたって軍ということになる。もちろんそのことは、国家第一主義の理念にも親和することで、この時代に帝国大学の研究者が平時から軍に協力していたのは、異とするに足りない。

明治以降、日清・日露の両戦争をへて第一次世界大戦まで、日本は朝鮮・台湾を植民地として獲得していったのだが、それに歩調をあわせて学と軍の協働も進められていったのである。

第4章

総力戦体制にむけて

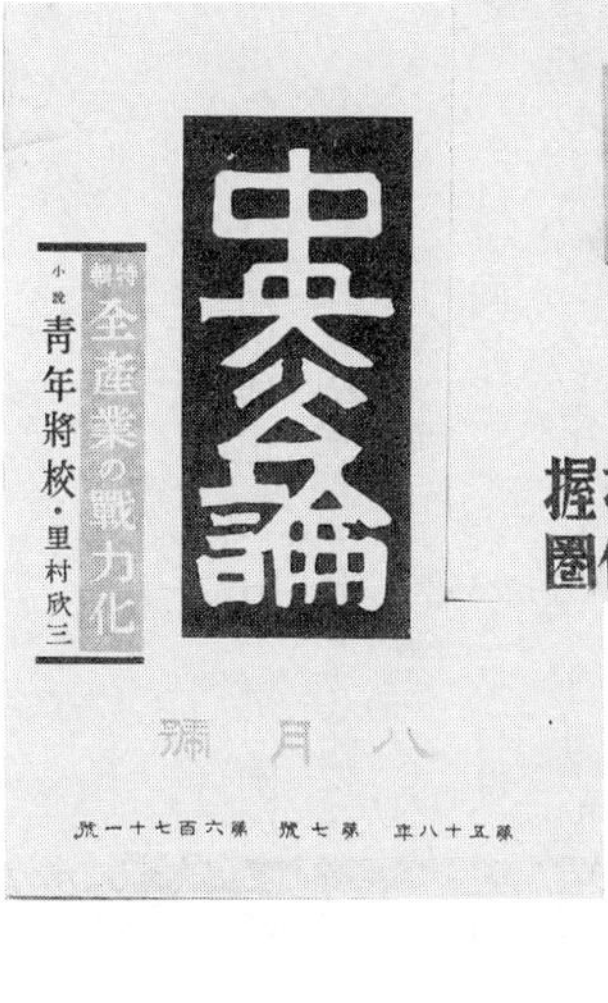

上：『科学ペン』1940 年 4 月号
左：『中央公論』1943 年 8 月号

1　第一次世界大戦の衝撃

日清・日露の両戦争を勝ちぬき、一九一〇(M43)年に朝鮮を植民地化した日本は、国内では「大逆事件」の名の下に社会主義者の抹殺をはかり、対外的には帝国主義列強クラブに最後のメンバーとしてすべりこみ、「連合国」の一員として、第一次世界大戦(以下、第一次大戦)を戦った。「日英同盟のよしみ」によって参戦したというのは表向きで、本当のところは、中国進出の足場を築くために、西欧列強がアジアに力を割けなくなった隙をついて、ドイツに宣戦布告したのである。それは一九一四(T3)年八月で、直後の九月、山東《シャントン》半島に上陸して中国の中立を侵犯し、一〇月、赤道以北のドイツ領南洋群島(ミクロネシア)を占拠し、一一月、青島《チンタオ》のドイツ租借地を攻略した。この第一次大戦への「参戦」と「勝利」は、その後のシベリア出兵そして日中戦争とアジア・太平洋戦争への道を開くものであった。

第一次大戦は、最初の科学戦と言われている。その意味は、第一に、当時の最先端の高度な科学技術が全面的に戦争に使われたこと、そして第二には、科学者自身が戦争において重要な役割をはたしたことにある。

この第二点について言うと、科学と技術がもともと別個のものであった欧米では、この時代まで、学者というのは、浮世離れした空想的な事柄に没頭し、実際的な事柄にはおよそ役に立たない種族と思われていた。欧米で科学者にたいする評価を一八〇度変えたのが、この大戦であった。ドイツではアンモニア合成法を開発したフリッツ・ハーバーや、やがて核分裂反応を見出すことになるオットー・ハーンといった、のちにノーベル賞を受賞することになるような一流の化学者たちが、こぞって毒ガス研究に従事し、イギリスでもジョセフ・ジョン・トムソンやアーネスト・ラザフォードのような超一流の物理学者たちが、無線電信や潜水艦探知等の軍事研究に従事し、いずれもその「有能さ」を証明してみせたのである。

それだけではない。戦争直前まで、西欧諸国の自然科学者のあいだでは、国際協力が普通に行われていた。外国の大学で学び、外国の教授の指導で学位を取得し、外国の研究者と共同研究するのはあたり前で、研究者の国際会議もしばしば開かれていた。彼らは、国籍を超越した「科学者共和国」の一員として研究に携わっているかのように振る舞っていた。しかし開戦と同時に、アインシュタインのようなきわめて少数の例外をのぞいて、彼らは一斉に「愛国者」となって、それぞれの国で戦争に率先協力したのである。西欧諸国は、この事実によって、科学者が戦争に役立つことを知ったのであり、ここから「国家による科学動員」、すなわち「科学技術研究への国家による科学者の動員」という政策が生まれてくる。

しかし日本では、幕末以来、科学は軍事偏重の科学技術に付随して受けいれられていたし、明治期にすでに軍学協働が始まっていたから、科学者が戦争において重要な役割をはたすであろうことは、とりわけ新しい発見であったとは思えない。

それにたいして第一点の、科学そのものの戦争における重要性については、日本は、第一次大戦で再認識させられることになった。物理学者の寺田寅彦は、当時日本で「欧洲大戦」と呼ばれていたこの大戦末期の一九一八年の随筆「戦争と気象学」に「欧洲大戦が始まつて以来あらゆる科学が徴発されてゐる」と記している。実際、第一次大戦は、軍用自動車、重砲戦車、軍用航空機、飛行船、潜水艦、機関銃、そして無煙火薬、焼夷弾、毒ガス等がはじめて使用された戦争で、近代的な科学戦の始まりと言われる所以である。最早、騎馬と大八車の時代ではないということを、日本は痛感させられたのである。

かくして日本では、大戦中から大戦後にかけて、各種の研究機関がつぎつぎに創られていった。一九一五(T4)年に海軍技術本部、一八年に海軍航空研究所、臨時窒素研究所、大阪工業試験所、繊維工業試験所、一九年に陸軍技術本部、陸軍科学研究所、二〇年に燃料研究所、海洋気象台、高層気象台、二二年に東北大附置の金属材料研究所、二三年に海軍技術研究所、二五年に東大地震研究所、二六年に京大附置の化学研究所、等が挙げられる。

これらはすべて国立だが、一九一七(T6)年には理化学研究所(理研)が、工部大学校第一期卒業生・高峰譲吉らの提唱と渋沢栄一の奔走で、国の積極的な支援もあって、半官半民の施設として創設された。また、一八年には「大学令」が公布され、帝国大学の外に官立私立の大学の設置が認められ、これまで法的には専門学校とされていた高等教育機関が単科大学に昇格された。そして二〇年に学術研究会議が設立された。科学とその応用に関する研究の連絡、統一および促進奨励を目的とするもので、アジア・太平洋戦争敗北後に日本学術会議が発足するまで、科学行政に中心的な役割を担った。ただし学術研究会議では、日本学術会議とことなり、委員は任命制で、人文科学、社会科学の分野は含まれていない。

こうして、国家による組織的な科学技術研究・工学研究の第一歩が踏み出された。この時期、一九一七年に東北帝大の本多光太郎によるKS鋼、二五年に東北帝大の八木秀次による極超短波発信機用の指向性アンテナ(八木アンテナ)、二八年に日本電気の丹羽保次郎によるNE式写真電送方式等の発明が日本で生まれているのは、その直接の成果であろう。

もちろんこの研究機関の創設ラッシュと工学研究進展の背後には、日本経済の発展がある。第一次大戦で物資不足に悩む交戦国への輸出が急増したこと、また、それまで東洋市場を押さえていた西欧諸国が後退した結果、国内市場を欧米の資本に荒らされなかったばかりか、中国はじめアジアやインドさらにはアフリカ東海岸にまで日本からの繊維製品や雑貨等の輸出が激増したこと、それに加えて海運業や造船業が活況を呈したことで、日本は空前の好況を迎え、大戦前に債務国であった日本は、大戦後には一転して債権国になっている。要するに経済的に余裕が生まれたのである。

科学技術が絶大な役割をはたした第一次大戦を背景とするこの研究機関創設ラッシュには、当然ながら軍事の影が色濃くさしている。高峰による理研創設の趣意には、「世界列強の間に立ち一等国たる地位を保つ」ためには、工業を盛んにし「本邦の産物を世界に広く売り広めて、世界の富を本邦に吸収する」ことが必要である、とあり、その基本的目的が国家のステータスの維持と交易の増進、すなわち政治と経済に置かれている。しかし一九四〇年の『科学ペン』一月号の記事「点描・理化学研究所」には「理化学研究所は……〔第一次〕世界大戦後、逸速くも工業其他国内産業の興隆を期し、産業並に国防上の資源の自給自足を、物理学及び化学の独創的研究と応用に求めて……創立された」とある。産業と国防は並置されていたのである。

第一次大戦は「三次元の戦い」と言われている。つまり航空機、潜水艦の登場で、地上だけではなく空と海もが戦場になった。館野の高層気象台や神戸の海洋気象台の設置は、その直接的影響である。陸軍技術本部と陸軍科学研究所が創立された一九一九年には、軍務局に航空課が設置され、航空学校が開設されている。二三年には気象台官制が改正され、航空気象の観測調査および予報がその業務に加えられた。こうして第一次大戦後、気象学と海洋学は大きく発展することになる。そしてまた、二一年には東大の航空研が附置の航空研究所に昇格し、陸海軍の軍人や技術者を任用できるようになり、軍学協働のおそらく日本で初めての研究施設になった。そして三一（S6）年、その東大航空研究所と中央気象台、陸軍航空本部、海軍航空本部、海軍水路部の代表者よりなる航空気象調査委員会が発足する。もちろん重要性が認識されるようになった航空戦力増強のためである。

第一次大戦によって、科学研究と技術開発は国家の重要な機能と見なされるようになったのであり、その目的においても、産業にたいして軍事の比重が格段に増していった。

2　近代化学工業の誕生

幕末から明治にかけて、日本は欧米の軍事力によって、欧米の第一次産業革命のもたらした技術革新と動力革命に開眼させられたのではあるが、第一次大戦によって、欧米の第二次産業革命による技術革新すなわち、新しい化学工業の発展や内燃機関の発明のもつ重要性を、この場合もやはり軍事面から認識させられることになる。その衝撃は、毒ガスや航空機や潜水艦や戦車という当時の「最新鋭兵器」の出現によるものであるが、とりわけ日本に強い印象を与えたのが、ドイツの化学工業であった。

大戦中にドイツ参謀本部につとめていた将軍エーリヒ・ルーデンドルフは、大戦の軍事的総括として一九三五年に『総力戦』を著したが、そこには書かれている。

金属加工関連の軍需産業と並んで特別な地位を占めているのは、化学産業である。火薬、爆発物、燃料生産と医療品の生産がその領域に含まれる。毒ガスが戦闘手段となったとき、その重要性はさらに高まった。……世界大戦では、ドイツの化学産業はあらゆる天然資源において外国から自立していたわけではなかった。しかし、ドイツ化学産業は陸軍の需要を満たし、前代未聞のことを成し遂げた。(ルーデンドルフ、二〇一五)

ここにある「前代未聞のこと」とは、カールスルーエ工科大学教授のハーバーによる空中窒素固定法の戦争直前の発明を指している。窒素は植物の生育に必要な三要素のひとつで、肥料の重要な成分として農業には欠かせない。他方で、窒素はまた、火薬の重要成分でもある。つまり窒素は長期にわたる戦争に、二重の意味で不可欠な物質なのである。ところが地殻中には窒素は硝石(硝酸カリウム)としてわずかしか存在せず、それまでかぎられた国でしか得られなかった。しかしほとんど無尽蔵にある空気の八割は窒素であるから、これを固定することができれば問題は解決することになる。それを可能にしたのが、一九〇九年のハーバーによる大気中の窒素と水素ガスからアンモニアを合成する方法の開発と、やはりドイツのカール・ボッシュによる一三年のその工業化であった。「その技術は画期的なもので、現代の大規模化学工業への道をひらいた」と言われる(内田、一九七四)。アンモニアは硫安として肥料になり、硝酸にすれば火薬の原料になる。本当かどうかは知らないが、この報せを聞いてドイツの皇帝が「これで我が国は戦争ができるようになった」と叫んだと伝えられている。

他方で、日清・日露戦後の軍需工業を中心とする重工業の急速な発展とともに原料資源の不足をかこってきた日本は、第一次大戦中の輸入の途絶で、資源の不足をとりわけ痛感させられ、以後「資源小国」であるという観念に囚われてゆくようになる。一九一六(T5)年の「理化学研究所設立に関する建議」には「今次の欧洲戦乱は、今後益々軍事材料の独立、工業物資の自給を企画するの緊急なることを教え」とある。そんなわけで、ハーバーとボッシュのこの成功談は、それによって同様の「資源小国」ドイツが連合軍の包囲下で長期戦を耐え抜いたストーリーとともに、日本人には強く訴え、その後も、軍民を問わず、語られ続けることになる。

資源問題打開の鍵が、本格的な化学工業にあると考えられたのである。そこには、西欧化学にたいする明治の日本人の特異で過剰な思いが垣間見られる。

カラクリ、つまり機械装置《メカニズム》としての科学技術は、原理や理論を知らなくともその仕組みを現物や図によって視覚的に把握可能で、初めて見てもそれなりに理解し納得しうる処が多い。その意味では、蒸気機関や精紡機などにたいして、その仕事能力の巨大さ、あるいはその働きの迅速さや正確さには感嘆しても、不可思議という感覚は少なかったと思われる。日本で、草の根発明家によって紡績機や織機の改良がなされてきた背景である。それにたいして化学反応は、その原理が直接眼に見えないだけに、相当に不可思議なものと受け取られていたようである。明治初期に東京大学前身の大学南校でお雇い外国人教師が教壇上でやってみせた、試験管内の物質の色がつぎつぎに変化する類の一連の化学反応の実験を見た受講生が「予て聞き及んで居た魔法とか、キリシタンバテレン術とはこんなものかと云う感を起した」との感想を漏らしたというエピソードが伝えられているが(塚原、一九七八)、さもありなんと思われる。

すでにハーバーの発明のほぼ二〇年前の一八八八(M21)年に、中江兆民は書いている。

大抵化学的工業の娩出する貨物は曹達《ソーダ》なり重曹なり諸強酸類なり、其他彼れと云ひ是と云ひ極めて欠く可らずして、目下需要日に広まり販路月に博まり、至大なる経済的の領分を有して、而して之れが原品は空気や日光に亜《つ》ぎて極て得易く所謂無尽蔵にて、一たび学術の鍋中に入る時は一変して有用品と成るものなれば、山に富み海に富む我日本の如きは殆んど此等貨物の先天地とも謂ふ可き歟《か》。(「工族諸君に告ぐ」『日本近代思想大系14』所収)

化学は、無から有を作り出すとまでは言わないにせよ、空気や日光のようなほとんど無尽蔵にある原料から有用物質を作り出す、その意味では魔術にも近い術ではないかと当時は考えられていたようだが、まさしくその理解をハーバーとボッシュの実績は裏づけることになった。

おまけに、在来の化学工業といえば、染色業、陶磁器業、酒造業、製糖業、製紙業などで、いずれも小規模な家内工業のレベルにとどまっていた。しかも久米邦武の『実記』に「日本の人民も、化学の一隅を、経験に得て、自ら其利用を受けれども、その原由〔原理〕を知らざる」(28)とあるように、そもそも科学技術と言えるようなものではなかった。

日本の近代化学工業は、軍による火薬・爆薬の自給化政策から始まった。一方で、陸軍はすでに一八七六(Ｍ９)年に板橋に、八二年に岩鼻に、火薬製造所を設置し、海軍も八五年に目黒に火薬工廠を設置していたが、これらは軍工廠による直接的生産が目的で、産業としての発展が期待できるものではなかった。他方で、明治政府は七一年に新貨条例を制定して一円を一ドルとする金本位制を定め、そのための造幣技術の移植の必要から、大阪に造幣局を設け、そこに硫酸、ソーダ(炭酸ナトリウム)、ガス、コークスの製造工場を建設し、八五年にそれを民間に払い下げた。これが日本における近代化学工場の事実上の起点である。

明治期に民間に生まれた日本の化学工業としては、マッチや石鹸等の製造もあるが、それらは中小ないし零細企業であった。当時の民間の化学工業の主軸は化学肥料の製造にあり、これは日本の農村と中国大陸の農業を市場とすることによって大きく成長することになる。明治中期に生まれたカーバイド(炭化カルシウム)工業も、基本的には肥料生産のためのものであった。要するに、マッチや肥料をのぞいて、当時の日本は多くの化学工業製品を輸入に頼っていたのである。そのため、大戦勃発とともにドイツからの輸入が途絶えたことで、合成染料や医薬品の不足が深刻な事態になり、化学工業促進の必要性が強く意識されるようになった。

一九一五(T4)年に政府は「染料医薬品製造奨励法」を公布した。アニリン染料等の合成染料や火薬原料を新しく工業生産する会社にたいして、一〇年間にわたり、経営にかんする一切の損失は国家が補償し、そのうえ払込資本にたいして年8%の配当を保証するというものである。翌年には政府の肝いりで「国策民営」会社として日本染料製造株式会社を発足させている。その目的の根幹には、もちろん軍事があった。化学史の研究者・田中実の論文にあるように「〔第一次大戦中の〕ドイツ軍の毒ガス戦を可能にしたものが、染料工業の戦時編成替へであつたことは余りにもよく知られてゐる」(「戦争と化学についての断片」『研究』1944.5)。軍は、染料工業が潜在的軍事力であることを、第一次大戦から知ったのである。

3　総力戦体制をめざして

ところで日本の軍人が第一次大戦で学んだもっとも重要なことは、ルーデンドルフの先述の書にあるように、これからの戦争が、軍事だけではなく政治・経済・思想・文化の全面で戦われる長期持久戦・総力戦である、という事実であった。正規の軍隊同士が開戦時に有していた戦力で前線において会戦し、比較的短期間で決着がつくそれまでの戦争とは異なり、第一次大戦は、前線と銃後の区別も融解し、後方で武器や弾薬を生産しながら何年も戦い続ける戦争、すなわち、国力のすべて、民間の生産能力や大学と研究機関の研究開発能力、そして物的・人的資源のすべてをかけて長期にわたって戦われる物量戦・消耗戦となったのである。

今後の戦争がこの意味での総力戦であるかぎり、平時の産業生産能力や研究開発能力は、とりもなおさず潜在的軍事力であるということを意味し、平時からその能力を高め、戦時においては、その国力のすべてをいかに有効に使うかが、戦争に勝つための条件になる。裏返せば、平時とは来《きた》るべき戦争の準備期間であり、平時における生産能力の向上や資源の備蓄、そして科学研究や技術開発の意義はそこに置かれることになる。そして、総力戦にむけて平時から形成される政治体制が総動員体制なのである。もちろんそのためには、平時から産業の合理的編成が要求され、平時でも、軍が官僚とならんで重要な役割をはたすことになる。

かくして「〔第一次〕大戦は軍備の近代化と戦争形態の国家総力戦への移行という二つの側面から軍部を揺り動かした」（黒沢、二〇〇〇）のであった。そして、化学工業の育成とならんで陸軍が最初に動いたのは、新興産業としての自動車産業の育成であった。

ドイツの技術者ニコラウス・オットーが最初のガソリン機関を開発したのが一八六〇年代初頭、四行程の内燃機関としてガソリンエンジンを実用化したのが七〇年代中期、ゴットリープ・ダイムラーが、八〇年代に入って軽くて効率のよい高速ガソリンエンジンを開発し、八〇年代中期にこのエンジンを自動車に装備し、九〇年に自動車製造会社を設立している。カール・ベンツがガソリン機関の自動車の生産を始めたのも八〇年代中期であった。当時、石油燃料による蒸気自動車と電池による電気自動車が考えられていたが、九〇年代中期にガソリン自動車が優位を確立した。そしてルドルフ・ディーゼルが高能率のディーゼル機関の実用化に成功したのは、一八九〇年代末である。結局、ガソリン自動車が実用になるのが大体一九〇〇年頃で、一九〇三年にライト兄弟が初飛行に成功したときの飛行機の動力はガソリン機関であった。そして自動車製造が一大産業として成長をとげたアメリカで乗用車が大衆化するのは、一九〇三年に自動車会社フォード・モーター社を設立したヘンリー・フォードが軽量小型のフォードT型車の流れ作業方式による量産を始めた一九一三年、第一次大戦の直前である。

そしてその内燃機関の有用性は、第一次大戦における軍用自動車、戦車、航空機、潜水艦で劇的に立証された。こうして自動車産業は、二〇世紀の代表的産業に成長をとげる。

日本において、当時はまだ一部の政治家や金持ちの贅沢品の感のあった乗用車の有する重要性を明らかにしたのが、第一次大戦であり、日本の自動車産業の遅れを痛感した陸軍が最初に打った手は、一九一八(T7)年の「軍用自動車補助法」の制定であった。規格にあわせた自動車を製造すれば補助金を出し、そのかわりに戦時にはそれを軍が徴発するというものである。もっともこの法律は、その時点ではあまり効果がなかった。日本では一九二〇年代中期にタクシーや乗合バスの営業が始まっていたのだが、軍の保護政策の対象にならなかった一般の乗用車にたいして、一九二五年にノックダウン方式の工場を横浜に造ったフォードと、その二年後に大阪に工場を造ったゼネラル・モーターズの二つの米国資本の量産技術に日本の民間資本は太刀打ちできず、そのため国内企業の技術の発展は封じられることになったのである。

話を少し先まで進めると、日本の自動車産業が実質的に緒につくのはかなり後、満洲事変が始まって日本が準戦時体制にはいった一九三六(S11)年に、「国防の整備及び産業の発展」を目的とする「自動車製造事業法」が制定された頃からである。軍用国産車の量産体制を築くためのこの法律は、フォードとゼネラル・モーターズにたいする日本政府の公然たる追放宣言になり、これによって日産やトヨタや三菱重工等が本格的に自動車生産に取り組むようになった。三九年の三月に内閣情報部から発行された『週報』一二七号の、陸軍技術本部による記事「戦車と軍の機械化」には、「我が国の立遅れた自動車工業を確立し列強に伍する好機は只今を措いては再来しない」とある。そのおなじ年には陸軍省整備局戦備課長の肩書きの人物が「軍の機械化に伴ひ国防上に於ける自動車の重要性は年と共に増大してきた」と始まる一文「国防と自動車」に、「民間に保存せられある自動車は、在郷兵器であるから国家の兵器をあづかって居る心持ちで愛護に努めて頂き度い。又自動車の生産に任ずる人は兵器を造る積りで魂を打ち込んで頂き度い」と語っている(『工業』1939.11)。「在郷兵器」という今では見慣れない言葉もふくめ、この一節は事業法の目的と実態をよく表している。

欧米にくらべて大きく遅れていた日本の自動車産業の成長を促したのは、市場原理ではなく、軍事的要因であった。陸軍は自動車に「執念を燃やした」のである(中岡、二〇一三)。要するに化学工業や自動車産業といった、日本において第二次大戦後の高度成長期に大きく発展することになる一連の産業の出発点は、大戦間期における軍事的要請から形成されたのである。この点で軍による総力戦体制の追求は、たしかに日本の産業の近代化を進めたと言える。

他方、この時代に民間からの需要がまず考えられない航空機産業では、はじめから軍の庇護のもとに、一九一〇年代末に中島飛行機製作所が、そしてその後も三菱内燃機製造(のち三菱航空機)が設立され、軍が両者を競わせるかたちで技術が高められ蓄積されていった。外国機のライセンス生産、つまり特許権使用料《ロイヤリティー》を支払って製品開発企業の認可を受けその製品の設計と技術を使用してする生産から始まったこの軍用機産業では、一九三〇年代にはエンジンの国産化を達成し、三四(S9)年に三菱航空機を併合した三菱重工は、三五年に九六式艦上戦闘機を作り、これが日中戦争で「その優秀さを実証した」のであり、「この時点で日本の戦闘機は世界の水準に追いついた」と言われる（前間、二〇〇四）。

結局、日本では自動車産業も航空機産業も、ともに兵器産業として育成されたのである。

話を進めすぎたが、第一次大戦に戻すと、一九一八（Ｔ７）年に陸軍は、平時から生産力や備蓄資源を調査し、「戦時に際し」ては必要に応じて国家が工場を収容し、資源を接収し、あるいは業務について命令を下しうることを定めた「軍需工業動員法」を起案している。その根本的意図は、来《きた》るべき総力戦にむけて企業を軍の統制下に置き、産業構造を軍事的に再編成すること、すなわち総力戦体制の形成にあった。しかしそれは、利潤追求という個別企業の目的を戦争遂行という国家目的に従属させることであり、この時点では企業サイドの賛同を得ることができず、日中戦争の始まる一九三七年まで適用されることはなかった。

総力戦のための統制経済が実行されるには、政党政治が後退し、政治勢力として軍そして官僚機構が前面に出てこなければならなかったのである。

４　植民地における実験

内地では捗らなかった軍および官僚機構と企業の緊密な連携は、植民地朝鮮で始まり、朝鮮での実践は総力戦体制形成のひとつのモデルケースとなった。

本書では明治期における欧米科学技術の移転をエネルギー革命という観点から見てきたが、化学工業におけるエネルギー革命は、電気エネルギーの使用による化学反応の実現と、その工業化にある。その始まりをあえて特定すれば、一八四〇年代の電気鍍金の発明ということになるが、これは工業としては小規模で、化学工業としての本格的な電力使用は、一八七〇年代に発電機が実用化されてからと言える。一八九〇年代初頭に、フランスとカナダで独立に電気炉で石灰と炭素からカーバイド(炭化カルシウム)を合成する方法が見出された。それから一〇年もへずに、一九〇一(M34)年に宮城紡績電燈会社の主任技師・藤山常一らが仙台で水力発電の余剰電力を利用してカーバイド製造に成功し、翌年、郡山にカーバイド製造所を設立した。このころ水力発電の開発が進んでいたこととともに、初期の水力発電は水流による発電であったため、需要との調整がむつかしく、電力余剰が生じていたのである。

そして一九〇六年、東京帝大工科大学電気工学科出身の野口遵《したがう》とこの藤山が鹿児島に曾木電気を立ち上げ、その余剰電力でカーバイドを製造するための日本カーバイド商会とその工場を熊本県水俣に建設する。

「明治末年、戸数二千五百、人口一万二千、村予算二万なにがしの水俣村」と石牟礼道子が『苦海浄土』に描いたこの寒村に、野口は電化で象徴される「開化」をもたらしたのである。それから半世紀、その「開化」が水俣病をもたらすことについては、後にふれる。

カーバイドはアセチレンの原料で、もともとは照明に使用されていたが、それを石灰窒素肥料にもちいうることから、一九〇八（M41）年、野口によって曾木電気と日本カーバイド商会の合併による日本窒素肥料が創設された。一九五〇年に新日本窒素肥料と名を改めるこの会社が、後のチッソの前身である。ベンチャー企業としてのこの日本窒素肥料は、石灰窒素肥料を硫安に変成することにより、国内農業に大きな市場を見出していく。そして第一次大戦による輸入途絶で硫安価格が暴騰したことで莫大な収益をあげ、新興コンツェルンとしての野口財閥形成の礎を築いた。野口の成功が、たんに商機を逃さなかったことだけではなく、高い技術力に支えられていたことは事実である。野口は一九二一（T10）年にイタリアのカザレーのアンモニア合成技術の特許を買い取り、最初の合成アンモニア工業を立ち上げた。渡辺徳二と林雄二郎編集の『日本の化学工業（第四版）』には書かれている。

合成アンモニア工業の成立は、日本の化学工業史上重要なエポックと考えられる。それはこの工業が、高温・高圧で触媒を使用する代表的な重工業的化学工業だからである。……合成アンモニア工業を企業化した企業が少なくとも第二次大戦後にいたるまで日本の化学工業界の中心的企業であったという歴史は、この部門が日本化学工業の形成史のなかで占める重要性を示すものであろう。わが国の合成アンモニア工業の最初の企業化もまた、カーバイド、石灰窒素の場合と同じく野口遵にひきいられた日本窒素肥料であった。

技術史の書には「アンモニア合成の技術的意義」は「装置設計がすべて物理化学の理論的計算にもとづくこと、素原料・中間原料・製品が終始ガスであって完全な連続工程であること」等により「革命的」なものだとされている(内田、一九七四)。ここで化学工業は科学技術になったのであり、日本窒素肥料は、当時の日本の化学工業の最先端に位置していたのである。

日本窒素肥料はさらに、一九二〇年代から朝鮮総督府が推進した「産米増殖計画」のなかで、朝鮮での肥料需要が将来確実に拡大することを見越して、二六(S1)年に朝鮮水電を、翌二七年に朝鮮窒素肥料を設立し、朝鮮総督府の権力を背景に、その「工業化政策」の推進役を任じ、中朝の国境を流れる鴨緑江の電源開発をベースにして朝鮮北東部興南《フンナム》(現在の朝鮮民主主義人民共和国咸興《ハヌフン》)に、電力と化学工業を結合させた巨大コンビナートを建設していった。

付言すると、この時代、野口のほかにも東京帝大工科大学機械工学科出身の鮎川義介の創設になる日産コンツェルンや、やはり東京帝大工科大学造兵学科出身の大河内正敏による理研コンツェルンなど、「革新的」技術者による新興コンツェルンが明治以来の旧財閥の外側に登場し、それらが積極的に軍の意向に向き合い、率先して植民地政策を支えていた。鮎川は日中戦争時に満洲に進出して日産コンツェルンの本社である日本産業を改組、満洲重工業開発を形成し、その総裁となる。大河内は、一九二一(T10)年以来、理化学研究所の所長をつとめるが、おなじく東京帝大工科大学造兵学科出身で資源局の技術官僚・藤沢威雄《たけお》とともに、満洲における資源開発と産業振興を図るための大陸科学院の準備にあたったことが知られている。

話をもどすと、日本窒素の子会社・朝鮮窒素肥料興南工場を軸とするそのコンビナートの実態について、当時の朝鮮産業投資所所長・賀田直治によるレポートには、書かれている。

近年最も顕著なる発展を示し多数の工場の設立を見たが、就中主要なるものは朝鮮窒素会社及びその姉妹会社によつて興南、本宮、永安、阿古地等、北鮮地方に建設せられたる一群の化学工業である。即ち興南及本宮間の工業地帯には硫安、過燐酸石灰、石灰窒素等の人造肥料工業、硬化油、脂肪酸、グリセリン、石鹼等の油脂加工業、カーバイド、ソーダ、塩酸、晒粉、硫酸、アセトン等の工業、薬品工業、火薬工業(朝鮮窒素火薬会社)、電極工業、アルミニウム、マグネシウムの軽金属工業、合成燃料、等々の近代化学工業の粋を集めて居り、永安には北鮮の褐炭を原料とする低温乾留工業並に合成樹脂、フォルマリン等の製造工業が発達し、阿古地には朝鮮石炭工業会社の石炭直接液化工業が、我国の液体燃料問題解決に向つて絶大の貢献をなしつつある。(「朝鮮の工業建設とその特殊性」『工業』1940.5)

「火薬類のデパート」と称される完全自給の大規模コンビナートであるが、それにしても、ほとんどゼロの状態から短期間にここまで事業を拡大できたのは驚異的である。それにはもちろん、技術力だけではなく、朝鮮総督府と現地駐屯軍の強力な後盾があった。植民地では軍が圧倒的に力を持っているのであり、また企業は事実上独占企業であるから、軍の力を背景にした企業が、軍による現地支配の目的に合致するかたちで事業を展開し拡大することは、容易であった。もともと日本の化学工業は「国策産業」として始まったのだが、とりわけ窒素を扱う肥料工場はそのまま爆薬工場に転換しうるのであり、肥料産業は「国防産業」なのであった。

こうして、軍と官僚と新興コンツェルンにより、植民地は総力戦体制の実験場となった。

この大コンビナートの電源として、鴨緑江上流の支流である赴戦江、長津江、そして鴨緑江につぎつぎ発電用のダムが造られていった。東京帝大工科大学土木工学科出身で朝鮮窒素肥料の水電本部工務部長で、のちに鴨緑江水電の社長におさまる久保田豊がみずから記している。

朝鮮半島は東方に辺して脊髄山脈があり、従つて西側の集水面積の大きな川は勾配緩で発電に適しないと共に、これに反する東側の急勾配河川は流域が小〔さ〕い。即ち水量が少く而も貯水池を作る場所がない。それで朝鮮の大きな水力発電地点は西流する川を貯水し、流域を変更して東流せしめるといふのが定石になつて来やう。（「朝鮮における日本最大の水力発

電工事」『知識』1930.10）

分水嶺の西側の平坦で広い地域にダムを造り、分水嶺の山脈を貫通する水路によって勾配の急な東側に水を落とし、その大きな落差で発電するのである。そのために鴨緑江とその支流の流れを変えさせたのだが、そのすさまじい自然破壊をともなった大土木工事は、間組《はざま》等の日本の土建会社により、現地の多くの朝鮮人・中国人を使役して行われた。とくに氷点下三五度とか四〇度にもなる極寒の山岳地帯での工事は、想像を絶する困難なもので、不発の凍結ダイナマイトによる事故も多発したとあるから、多くの犠牲者が出たと想像される。

一九二九（S4）年完成の赴戦江の発電所は最大出力20万kw、三五年完成の長津江の発電所は33万kw、そして日中戦争勃発後の四一年に送電を開始した鴨緑江の水豊ダムは、貯水湖の面積が琵琶湖の半分という巨大なもので、その発電所の最大出力は、当時世界最大級の70万kwであった。一九六三年竣工の通称「黒四《くろよん》」こと黒部川第四発電所が33万5千kwであるから、その大きさが想像される。沢井実の『帝国日本の技術者たち』によると、満洲側三千坪、朝鮮側三千坪のこのダムを造るために一万数千戸、数万人の現地の朝鮮人・中国人を強制移住させたとある。もちろんそれは軍の力を背景にして初めて可能になることである。

日本窒素の社史には、興南工場用地買収においても「人情風俗を異にする鮮人《ママ》の土地買収等にも随分面倒があった」との一行があるが、このダム建設では一体どれだけの「面倒」があり、その「面倒」を「解決」するためどれだけの強権が振るわれたことであろうか。

現地で働いた日本人技術者の回顧では「あれだけ電力が豊富でも、電気がついているのは日本人の住宅付近だけです。興南だけがパラッと電気がついていて、山一つ越えればもう電灯はない」とある(沢井、二〇一五)。その巨大発電所の電力はすべてコンビナートと日本人住宅だけに使用されていたのであり、土地を奪われ強制移住させられた、そして過酷な労働に駆り出された現地の朝鮮人や中国人には何の恩恵もなかった。エネルギー革命による最新化学工業の発展は、植民地の資源と労働力の収奪に支えられていたのである。

5 テクノクラートの登場

黒沢文貴の『大戦間期の日本陸軍』には「総力戦の衝撃は、軍部に軍の近代化のみならず、国家全体の近代化をも強く要請した」とある。戦争にむかうこの時代に、国家経営の合理化という意味での近代化を推進した勢力は、軍と官僚機構であった。

一九三〇年代の初期、資本主義諸国が世界恐慌に見舞われている一方で、ソ連では、一国社会主義計画経済のもとで一九二八年に始まる第一次五カ年計画がそれなりに成果を見せていたのであり、資本主義国家は、一国社会主義の計画経済をある意味では手本にして、経済にたいする国家の介入を強めていった。それがドイツの国民社会主義(ナチズム)であり、アメリカのニューディールであり、日本の統制経済であった。陸軍は、一九三一(S6)年の満洲事変以来、政治勢力として力を強めていたが、国家総動員体制で国防を担うべきことを主張したパンフレット『国防の本義と其強化の提唱』を一九三四年一〇月に発表した。それは、来るべき戦争は長期持久戦・総力戦であるとする立場から、不足資源の開発、貯蔵、代用品の研究、海外資源の取得計画等の必要性を論じ、軍部独裁による統制経済を提唱するものであった。

「本来高度な資本主義段階に見合う戦争形態」(黒沢、二〇〇〇)としての二〇世紀の総力戦は、国家のあらゆる機能の技術的合理化を必要とし、戦時における物的・人的資源の有効な配置・動員はもとより、平時における合理的な制度編成とそれによる経済の計画的な実施のためにも、有能な官僚機構を必要としていたのである。

日本の技術官僚は、もともとは工部大学校での教育から生み出されたのであるが、重化学工業が勃興し、いくつもの研究機関が誕生した第一次大戦後の時代に、国家の政策に影響を及ぼすことを志向した専門技術官僚《テクノクラート》の組織的な登場を迎えることになる。

一九一八(T7)年、帝国大学工学部や官立専門学校の教官、陸海軍の技術者や中央官庁の技術官僚、そして民間企業の技術者たちが社団法人工政会を結成した。メンバーには大河内正敏、井上匡《ただし》四郎《ろう》、斯波忠三郎、今泉嘉一郎、加茂正雄らが名を連ねている。いずれも東大工学部出身で工学博士の学位を有するエリート技術者である。綱領には「邦家発展の基礎は工業に在りとの信条の下に団結し、工業の独立を確保せんが為め、工業家の連絡を完うし、工業に関する組織及び行政の刷新を遂行し、工業教育の振興に努め、又国家的緊急問題を研究討議して国民を指導し、当局を誘掖《ゆうえき》〔補佐〕するの任に当らんとす」とある。

その底流には、事務官僚にくらべて冷遇されていると見られていた技術官僚の地位向上の要求があった。逓信省の一技術官僚が語っている。

> 技術官が差別待遇を受けて居る根本要因は文官任用令に起因していると認められる。なんとなれば彼らは高等文官試験を通ってゐない。僅《わず》かに高等試験委員の銓衡に由り任用されたのである。彼等は技師たる資格あることを法学博士や法科出身の高級文官の偉い方々に認定銓衡して戴いてゐるのである。（白井武「叩き大工に止まることは出来ない」『ペン』1938.4）

その意味で、工政会運動は「技術者の水平社運動」と称されたが、現実には超エリート技術者の集まりで、その目的は、民衆の上にたって行政に関与することにあった。しかし一九四二年の技術者や科学者の座談会で、東工大の研究者が「工政会の会員名簿を見ますと、社長と工場長と取締役しかゐないのです。要するに、何といひますか、重役の社交団体といつた印象を受け勝ちです」と漏らしている（『工業』1942.3）。結局、工政会は、結成以来四半世紀にして会員たちがエスタブリッシュメントに収まり、親睦会のたぐいに変化したと考えられる。

むしろ実質的には、工政会創設の二年後の一九二〇（T9）年に東大工学部出身の工学博士で内務省の技術官僚・宮本武之輔によって結成された日本工人倶楽部が、より重要な意味を持った。これもまた、技術者の地位向上を目指す職業組合的なものとして始まり、一時は労働運動にも接近したようだが、一九三五（S10）年には、国策への協力をめざして日本技術協会に姿を変えていく。その契機は戦争にあった。

先に見た白井武の一九三八年のエセーには「最近この問題〔技官の冷遇〕がまた新しく燃えだしたかに見える。その原因は何と云つても時世の力である。世の中が技術といふものの重要さを新しく認識してきたのだ。殊に支那事変〔日中戦争〕が起つてからと云ふもの、戦争にも高度の技術が必要であり、勝負の岐れ目は一国の技術の程度に負ふところ極めて甚大なることを知つたのである」と記されている。技術の重要性について宮本は、同時期に記している。

技術は資本運用の途を開き得るが、逆に資本は技術を生むことはできないのである。我国の例を取つて見ても、我国の産業が発達し、工業が振興したのは、……技術の発達と、技術家の努力の結果に外ならない。そこに最も重要なる産業開発の要素があり、国力進展の要件が蔵せられることを、果して何人が否み得るのか。(「大陸発展と技術」『工業』1938.4)

たいした自信である。「生産拡充政策を概念の上の政策ではなく、生きたものにするには、専門技術者が政策樹立のイニシアチブをとるより外に方策はない」(『工業』1940.3)というのが宮本の信念であった。同様に、工学博士で逓信省の技術官僚であった松前重義は「生産力が国力を左右し、政治の重要部分を占めて来た今日に於て、技術は政治の重要な要素となつた」と語っている(『工業』1940.2)。明治初期に工部大学校の都検ヘンリー・ダイアーが「技術者は革命家たれ」と訓示を垂れて日本の技術官僚に注入したDNAが、そこに脈づいている。

しかしそれは、宮本自身が一九四〇年の「技術国策論」において「技術が国防国家最重要資源の一と認められる」と語っているように、国防国家としての日本の軍事力の強化と戦争遂行の協力者あるいは率先垂範者という立場においてであった。同エセーで宮本は明言している。

技術の活用が自由主義的目標のもとになされるか、または全体主義、国家主義的目標のもとになされるかは、全く別の理念であるが、現在の国家的要請を以てすれば、一国家最重要

資源の一たる技術の活用が、後者の動向を採らなければならないのを必然とする。(「技術国策論」『改造』1940.11)

軍の力の増強に並行して、社会工学的な思想を有し、国家の技術政策の司令塔を志向する専門技術官僚が、全体主義体制形成の協力者・設計者として登場してきたのである。

この「技術国策論」で宮本は「技術が国防国家最重要資源の一つと認められるかぎり、これを国家的資源として、国家的性格において活用すべきは、当然の国家的要求である。技術の国家管理はこの理念に立脚する。それは技術の従来的な自由主義経済理念からの解放を意味する」と明言している。また松前は、技術行政の司令塔として「技術参謀本部の設置」とともに「技術家総動員による技術大評議会の設置、技術の適当なる国家管理、技術統制に基く物動計画及生産拡充計画」を提唱している(『工業』1940.3)。その雑誌のおなじ号に載せられた東京工大助教授・中原虎男の「技術官吏」と題した随筆には「今日の官吏といふものには、未だかつて考へても見なかつた偉大なる力が附与せられて居るのである。そして今日如何に技術官なるものが重要な地位に置かれるに至つたかと云ふ事を思つて見たら、むしろ慄然たるものがあるのではなからうか」との感慨を漏らしている(『工業』1940.3)。

自由主義経済にたいして統制経済を選ぶと同時に、技術行政を国家によって一元的に管理し指導することこそは、ナチスドイツの国民社会主義やスターリンの計画経済に大なり小なり影響を受けた彼ら専門技術官僚《テクノクラート》の目標であった。そしてその目標は、総力戦体制による高度国防国家の建設という軍人の目標に合流していく。「土木、電気通信などのテクノクラートは、科学・技術の質と水準が勝敗を決する総力戦体制下で、軍事テクノクラートとたんに利害を一致させただけではなく、思考の波長をも一致させ、権力の中枢に組み込まれていった」(新藤、二〇〇二)のであり、こうして技術官僚は、一九四〇(S15)年に全日本科学技術団体聯合会(全科技聯)を発足させ、以降「技術報国」のかけ声とともに、その年一〇月に成立した、総力戦と総動員を政治的に強制する大政翼賛会運動に深くかかわっていくことになる。

6 総力戦体制への道

第一次大戦の教訓として浮上した総力戦体制が、日本で「国家の総力をあげて世界再分割闘争に勝利することを保障する体制」(小林英夫、二〇〇四)として目的意識化されて現実化にむかうのは、昭和に入ってからである。一九二七(S2)年に陸軍の要請で内閣に資源局が設けられ、物的資源の配分が軍の要望にそうかたちで国家の管理下に置かれたのが実質的な始点である。その年の金融恐慌をへてのち、昭和大恐慌に見舞われた日本経済はきわめて深刻な事態に陥ったが、満洲事変が勃発した三一年に日本資本主義の前に、通常の市場を介することなく政府が直接買い上げる大きな軍需市場が出現することになる。

政府による産業統制すなわち国家による経済過程への介入の第一歩として、「重要産業統制法」が一九三一(S6)年に五年間の時限立法として制定され、カルテルの結成促進が図られ、準戦時体制への移行が始まった。さらに三四年から三六年にかけて、営業を許可制にして、事業計画の提出や政府の指揮権などを受けいれるかわりに税制や金融面で優遇されることを保証した「事業法」が、石油精製、自動車、製鉄、工作機械、航空機等の産業につぎつぎと施行されていった。軍需産業およびそのための基礎産業を国家が強力に監督し保護・育成するためのもので、このことは民間の経済活動にたいする官僚の介入をさらに強化させることになった。

総力戦は、軍事と政治と経済の一体化を要求したのであった。

軍や革新官僚の期待を背負った第一次近衛内閣が成立した直後の一九三七(S12)年七月に日中戦争が始まり、経済の直接的統制はさらに進められた。九月には第一次大戦時に制定された「軍需工業動員法」がついに適用され、これによって軍需にかかわる主要工場は陸海軍の管理下に置かれることになった。同法の条文には「戦時に際し」とあるが、日中戦争を日本は姑息に宣戦布告なしに始め、欺瞞的に「支那事変」と呼んでいたので、同法の規定を「支那事変に亦之を適用す」とあわてて補足する法を成立させなければならなかった、というお粗末な一幕がついていた。

そしてその年の一〇月、陸軍の強い要請で資源局と企画庁が統合され「国家総動員の中枢機関」として内閣に企画院が設立され、戦時下統制経済の参謀本部として、経済政策の立案と物資動員計画の作成にあたることになる。企画院の中心にいたのは、電力国家管理を主張することになる「革新官僚」と言われた経済官僚、および宮本武之輔らの技術官僚、さらには軍の中堅将校であった。

その企画院の提起によって、軍の強い圧力のもとで、経済活動のみならず出版・報道活動や労働運動をも規制対象とする「国家総動員法」が一九三八年四月に公布された。ナチスドイツの「授権法(全権委任法)」の日本版と言われるもので、「戦時に際し国防目的達成のため」あらゆる「人的及物的資源」を「統制運用」する権限を、立法機関である議会が行政機関である政府に与え、軍需産業への資金や輸入資材の優先的・集中的割り当てを図るとされている。

この時代の統制経済の焦点に位置していたのは、電力の国家管理であった。

企画庁の出弟二郎《いでだいじろう》の一九三七年のエセー「戦争と電力動員」に「軍需工業と密接な関係のある電気を原料とする化学工業・電炉工業等の発達は最近のことに属する」(『工業』1937. 10)とあるように、第一次大戦後、とくにカーバイドの製造やアルミニウムの精錬などに多量の電力を要する電気化学工業の発展によって、電力使用が急速に拡大していた。内閣情報部の発行している『週報』一九三八年八一号には「〔第一次〕世界大戦は我が国の電気事業をして驚嘆すべき躍進を遂げさせた」とある(1938. 5. 4)。

もともと明治期に電力事業が生まれたときから、漏電や火災の危険性により、事業者は警察から免許を受けなければならなかった。一八九六(M29)年の「電気事業取締規則」の施行で電気事業に免許を与える権限は逓信大臣に移ったが、電気料金そのものは届け出の義務があるだけで、基本的に自由競争であった。そして一九一一(M44)年の「電気事業法」以降、電気事業者は増加し続け、一九三〇年頃にその中から東京電燈、大同電力、東邦電力、日本電力、宇治川電気が、全国の総発電量の約40%を占める五大寡占電力会社として台頭してくる。

満洲事変勃発の一九三一(S6)年、国は「電気事業法」を大幅に改定し、電気料金は届け出制から認可制にかわり、政府が決定することになった。電力の国家統制の始まりで、このとき現在まで残る総括原価方式の原型が生まれる。そして三七年には、電力国家管理にむけた電力国策要綱が閣議決定された。出弟二郎の先述のエセーは、「現在の日本では電気が民営である限り、如何にするも、国防目的とは、凡そ相去ること遠い結果を見るであらう」との認識のもとに、「戦争即ち国防目的に合致せしむる様にするには、現在の電気事業の組織を根本的に改組し、……少なくとも、発電及送電は全国的に一丸とし、一組織の下に統制しなければならぬ」とストレートに結論づけている。電力国家統制の目的は、国防すなわち軍事に尽きていた。

その後、紆余曲折があったものの、一九三八(S13)年に「電力国家管理法」が公布され、翌三九年に官庁の指導によって、大半の電力会社を統合して「国策会社」としての日本発送電株式会社(日発)が創設された。四二年には北海道から九州まで九ブロックに分けて各地区に配電事業を担当する配電会社が新しく設立され、こうして日本の電力事業はひとつの発電会社・日発と九社の送電会社に整理統合され、電力の一元的国家管理が完成した。これをもって、官僚主導の統制経済の本格稼働と見ることができる。

一九三八年の『週報』八一号には「一世の視聴を集めた電力の国家管理に関する法律案は、今期七十三回帝国議会に於て本邦議会史上に前例なき前後六十一日間の長き審議を経てその成立を見」とあり、同九七号には「過去三年に亘り朝野を上げて甲論乙駁時に重大なる政治問題と化し、或ひは経済界の深刻なる動揺を重ね、容易にその帰趨を断ずることを許さなかった電力問題も、国策として決定せられてより五ケ月、今日既にその基礎を確立するに到つた」とある。軍と官僚によるこの準社会主義政策にたいして、電力会社は執拗に抵抗したのであった。

この経緯について、科学史家・岡邦雄が初期に「電力国営案論争」に書いているが、それによると、「〔宇治川電気社長〕林氏始め反対論の中心点は、この案を国家〔国民〕社会主義的であるとし、かかる思想的背景を有つ案が提出せられ、通過するならば、ひとりこの電力国営案のみならず、同種の統制案が続々と提起せられ、凡ての産業が国家統制へと導びかれる。これは由々しき大事……である」とある（『ペン』1936. 10）。反対論は、私企業の立場からの私権と自由主義経済擁護の主張である。

これにたいして電力国家管理法を立案した「革新官僚」奥村喜和男は、所有と経営の分離にもとづく「民有国営論」に依拠し、「現下国策樹立の根本的指導方針たる統制経済は、資本主義の現機構の上に立つて、これを否定することなしに、この特質たる経済の自由性を国家権力を以て制限し、その弊害を芟除《せんじょ》し〔刈り除き〕、より大なる全体的発展を求めんとするもので」、それゆえ国営化が国民社会主義だとの批判は当たらないと反論している（『ペン』1936. 10）。

「革新官僚」は、自由主義経済がすでに限界に達しているのであり、社会主義の計画経済や国民社会主義の強力な行政指導に倣い、官僚による合理的で計画的な指導によって産業を発展させるべき、と考えていたのであった。そしてそれは、軍の追求する総動員体制と親和していた。軍と官僚は、利潤追求を第一とする企業や自由主義者の抵抗を抑え、総動員体制へと行き着いたのである。

背景には、急速にファシズムへと傾斜していった昭和の歴史がある。一九二八（S3）年の三・一五と二九年の四・一六の二度にわたる共産党員の一斉検挙、さらには三〇年五・二〇の三木清ら共産党シンパの検挙等の一連の弾圧で左翼が力を失い、一一月にはロンドン会議で海軍軍縮条約を締結した首相・浜口雄幸が東京駅で右翼に狙撃されている。三一年の満洲事変の後、大陸で軍が暴走していたわずか一、二年の間に、日本社会はなだれを打って右側に移動し、狂信的な右翼国粋主義が勢力を増していった。三二年の血盟団事件では前蔵相の井上準之助と三井合名会社理事長の団琢磨が、五・一五事件では首相の犬養毅が、それぞれ殺害された。

そして一九三六(S11)年二月二六日に青年将校によるクーデタが勃発し、大蔵大臣の高橋是清らが殺害された。二・二六のこのクーデタは鎮圧されたとはいえ、血なまぐさいテロリズムの横行は政界・財界の指導者を委縮させ、この事件を契機に、政党政治はその力を失い、陸軍に対抗しうる政治勢力は事実上消滅し、日本はファシズムに向き合うことになる。統制経済に最後まで立ちはだかっていた高橋是清が殺されたことは、相次ぐテロによってひきおこされた恐怖心もあいまって、国家総動員にたいする財界の抵抗を消滅させた。

他方、一九三三(S8)年には京都帝大の滝川幸辰の著書が危険思想であると問題にされ、文部大臣が京大学長にたいして滝川に辞職勧告を行うように命じた滝川事件があり、三五年には学界の定説であった美濃部達吉の天皇機関説が「国体明徴」を叫ぶ右翼天皇主義者から帝国議会で攻撃され、内閣は「国体明徴声明」を発し、日本政府として正式に天皇機関説を否定した。天皇や国体を盾にとれば、どんな不条理もまかり通る時代になっていたのである。

第5章

戦時下の科学技術

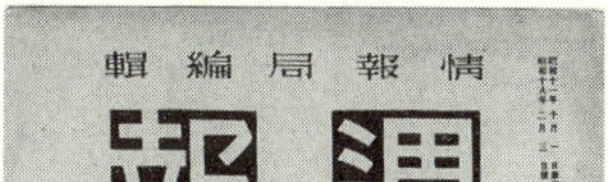

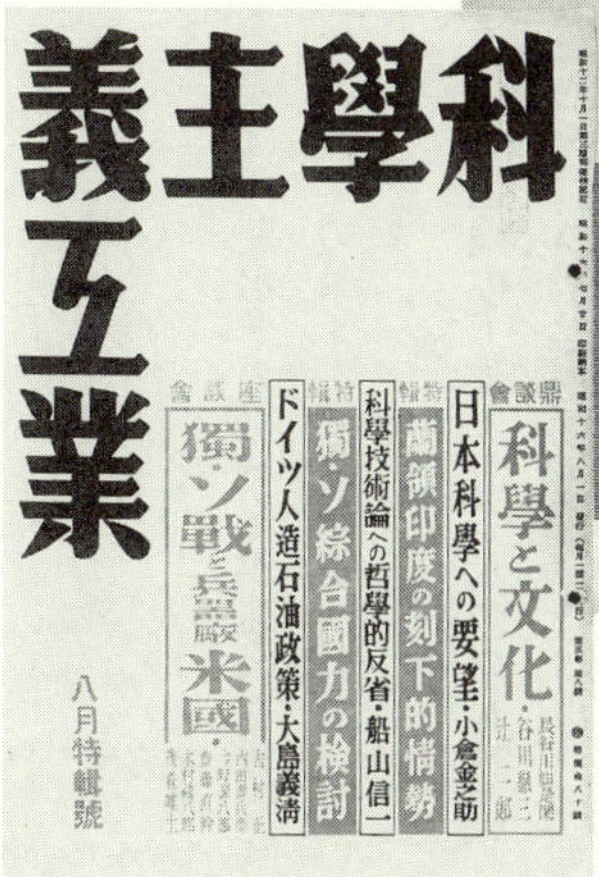

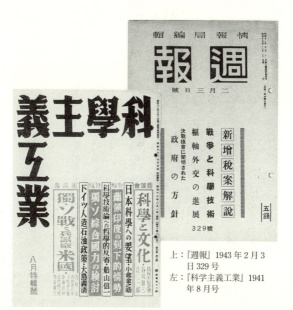

上：『週報』1943年2月3日329号
左：『科学主義工業』1941年8月号

1　科学者からの提言

昭和の初めから満洲事変そして日中戦争にいたる過程は一定水準の工業化が達成された時期であった。内務省の技術官僚・大西清治の一九三八（S13）年のレポートには書かれている。

過去に於ける我〔国の〕産業の中心は紡績、製糸等の所謂繊維工業にあつたのであるが、凡そ昭和八年〔一九三三年〕頃を契機としてこの中心は次第に移動し、……今日では既に我産業の中心は完全に機械工業、金属工業、化学工業へと移動してゐる。（『知識』1938.12）

この頃、科学技術振興が科学者サイドから強く主張されるようになる。それは、一方では、日本における重化学工業の勃興、そして種々の研究機関の誕生による科学技術研究の発展を反映したものであり、他方では、昭和大恐慌による深刻な不況と、列強間の競争の激化によってもたらされた危機感に衝き動かされたものであった。

満洲事変勃発の一九三一（S6）年に化学者・桜井錠二や工学者で土木学会初代会長・古市公

威、そして政治学者・小野塚喜平次らが学術研究振興機関の設立を呼びかけ、それに呼応して数学者で東大理学部長もつとめた藤沢利喜太郎が貴族院本会議で大演説をぶっている。藤沢は、「〔明治における〕開国進取の国是は終止一貫して変らなかったのであり、……そうして列国間に於ける我が現在の地位を維持するに至った」と先人の貢献を認めたうえで、続けている。

列国間の競争激烈なる今日、進まないと云ふことは退歩を意味するのであります、それ故に我々は茲《ここ》に新なる国策を樹て、開国進取の国是に代はるべき新なる国是に依り、国運の発達向上を図らなければならない、さう云ふ重大な時機に直面してゐるのであります。（一九三一年二月一四日『貴族院議事速記録』第一五号より）

学者も大国意識と成長への強迫観念にどっぷり囚《とら》われていたのである。科学技術は、明治初期には列強に包囲されている中で独立を達成するためのものとして学ばれたのだが、日清・日露戦争から第一次大戦をへて植民地を獲得したこの時点では、列強に伍して帝国・日本を維持していくための手段としての側面が強調されるようになったと言える。

そして藤沢は、これまでの学術が欧米からの輸入であり欧米の模倣であったとの総括を踏まえ、日本が直面している「国難の打開策」として「昭和維新の国是は模擬を戒め、創造を努め、一にも学術研究、二にも三にも学術研究でなくてはならないと私は堅く信じて疑はないのであります」と学術研究の重要性を高らかに語り、その具体的内容として「独創的能力のある人材の養成と、研究に要する資金の供給」を訴えている。

この藤沢演説はかなりの反響を呼ぶことになり、貴族院と衆議院で研究奨励の建議が議決され、一九三二年一二月に、天皇からの下賜金一五〇万円、政府の補助金一〇〇万円、そして財界からの寄付金を加え、日本最大の研究奨励機関として、文部省の外郭団体「財団法人日本学術振興会」(通称「学振」、二〇〇三年以降独立行政法人)が、会長に内閣総理大臣を据えて発足し、翌三三年に活動を開始した。設立趣意書には「学術の振興は国運隆昌の基礎をなすものである」と謳われている。

日本に大学ができてから半世紀あまり、すでに大学は動脈硬化を起こし始めていた。一八九三(M26)年の帝国大学令改正でもって大学自治の一定の拡大が認められたものの、それは管理手続きの範囲内での評議会権限の多少の拡大等であり、大学サイドでも国家権力からの独立を追求する姿勢は希薄で、「大学の自治といっても、学問よりも帝大教授の特権擁護のほうに力点があった」(広重、一九七三)のが実情であった。実際、教授たちは「大学自治」の名のもとに講座制の壁に護られ、そのためきびしい相互批判も他領域との自由な交流も生まれず、講座内での徒弟制度的後継者養成システムのもとでは、もともと多くもない研究費が講座単位で支給されていることもあり、有能な若手研究者が新分野に挑戦することも独創的なアイデアを追究することも困難になっていた。縄張意識と権威主義に冒されている大学は、すでに学問の進歩や新分野の発展にたいする阻害要因にすらなっていたのである。

他方で、外部、とくに工業化を達成した財界からは、大学の研究者の「自己満足的」な研究が産業の振興に寄与していないという「弊害」も指摘されていた。学振発足にあたっての設立趣意書にも「有能なる研究者も研究費の不足の為に十分なる業績を挙ぐることを得ず、更に研究成果を産業化する施設に至っては殆ど之を闕除《けつじょ》して居る。加之各研究所試験所は相互の連絡を欠き、各研究者も亦割拠の弊に堕し之が為に能率の上らざること少なくない」とある。

学振はこの欠陥を大幅に改善することになった。その事業内容に「聯合研究を奨励援助すること」「有為なる研究者の養成を援助すること」といった項目がある。学振は、旧来の講座制の枠に囚われることなく、複数の講座やいくつもの研究機関にまたがる総合研究を奨励し、有能で意欲的な若手研究者にたいする直接的支援をめざしたのである。

その成立過程について、理事の手になる学振の概要「日本学術振興会の事業」には、「〔満洲事変が勃発した直後の一九三一年〕一〇月に至り国防関係及び産業関係の有力者が学術産業振興に対する研究のことに共鳴し、学界方面の主唱者と相提携合流してその目的達成に努めたき意向を披瀝したので」とある（『知識』1933. 6）。つまり、学者サイドからの提起に軍と財界が乗ってきたのであり、そのおかげで一時頓挫しかけていた桜井たちの構想は現実化したのだ。研究テーマや資金配分を決定する委員会には大学や国立研究機関の研究者だけではなく、陸海軍や企業から広く委員が集められ、結果として学振の創設は、科学技術研究を産業と軍事の要請にあわせて編成することに大きな影響を及ぼすことになった。実際にも『科学主義工業』一九四二年三月号の座談会「科学・技術体制をいかに確立するか」には「技術的科学的な点で、よくお題目のやうに言はれて居る軍官民一体——これは学振の小委員会では実現してゐる」と語られている。

もちろん個々の局面では、学者主導の学術研究に軍が協力したケースもある。海洋における重力測定についての『科学知識』一九三五年三月号の京大教授・松山基範の報告には、「昨年十月我帝国海軍が文部省測地学委員会の請を容れて特に相当長期に亘つて潜水艦を出動させ、日本海溝に於ける重力測定を実現せしめ」と記されている。

学者サイドでも、科学技術研究を産軍の要請に従わせることにたいして、とりわけ拘りを示すことはなかった。もともと日本における科学技術研究が国家第一主義と実用主義を理念としていたのであるかぎり、国家の要請に従うことに抵抗があるわけもなく、その国家的要請に軍の意向が強く込められているかぎり、それは軍の要請にも無批判に従うことを意味している。一九三九年に学振の理事長に就任した物理学者の長岡半太郎は、就任時の挨拶で語っている。

今や我国は支那事変に際し、国運の隆盛を図るの好機到れりであります。従つて本会〔学振〕の事業遂行には、順風快潮の時機に際会したと謂はねばなりません。……殊に支那事変に遭遇しては、国防方面に特に此種の研究を必要としまして幾多の委員会を設け――三十四でございますが――鋭意研究を進めて居ります。（『知識』1946. 5–6）

学振発足後、総合研究は圧倒的に工学分野から選ばれ、工学関係の研究費は一九三三年には全体のほぼ40％、一九四二年には実に67％を占めていた。はじめの一〇年間にもっとも多く研究費が配分された上位三分野は、航空燃料、無線通信、原子核・宇宙線研究であった。

結局、学振は、日本における科学研究の近代化を、産軍からの要請への従属と抱きあわせで行ったことになる。広重徹は「学振の設立」を「日本科学史に一つの時期を画する事件」と評価し、そのうえで「日本科学の近代化の悲劇は、……軍国主義の進展という社会的条件のもとでしか近代化が始まらなかったという点に求められるべきである」と鋭く総括している（広重、一九七三）。逆に言えば、軍の意向のなかに、日本の近代化を推進する要素が含まれていたことになる。明治における鉄道の国有化から昭和の電力国家管理にまで通じるこの問題には、その後も遭遇することになる。

2　戦時下の科学動員

戦争にむけた総動員の一環としての科学動員は、一九三七年七月の日中戦争勃発とともに進められた。その年の一一月に学振は科学動員について建議を行っている。内容には、一般産業と軍需工業のための原料・材料の研究、戦地における資源調査、有効なる新兵器の実現にかんする調査が挙げられている。翌三八年四月には企画院の提起により、首相を会長とし、陸海軍の次官や軍需産業の関係者、帝国大学の理学部長と工学部長、理工系学界の権威をメンバーとする「科学審議会」が内閣に設けられた。「現代は科学時代である。科学動員は国民精神総動員と並んで国家総動員の核心をなすものである」(「科学動員と科学審議会」『工業』1938.6)と語った審議会幹事で企画院科学部の藤沢威雄は、審議会発足直後にくわしく語っている。

例へば新兵器を発見するとか、或は特殊の科学的方法を作戦に使用するとか、或は全然新しい方法で新しい兵器を作るという風なことも科学動員の又一つの部門ではあるけれども、併し上述の**不足資源の科学的補塡**といふことが一番大きな科学動員の任務であつて、欧洲大戦の時代にも独逸《ドイツ》が輸入杜絶の為に、軍需原料資源の補給に非常に困つたけれども、それを独逸の科学者に依つて美事に解決して、空中窒素を利用して火薬を作るといふやうな、或は粘土からアルミニウムを作るとか、その他の原料資源を科学的に合成するなり、或は新資源から之を作るなりして、少く共軍需資材の補給といふ点では寧ろ聯合国より勝さつて居た位である。（「科学審議会に就いて」『知識』1938. 6. 太字強調は山本による。）

ここでも空中窒素の固定が引き合いに出されている。同時期に東工大教授で化学者の加藤与五郎は「今日資源研究の意義は重大である」と題し冒頭に「我邦は持たざる国」であると断じたエセーで、第一次大戦のドイツを挙げて「人力能く自然に克つという感を深くした。それで化学者が国民国家のために努力し如何に成果を収めるのかの手本が示された」と記している（『工業』1938. 6)。「不足資源の科学的補塡」こそが、第一次大戦以来、日本の資本主義そして軍が科学技術に託した最重要課題であり、アジア・太平洋戦争で日本が南方に軍を進め占領地の資源を略奪していく時代までの科学動員の眼目であった。この当時の一般向けの科学雑誌が、しばしば占領地の資源問題を特集している背景である。

そして科学は、その資源問題解決のためのオールマイティーと考えられていた。大河内正敏の著書『資本主義工業と科学主義工業』の宣伝文に「科学は資源を創造する。未知の資源を開発するものも亦科学である。持たざる国若し科学があれば、持たざる国に非ずして持てる国である。科学がなければ万事休すである」とある(『工業』1938. 10)。科学の力で資源の不足を克服するというのが大河内の信念であった。一九四一年には、哲学者・船山信一が書いている。

科学技術は、物に対して創造的な意味をもつてゐる。殊に物が少い——またはない——時には、科学技術は一段と創造的でなければならぬ。科学技術が要求されてゐるといふことは、実は或る意味に於て無から有を創造することが要求されてゐるといふことである。(「科学技術論への哲学的反省」『工業』1941. 8)

およそ哲学者とも思えない粗雑で主観的な一節である。科学技術にたいする非現実的なまでの過大評価であるが、ことほど左様に科学技術は期待されていたのであった。

企画院による科学審議会発足直後に、文部省サイドも動きだした。

第一次近衛内閣の一九三八年五月の内閣改造で、陸軍大将・荒木貞夫が文部大臣に就任し、荒木大臣のもとで文部省は科学行政に積極的な取り組みを開始し、八月に諮問機関として科学振興調査会を発足させる。委員には陸軍次官・東条英機、海軍次官・山本五十六らの有力軍人をふくみ、軍の意向が強く反映されるものであった。もともと日本における科学技術の受容は軍事偏重で始まったのだが、この時点で、軍との関係はさらに密にかつ直接的になっていった。

ともあれ、大学における理工系の拡張、大学院と研究施設の充実、研究費の増大を謳ったこの調査会の答申が、以後、実施されていく。特筆すべきは、この調査会の建議により、現在も続く文部省科学研究費（通称「科研費」）が創設されたことである。それはそれまでの文部省直接の研究費を額として数十倍上回るものであった。科研費の新設がすみやかに決定された背景には、軍人であった荒木文部大臣の働きが大きかったと言われる。荒木文部大臣は、大学の教授や学長の人事権を大学から取り上げ政府の任命制にすることを企てたことで、大学自治への攻撃者として知られている。たしかにそうではあるが、同時に、このように研究の近代化や研究体制の充実を図った文部大臣でもあった。つまり大学の研究体制の拡充と近代化が、大学自治の侵犯と抱き合わせで推進されたのである。そして研究者はそれを受けいれた。

こうして科学振興と技術開発の一元的指導が、戦争遂行を目的として進められた。

そもそも軍事は、その本質から命令系統の一元化とそのための組織の統合を求めるものであり、それゆえ軍の論理が貫徹するかぎり、経済活動であれ学術研究であれ、すべて統制の対象となり、その意味で、合理化を推進する。軍事の要求が研究体制を充実させ能率化・合理化した典型的な例を、以前にふれた海洋学と気象学のその後の展開に見ることができる。

すでに日清戦争の勝利によって台湾・澎湖諸島を手に入れていた日本は、第一次大戦によってさらに南太平洋の諸島を支配下におさめたのであり、海軍による海洋研究は日本の軍事支配のこの拡大と軌を一にして進められていた。海軍大佐・重松良一は、一九三三(S8)年に「昭和四年から我が海軍の水路部で始められた黒潮調査により、まず台湾東岸から房総半島沖合までの所謂黒潮の正体が明かにせられた」と記している(『知識』1933.8)。黒潮研究をふくむ南方の海洋研究は、台湾の植民地支配によって推進されたのであり、その海洋研究の進展が、逆にさらなる侵略に貢献することになる。

軍の支配領域の拡大とともに研究調査領域が拡大するという点では、気象観測事業も同様である。一九三五(S10)年に中央気象台の大谷東平は「最近の十数年間に於ける我が気象界の進歩は実に目醒しきものがあつた。百数十の測候所は南は北緯五度のパラオより、北は北緯五十度の安別〔樺太中部〕まで、西は東経百十四度の漢口より東は東経百七十度の〔ミクロネシアの〕ヤルート島までの広大な面積に観測網を張り廻らし……」と表明している(「今夏より改正された暴風警報、気象特報について」『知識』1935.9)。

海軍は、一九三五年九月、西太平洋で米国を仮想敵国として大演習を行ったが、そのさいに、三陸沖で猛烈な台風の中心に入り込み、駆逐艦二艦が艦首より切断され、死者五六名を数え、その他の全艦隊が大損害を受ける大事故を起こした。その反省から海軍は、一九三八年より千島や南洋に二〇カ所をこえる自前の測候所を設け、以来、海軍水路部は西太平洋の広大な海域にわたる大規模で組織的な海洋調査と気象観測を継続している。

日清戦争、日露戦争、第一次大戦の一連の過程を見ると、日本が戦争によって支配圏を拡大するとともに、地球物理学研究の対象領域も拡大していったことがわかる。紀田順一郎の書には「外地の観測所が充実していた戦前、日本の天気予報は世界一の精度を誇った」とあるが（紀田、一九九二）、それが本当だとすれば、それは日本帝国主義発展の「賜物」と言わなければならない。

日本の気象事業はこのように明治以来発展し、各地に測候所が設置されてきたのであるが、実は国内の測候所の多くは都道府県単位でバラバラに運営されていて、かなり不統一になされていた。その状況は戦時下の軍にとって好ましいものではなく、それが一元化されたのも、この時代の軍の強い要求によるものであった。すこし長いけれども、専門書から引いておこう。

昭和十二年（一九三七年）七月七日に盧溝橋で端を発した日華事変（日中戦争）は、不拡大の方針が口にされながらも、野火のように華北から華中へとひろがり、国内では国民精神総動員の旗じるしのもとに戦時態勢がととのえられていった。このようにして宣戦布告こそはおこなわれないにしても、軍の活動は戦闘状態に入っていたので、軍の作戦や空軍の活動にとって気象状態を把握することはきわめて大切なことであった。そこで不統一な気象事業を軍事目的のためにいそいで整備しなければならなくなった政府は、この問題を企画院に命じて検討させた。昭和十二年も終わろうとしているころ、企画院の中にもうけられた気象協議会では陸海軍・文部省・気象台・対満事務局・興亜院などの機関が集まって連日のように会議がおこなわれ、激しい討論がつづけられた。……二か月間ほどの討論のすえ、気象事業は全面的に国営とし、中央気象台長の統制のもとにその重要な使命をはたすべきであることが決議されるはこびとなり、これにともないいろいろな計画がたてられていった。しかし七十以上もある測候所を急に国営とすることはあまりにも多くの経費がかかるので……軍事面からの要求が強い所からつぎつぎと移してゆくことになった。このようにして昭和十三年度には三十の測候所が国営となり、十四年度には残りの四十三カ所が移管され、さしも困難だった国営の問題は、日華事変という情勢のもとにあっさりと解決された。(気象学史研究会、一九五六)

一九三七(S12)年に日中戦争が始まると、気象事業は真っ先に科学動員の対象とされた。翌三八年に陸軍気象部が設置され、気象機関全面国営化の後、第二次大戦で日本の気象学は飛躍的に進歩することになる。アジア・太平洋戦争が始まった一九四一(S16)年に日本海洋学会が創設された。それは大学や民間の研究者を軍の調査に動員するためのものであった。その年の一二月八日に日本軍の真珠湾奇襲攻撃があり、翌四二年に福岡管区気象台の台長が書いている。

今や我が無敵海軍は、南西太平洋は勿論印度洋までその制海権を確保し、英、米、蘭の連合艦隊は全く壊滅し去つた。この赫々たる戦果は御稜威の下、生死を超越せる将兵の力闘の賜物ではあるが、この底にこの方面の海流の知識が大いに貢献してゐることを見逃してはならない。海流が艦隊の行動に、渡洋作戦に、上陸作戦に、機雷の漂流に、果たまた航空作戦に、如何に大なる影響を及ぼすかは戦果発表を些細に点検すると良く判る。戦史を絶するハワイの大快捷も、我が海軍が雌伏数十年黙々として黒潮の研究を続行したことが大いに与かつてゐる。（「海流の話」『朝日』1942. 7）

「ハワイの大快捷」とはもちろん前年つまり一九四一（S16）年一二月八日の真珠湾攻撃の「大勝利」を指しているが、その前日の一二月七日、中央気象台と軍が極秘でハワイ近辺の気象予想を協議していたのである。そして一二月八日から気象事業は完全に軍の管制下にはいり、敗戦まで一切の気象予報は軍事機密とされた。研究が軍の管制下に置かれて完全に軍事機密扱いされるということは、軍による合理化の行き着く最終形態と言えよう。

陸軍科学学校の教官・湯浅光朝は、大戦中に戦時下気象学のむかうべき方向を書いている。

軍官民に散在するあらゆる気象学者、気象技術者、気象器械製造業者を組織的にきはめて緊密に結集せしめて、決戦体制を確立し、総合的研究による航空気象学の飛躍的発展と、これが航空技術への画期的応用を開拓し、航空戦力の飛躍的増強を期す。(「航空気象学」『知識』1943. 6)

その湯浅の戦後の書『日本の科学技術一〇〇年史』によれば、海軍水路部の職員数は明治以降少しずつ増加し、昭和一〇年頃には五〇〇を少しこえる程度であったが、「太平洋戦争のとき五〇〇〇に増加した」とあり、中央気象台の予算も一九三八〜四一年の五年間で八〇万円から七〇〇〇万円に膨れ上がったとある。戦争は、日本の海洋研究を強く推し進め、気象観測と気象研究の体制を飛躍的に拡大させ、そして一元化・合理化したのである。

3　科学者の反応

科学動員・科学振興が叫ばれていたこの時代は、同時に、学問の自由が侵され、反文化主義・反知性主義の横行した時代でもあった。それは、たとえば文部大臣・松田源治が一九三四(S9)年に、数学教育のようなものを「西洋文明にかぶれすぎた」「偏知教育」であると攻撃したことに表されるように、知育軽視の風潮が強まったことにも見て取れる。権力が目の敵にしていたマルクス主義と唯物論哲学普及の責任の一端が、自然科学・西洋近代科学に押しつけられていたのだ。そのさい西洋文明に対置されたのは、情緒的な我が国古来の醇風美俗であり、蒙昧で偏狭な日本精神であった。

一九三七年には「国体明徴」の観点から中等学校の教授要目が大幅に改定され、文部省が教学刷新にむけて編纂した『国体の本義』一二〇万部が全国に配布され、国民精神総動員実施要綱が閣議決定されている。天孫降臨の類の神話的歴史観や、万世一系の天皇をいだく神国日本の優越性なるものが声高に語られ、このような神がかりの国粋主義を批判することはもとより、疑問を挟むことでさえも、不敬思想として攻撃されていた。一九三五年から三七年にかけて、戦時色の深まりとともに思想・文化統制が厳しさを増していったのである。

哲学者の谷川徹三は、一九三八(S13)年に、かなり遠まわしの表現であるが、反知性主義の広がりにたいする危惧を表明している。

最近の風潮の中で私が危く思ふものの一つに科学に対する蔑視がある。これは一部の極端な人を除いては、あからさまに科学の今日に於ける権威を否定するには至つてゐない。しかしその言説を押しつめて行くと結局さういふことにならずにゐないものが甚だ多い。今日ほどあらゆる世界で神話がその力をふるつてゐる時代は、西欧世界に於いてもここ一世紀以来なかつたであらう。(「日本文化と科学精神」『工業』1938. 2)

そのうえで谷川は「現代に於ける神話の意味をいろいろな角度から認めながら、その点でそれに科学を対立させ、科学の尊重をあらゆる場合に説かなければならぬと私の思ふ所以である」と結んでいる。

同様に時代の動きに敏感に反応し、科学的精神の重要性を語り、かなり明確なかたちで危険性を訴えたのは、哲学者の田辺元であった。二・二六事件の年、一九三六(S11)年に発表されたエセー「科学政策の矛盾」で、田辺は、「一方に於て文化科学、社会科学に関する知識を制限して、知識の代りに情操と信仰を鼓吹することを努めながら、他方に於ては主として国防充実の目的を以て、自然科学の奨励に極力力を致すの矛盾」を指摘している(『改造』1936. 10)。ここで田辺は、「民衆の知識を制限し、社会の進展に関する法則を晦《くら》まして批判を封ずるも、為政者自身がその政治的施設に科学的知識を必要とし、特に経済財政の正確なる知識を有する者が今日の政府の主脳となるの必然なることは如何ともすることが出来ないのではないか」と指摘し、自然科学だけではなく社会科学と文化科学の教育の重要性も語り、「教育の反知識主義を鼓吹する如きは、明白なる時代錯誤でなくして何であらう」と結んでいる。

田辺の矛先は、同時に現状を黙認している科学者にも向けられている。すなわち「自己専門の研究に於ては顕著なる業績を挙げて居る」が「専門以外の一般の事物に就き全く科学的思考を適用することを知らず、科学的精神とは正反対な蒙昧主義の跳梁を観過」し、「国家社会の欠陥に注意を向け、其由来を実証的に認識せんとする如き要求を全然欠如し、ただ自己の研究に必要なる研究費さへ豊富に支給する政府であるならば、他にいかなる不合理を行ふも敢て関知する所でない」とするような研究者を批判している。

田辺の訴えに敏感に反応したのが、数学史の研究者・小倉金之助であった。フランスに留学し、マルクス主義にも共感を有し、たんなる学説史をこえる社会史としての数学史を日本にもたらした小倉は、一九三六年に「自然科学者の任務」を発表した。そこで彼は、狭い専門領域に囚われている現代の自然科学者について、「彼らは自己の専門的研究が演ずべき社会的役割についての意識を持たない。自分の身を守るためには、単なるエゴイストと化する(それならばこそ、権力あるものに取つては、自然科学者ほど取扱ひ易いものはない)」と論を起こし、自然科学者に、反知性主義・反文化主義への抵抗を訴えている(『中公』1936. 12)。

はじめに小倉は、日本の資本主義化が半封建的な農村を基礎とし戦争による植民地獲得を条件としていたとして、そのことによる日本科学の問題点を四点列挙する。すなわち、(1)後進性による移植科学としての模倣性、(2)軍事関係の科学の過度の偏重、(3)大学および自然科学者における濃厚な官僚性、(4)封建的でギルド的な学閥や縄張りの存在。そのうえで小倉は「かやうな事態の上に、今やファッシズムの重圧が加はり来つた」という認識を踏まえ、現状の文教政策の問題点として、基礎科学の軽視、大学以外の学校の貧困化、そして「文化統制」と「反科学主義」を挙げている。

それと同時に小倉は、大学について「象牙の塔は硬化しつつある、然らざれば腐敗しつつある。しかも批判を封じられた世界に残るは、ただ保守と反動あるのみであり、そこに若く優れた才能は滅び、新しい思索は阻まれる。……老練の士は、多くは保守的か反動的であり、しかも彼等は各自一党の親分である」と「大学の顚落」を描き出し、「今日ほど、正しい意味で科学批判が要望されてゐる時はない。……自然科学者は、なによりも先づ、身を以て科学的精神に徹しなければならない」と結論づけている。

小倉は、ファシズムの温床と見なされる日本社会に残存する封建性・前近代性と、それに由来する非科学的精神、そしてボス教授や長老の支配する大学や学界における前近代的人間関係を弾劾し、それにたいして科学的精神にもとづく合理的な批判と、そのことによる学問と文化の健全な発展を対置したのである。

しかしその手の論理では、ファシズムと闘えないばかりか、現実に進行している科学動員・科学統制にも対決しえないことが、やがて明らかになる。

4　統制と近代化

軍人たちにしても、大衆動員にさいして蒙昧な神話的歴史観や空疎な精神主義を多用していたとしても、それだけで近代戦を戦えると信じていたわけではない。高度の科学技術と大量の物資を必要とする二〇世紀の戦争において、自然科学（物理学と化学）および社会科学（経済学と社会工学）の要求する合理性を前にしては、政治における神話宣伝や戦闘における精神主義はたちまちその限界を露呈する。近代戦が物量戦にして科学戦であるかぎり、彼らも科学振興・生産力増強に力を入れていた。そして「国粋主義者たちの荒々しい反科学主義も、じつは科学振興へ至る道ならしのブルドーザーのようなものにすぎなかった」（広重、一九七三）のであり、狂信的国家主義者による手荒な地均らしで、戦争にむけての非協力の声が押し潰されたのちには、反知性主義は背景に退けられ、冷徹な科学と技術の合理性が前面に登場する。

前述のように、総動員体制を法的に強制する「国家総動員法」は一九三八（S13）年四月に公布された。この年の『週報』一一二号の企画院による「科学動員について」という一文には、「国家総動員法第二十五条」が「科学動員に関する規程」であり、「研究者に対して研究項目を指定しまた変更を命ずることによつて総動員目的に研究を統制するとともに、研究の促進について適当な指導助成をなし得ることが定められてゐる」とある。軍と官僚は、自分たちのサイドで研究の方向づけとその能率化・合理化に手をつけたのである。翌三九年には、企画院内部に独立に科学動員を担う科学部が設けられ、科学研究は完全に国家の管理下に置かれ、軍の将官と技術官僚幹部らが科学者や技術者を戦争遂行にむけて動員する体制を築くことになる。

科学技術重視にむけての動きは、一方で、一九三九(S14)年五月から九月にかけて日本陸軍が外モンゴルと満洲国国境地帯のノモンハンでソ連・モンゴル連合軍と衝突し、精鋭を誇っていた日本軍(関東軍)がソ連の機械化部隊に惨敗したこと、他方で、同年九月に軍隊と大砲の移動を高度に機械化したドイツ軍が難なくポーランドに侵攻したことにより、さらに加速されることになった。ノモンハン事件についての陸軍の報告には、きわめて異例のことに、末尾に事実上の敗北を認める記述があり「軍の機械的整備の充実」を訴えている。それをうけて、陸軍中将・河村恭輔は「軍機械化と技術国防」と題する一文で「戦争に於て赫々たる戦勝を博せんとせば、国の工業力及国民の発明心は極めて重大なる関係を有し、その価値は科学文明又は機械文明の進歩するに伴ひ益々重要なるものであつて、如何に精神力に卓越せるも、軍の機械等の如き物質的方面の進歩充実を期するにあらざれば、所期の戦勝を獲得し得ざるものである」と言明している(『工業』1939. 12)。

陸軍の内部では、二・二六クーデタの敗北によって国体論や日本精神を声高に唱えていた皇道派の勢力が一掃された後、軍部独裁で総力戦体制・高度国防国家の建設をめざす東条英機らの実務的な統制派がヘゲモニーを握った。彼らと革新官僚のねらいは統制経済による生産力増強にあり、そのためには、研究の統制をともなった研究者の動員、さらには人的資源の有効活用のための社会全体の合理的編成替えを必要としていたのである。

こうして軍が本気になって科学振興と科学動員に乗り出した時点では、封建性・前近代性にたいして合理主義と科学的精神を対置しただけのそれまでの多くの批判は、その無力を露呈することになる。たとえば社会学者の樺俊雄は一九四〇年に書いている。

最近までのわが国の資本主義体制の成長が低賃金を基礎としてゐたと云はれるが、それも結局は封建的残存要素がそれを可能ならしめてゐたと考へられる。しかるに最近の統制の強化はかかる封建的残存要素をそのまま存続せしめながら、その上に立つて資本主義的合理化を強化してゐるのである。であるから、この合理化は反面においては不合理を増大せしめつつある。ここに、現在の統制主義が一層進展すべき必然性をもち、新しき社会秩序を招来すべき希望をもちながら、かかる進歩的方向に進むべき道が阻止されてゐる原因があると、言へるのである。（「わが国に於ける文化と技術」『工業』1940. 2）

ここでは問題は「封建的残存要素」にあるとされ、「統制主義」そのものは「新しき社会秩序を招来すべき希望」を有するものとして、肯定的に受け取られている。

日本社会の隅々に残存する前近代的・封建的要素や、ファナティックに「日本精神」を唱える右翼国粋主義者の反知性主義にたいして、旧左翼や近代主義者は統制経済のもつ技術的合理性に抵抗の足場を求めたのである。しかし、先に見た電力の国家管理をめぐる岡邦雄の論考には、「電力の国営統制はひとり料金の低減の為のみならず、国防上、技術上、一つの重要な合理化案であり、その原理に於ては誰しも反対できない」とある。実際にも、ニューディール型であれ、ファシズム型であれ、総力戦にむけての体制作りは、社会に残存する前近代性をそぎ落とし、近代化を図る衝動を秘めていたのである。そのため、統制経済のもつ技術的合理性を評価する立場は、軍の推進する総力戦体制に加担し、ときには強力に後押しすることにつながりかねないものであった。そしてその危険性は、多くの知識人の第二次近衛内閣の新体制運動への協賛・積極的参加として、現実化してゆく。

5 経済新体制と経済学者

軍と官僚による統制経済の実験は、植民地で始まっていた。事実上の日本の植民地であった傀儡国家・満洲国が捏造されたとき、日本国内の各省から軍の要請に呼応した有能な若手官僚が参集した。なにしろ満洲国は、「国家」とはいえ、議会も政党もマスコミも存在しない軍と官僚だけの「国家」であり、関東軍が事実上の支配者で、軍を背景につけているかぎり、官僚はほとんど思いのままに政策を実施しえたのである。その官僚機構もできたばかりで、踏襲すべき前例や風通しの悪い省庁の壁もなく、自由に横断的組織を作り、相当に思いきった政策を実行することができた。彼らは、関東軍の参謀と提携し、合理的に経営されている国家の建設を目標として、強力な統制経済の実験に踏み出していったのである。

日満財政経済調査会は、一九三五（S10）年に「満洲産業開発五箇年計画要綱」を制定した。内容は三七年から五年間に二五億円を投入して鉱工業、とくに軍需工業の基礎となる鉄鋼、石炭、人造石油、軽金属工業を拡大し、自動車、航空機産業の育成を図るというもので、名称からして五年を単位とするソ連の計画経済を連想させるが、内容においてもソ連の計画経済とほとんど異なる所がない。とりしきったのは、「革新官僚」で満洲国実業部次長であった岸信介である。

そしてこの手法は、一九四〇（S15）年六月に始まる近衛文麿提唱の「新体制運動」に踏襲されていく。それは、これまで軍が目的としていた国家総動員にむけて挙国一致を呼びかけるものであり、それまでの分立的政党政治の混乱と行き詰まりにうんざりしていた民衆に好意的に迎えられることになる。強力な指導による一元的政治支配は、いうまでもなく軍も望むところであった。新体制運動は、戦争遂行にむけての、官僚と軍の主導による社会の合理的再編運動に外ならなかった。

その新体制運動の二本柱として「経済新体制」と「科学技術新体制」が語られた。四〇年七月に成立した第二次近衛内閣が一二月に閣議決定した、高度国防国家の完成にむけて「資本と経営の分離と後者の優位」「配当制限・利潤統制」「指導者原理による企業経営」「報奨金制度の実施」などの企業形態の合理化案、そして産業別組織による同業組合の結成等を骨子とする「経済新体制確立要綱」の原案は、一九三九(S14)年に帰国した岸信介が商工次官として作成したものであり、前年に成立した「電力国家管理法」の「民有国営論」を全企業に拡大したものと言える。

この「経済新体制」は利潤追求という企業目的を戦争遂行という国家目的に従属させようとするものであり、企業サイドからの強い反発を引き起こすことになる。そのため「経済新体制」はかならずしも軍や官僚の思惑どおりには実現できなかった。といっても、財界が戦争に反対していたわけではない。むしろ戦争によって莫大な利益を得ようとしていた企業が、官僚によってその既得権を脅かされることを恐れたのである。

しかし、合理性に価値をおく学者や、とりわけマルクス主義の影響をうけていた学者や知識人の反応は違っていた。この時代、つまり世界恐慌を経験した資本主義国家が国民社会主義やニューディール政策の採用にむかっていたこの時代には、少壮軍人や革新官僚だけではなく左翼の知識人にいたるまで、自由経済にたいする統制経済——一国社会主義とも国民社会主義とも紙一重と言われる経済統制——が社会的進歩を意味するものと受け取られていたのであり、先に見たように「統制」という言葉は、かならずしもネガティブには受け止められていなかった。唯物論研究会のメンバーで一九三〇年代にはマルクス主義の立場から技術論を論じていた相川春喜は、一九四〇年の『科学主義工業』九月号のエセー「技術の性格と技術統制」で「高度国防国家体制」確立のための「計画経済に向けての生産統制の一元的強化が必要とされる」にいたり「技術統制の確立が望まれる」と主張している。同誌四一年一一月号の相川と官庁や企業の技術者の座談会では、「強力な技術統制」の必要性が語られているだけではなく、「経済の実際的指導者を技術者が握つてゐる」点において、ナチスドイツが称賛されている。

東大新人会は、綱領に「一、吾徒は世界の文化的大勢たる人類解放の新気運に協調し、之れが促進に努む。二、吾徒は現代日本の合理的改造運動に従ふ」と掲げて、一九一八(T7)年に旗あげした。大正デモクラシーの影響下に始まったその運動は、社会主義に傾斜していったが、そのメンバーの何人かはやがて国民社会主義に向かっていくことになる。創立会員の麻生久は、のちに社会大衆党の国会議員となり、統制を社会主義への前進と評価して「国家総動員法」に賛成している。

三谷太一郎の最近の書『日本の近代とは何であったか』には、「当時日本ではマルクス経済学は非イデオロギー化され、大国ソ連の経済建設の試練を経た最も実用的な計画経済の理論と見なされていた」とあり、その立場から統制経済はむしろ評価されていたのである。この点は、なにも日本の資本主義に残存する封建的要素を強調してきた講座派の研究者にかぎったことではない。労農派の経済学者で東大教授の土屋喬雄は、一九四〇年九月に表明している。

その〔近衛新内閣の〕統制経済は、自由経済体制を揚棄し、国体観念に基づく公益優先の新経済倫理を、その指導理念とし、生産より流通、消費までを、したがつてまた価格をはじめ、利潤も配当も利子も地代も賃銀もすべて統制の下におかんとするものである。たしかに、一つの大なる転換であり、革新である。維新変革以来の大転換であり、大革新であると言はねばならぬ。……冷静に観察するとき、日本の産業及び科学が、世界の最高水準に達してゐるといふことは出来ないのである。世界の最高水準に対して、若干のギャップあることは、遺憾ながら日本国民の自ら認め、自ら鞭うたなければならぬところである。しかるに、今日のごとき世界的戦国時代において、国防力の僅かの差といへども、恐るべき結果を予想せしめる。憂国の識者が、高度国防体制確立のための革新を、刻下の緊急要務と考へることは、当

然且つ必然でなければならない。(「明治産業革新の現代への教訓」『工業』1940.9)

ここでもマルクス主義者が、個別資本の恣意的でアナーキーな利潤追求を抑制して社会全体の生産活動の合理化と生産力の高度化を推進する力を、軍と官僚による独裁に認め、そこに日本の産業と学術の後進性からの脱却の希望を託したのである。

6　科学技術新体制

一九四一年五月に閣議決定された「科学技術新体制確立要綱」は、その目標に「高度国防国家完成の根幹たる科学技術の国家総力戦体制を確立し、科学の画期的振興と技術の躍進的発達を図ると共に、其の基礎たる国民の科学的精神を作興し以て大東亜共栄圏資源に基く科学技術の日本的性格の完成を期す」とある。科学技術に課せられた任務としての「科学技術の日本的性格の完成」とは、科学審議会の場合と同様に、占領地域で収奪した資源を有効活用するための自前技術の開発を指している。「資源小国」の観念に囚われていた日本の支配層にとって、資源確保は何事にもまさる優先事項と考えられていたのであり、満洲国の建設から南方への進駐、そして大東亜共栄圏の建設は、すべて資源の収奪を第一の目的にしていた。

「科学技術新体制確立要綱」の基本的内容として、技術院と科学技術審議会の設置、および科学技術研究機関の総合整備が謳われているが、これは、全体の研究にたいする単一司令部の形成と、これまで個別的に無関連に進められていた諸研究を統一的・総合的なものとすることによる研究の合理化・能率化を目的としている。

新体制運動の推進とこの要綱の立案に中心的な役割をはたした宮本武之輔の手になる先に引いたエセーには「研究の組織化・綜合化」についての「肝要な方策」として書かれている。

　このためには研究機関と行政機関、生産機関、教育機関等との間に有機的連絡を強化すること、各種機関の研究に全体性を保持せしめ、多面的かつ綜合的研究効果を発揮させること、小規格にして無統制に分立せる研究機関の綜合管理を行ふこと、国家が要求する当面の重要研究項目に従つて、すべての研究を重点化すること、基礎研究、理論研究と応用研究、工業化研究とを綜合関聯的に併進せしめること。（「技術国策論」『改造』1940. 11）

研究の一元化と統制によって研究の組織化・能率化を進める、というのがその眼目である。

科学技術新体制の中軸としての技術院の開庁は一九四二(S17)年一月、技術院発足時の総裁は井上匡四郎、いくつかの技術系のポストは技術系の軍人で占められている。以前に松前が言っていた「技術参謀本部」に相当するものとして構想されたのであろう。「中央各省の技術官たちは、能力を発揮できる新しい時代の訪れを感じたのである」(新藤、二〇〇二)。

「経済新体制」は企業家サイドからの批判を呼び起こしたが、「科学技術新体制」にたいしては、そのような反発は見られなかった。日本の物理学の首領《ドン》・長岡半太郎は、一九四一(S16)年に「科学技術新体制に関する声明」を発表し、いち早く賛意を表明した。日本の物理学のゴッド・ファーザーたる仁科芳雄もまた。四二年に「今日の戦争は国家の総力戦である。……科学行政の中心機構の設立は……研究機関相互の連絡の統一を図り、国家としての研究を最大能率を以て遂行せしめるために必要である」と受けいれを表明している(「戦時下の基礎科学」『中公』1942.4)。そればかりか仁科は、日米開戦後、陸軍の要請で原爆研究に従事していた四三年には、「我等大和民族の当面する此の曠古〔未曾有〕の難局を乗り切るがためには、政治行政は固より経済産業も科学技術も凡て此の戦争に即応する一元的体制の一環として強力に推進せらるべきである」と表明し、科学技術にとどまらず国家のすべての機能の戦争目的への従属と一元的指導を主張している(「根本的戦時体制の確立」『工業』1943.10)。

新体制を好意的に受け取ったのは、学界のボスや長老にかぎられない。研究体制の合理化・能率化は、むしろ有能でやる気のある現役や若手の研究者が強く求めていたものであった。そして彼らは、自主的に学問統制・研究動員への協力を訴えた。

すでに見たように、一九三六年の段階では日本社会そして学問世界における前近代性・封建制・非合理性を厳しく攻撃していた小倉金之助は、一九四一年四月のエセー「現時局下における科学者の責務」で「原則として、科学及び技術の研究を、国家目的のために強力に統制せよ」と主張し、同年八月にも『科学主義工業』の巻頭論文「日本科学への要望」で「吾々は、一日も早く、高度国防国家建設の線に沿うて、その達成に志すところの科学を創り上げなければならない。その為には、意識的に、計画的に〈数学・科学・技術の綜合・統一〉を、計らなければならないと思ふ。……今日では、最早、どんな科学者にも、科学・技術の新体制に無関心であつたり、或いはまた封建的な割拠主義を守ることなど、断じて許されない」と、あらためて主張している。「科学・技術の新体制」すなわち総動員体制にむけての研究体制の軍による上からの統制――全体主義的な国家統制――を、封建的な人間関係や官僚主義そして非合理的な学閥の類のものが力をもつ日本の学問世界の近代化を促進するものと肯定的に捉え、ファシズムへの協力を積極的に呼びかけたのである(『中公』1941. 4, 『工業』1941. 8)。

これは転向ではないし、偽装転向ですらない。

もともと小倉の論理のなかに、総動員体制すなわち軍権力による「近代化」に同調する要素が含まれていたのである。浅田光輝の表現を借りれば、それは「総力戦体制下における生産力拡充・産業構成=技術構成高度化の要請に言葉を託して、それを阻止する要因としての日本の資本主義における封建制・非合理性をあばき出し、戦争遂行の至上命令のもとにその改革・民主化をはかろうとした理論」ということになる(「退潮期社会科学の思想」浅田、一九六七)。より積極的に軍と官僚に迎合し協力した例も、もちろん少なくはない。物理学や技術の方面ではとくに顕著である。

明治数学の開祖と称せられる菊池大麓の息子で物理学者の菊池正士は、一九二八(Ｓ３)年に、単結晶の雲母による電子線の回折像を実現させた。二六歳の時である。これは、電子の波動性を直接的に示すことで、生まれたばかりの量子力学の正しさを裏づける重要な実験であり、国内外で注目されていた。その菊池は、大阪帝大教授であった一九四一年に、新聞への寄稿で、「科学者といへども社会の他の部門と協力して国家目的遂行をまづ第一に念頭において進むべき」と語り、科学技術新体制への積極的協力を呼び掛けている。菊池の主張は三点あり、第一に、大学教授の地位を恒久的なものにせず、実績のない人間は「どしどし免職にする」こと、第二に、大学講座制を廃して研究室制にすること、そして第三として書かれている。

全国の各大学の各講座の統率者が現在の学術研究会議のやうなものを組織する。そしてこの会議がわが国における学術界の参謀本部となり、軍部や企画院と連絡をとり研究方針を決定し資材の分配を行ひまた教授、助教授の任免の権限をもつ、大学以外の各省や民間の研究

所からもそれぞれ指導者がこの会議の会員として加はる。（『朝日新聞』1941. 2. 15）

「大学の自治」や「研究の自由」の理念の完全な放棄による、軍・産・学の協働による研究の一元的支配とそのことによる研究体制の徹底した合理化の構想である。そして、その改革の「最も大切な要素」として「われわれのすべてが私を棄てて国に尽す強い覚悟をもつて立つ以外に手はないのである。いはゆる一億一心滅私奉公の精神を身に体現させる以外に手はないのである」と結んでいる。狂信的国家主義者の言葉ではない。博士号を有し国際的な実績も名声もある研究者が、全体主義国家における科学研究のあり方を率先して語っていたのである。

ここまで露骨に軍や権力にすり寄り、率先して科学動員の旗をふることはなかったにしても、合理主義的思考の持ち主や近代主義者で実力も研究意欲もある若手や中堅の研究者の多くは、自分たちに実力を発揮する機会と研究資金を与えてくれた戦時下の科学動員を受けいれていた。研究者の最大の関心事は業績を挙げることであり、そのための研究費が保証されているかぎりで、大多数の研究者は、世の中のことに無関心であった。そしてこの過程で、実力のある若手や中堅の台頭を見ることになる。

戦後、一九五一（S26）年に日本学術会議の学問・思想の自由保障委員会が全国の研究者にアンケートを出し、過去数十年間で学問の自由がもっとも実現していたのはいつかと問うたのにたいして、戦争中という回答が極めて多かったのである。大部分の理工系の学者は、研究費が潤沢であるかぎりで、科学動員による戦時下の科学技術ブームに満足していたのであった。

戦前から多くの科学者と親交のあった科学評論家・松原宏遠の書には、戦時下での物理学者について、「目を物理学界にむけると、何としたことか、ここだけはきわめて明るく、なかでも〔理研における〕仁科芳雄を総帥とする理論物理の若手たちは、いわゆる冬の時代の日本にありながら、自由に撥溂として研究にいそしんでいるのが印象的でした」とある(松原、一九六六)。実際にも、理研はしばしば「科学者の自由な楽園」と語られてきた。しかしその「自由」は、理研指導部の戦争への全面協力によって保障されていたのである。

こうして、もともとは欧米資本主義の経済活動のなかから生み出された科学技術研究は、戦時下の日本の総力戦体制のもとで、国家の機能と一体化していった。

科学動員の進展にたいして「今までは科学とか学問とかいふことを唱へるのが、何か個人主義或は自由主義と深い関係にあるものの如く信ぜられてきた。……国家が科学動員計画を樹立し、更にこれを実現するといふことになれば、右のやうな信仰も自らその力を失つて行くであらう。科学が国家の力の一部分としての意味において自覚されるに至つたのは、国家にとつても科学にとつても等しく慶賀に堪へぬところである」と清水幾太郎が語ったのは、一九四〇年であった(「科学の社会的組織化」『工業』1940. 6)。

7 総力戦と社会の合理化

総力戦体制は、研究活動や生産活動そして経済機構に能率化とそのための合理化を求めたのであるが、それにとどまらない。

国民を人的資源として物的資源と同レベルに扱い、そのもっとも効率的な「配置と活用」をめざす総力戦では、社会全体の合理的編成替えをも必要とした。山之内靖が語っているように「総力戦体制は……全人民を国民共同体の運命的一体性というスローガンのもとに統合しようと試みた。……それは、人的資源の全面的動員にさいして不可避な社会革命を担ったという点で合理化を促進した」のである(「方法的序論」山之内、二〇一五)。

それは、たとえば一九四二(S17)年の食糧管理制度に見ることができる。この食糧管理制度によって、それまで現物で支払われていた小作米を生産者である農民から政府に供出させ、地代相当分は地主に現金で支払われることになった。小作料は物価変動にもかかわらず据え置かれたため、インフレの進行とともに小作農の実質負担は軽減され、しかも生産者には増産奨励金が与えられ、こうして小作農民の生活向上が図られていった。

しかしそのことは、明治以来、日本の資本主義が農村の共同体を破壊し農民の犠牲のうえに発展してきたことと矛盾することではない。農民は体力もあり忍耐強いということで、軍からみれば農村は優秀な兵士の供給源であり、農村を大切にせよというのは陸軍の主張であった。産業の発展のための犠牲を農村に押しつけることも、戦場で使い捨てるための兵卒の供給地として農村を大切にすることも、農村軽視の両側面である。農村を踏み台にして大国化・帝国化を進めるという点では変わりがない。

明治以来の徴兵制は四民平等にもとづく制度であり、とりわけ「大東亜共栄圏の確立は日本民族の運命をかけた戦いである」と号令し、民族の一体感に訴えて国民を戦場に送り出すにあたっては、つまりすべての日本人を「天皇の赤子」として一元化して国家への奉仕を強要するには、農村の小作人と都市の労働者、そしてサラリーマンや自営業者のあいだに過度の社会的格差があっては不都合だったのである。世界支配をかかげたナチスドイツが運命共同体の標語のもとにドイツ国民の社会的身分差別の撤廃を進めたのも、おなじ事情である。

その意味では、戦時下の国民健康保険の改革も同様である。一九二二(T11)年公布の医療保険制度(健康保険法)では、加入資格は工場法と鉱業法の適用を受けている大規模事業所の常用従業員本人にかぎられ、家族や臨時雇用従業員が除外されていただけではなく、農民は完全に放置されていた。それにたいして、日中戦争勃発直後の三八(S13)年の「国民健康保険法」の制定は、農家における医療費の重圧を軽減させるためのものであった。つけ加えると、厚生省が陸軍の主導で内務省から分離独立して設置されたのがこの三八年で、ツベルクリン反応・X線検査・BCG接種という結核予防システムが採用されたのは翌三九年からである。戦争が「健民健兵」を必要とするかぎり、国家は国民の健康管理に配慮する必要があったのだ。

雨宮昭一の言うように「総力戦体制下では現実に富を生みだし、労働する者が、相対的に地位を向上せざるをえないのである。したがって、従来の地主や資本家の思うがままの体制に抗して労働者の福祉や保健の制度、地主の持ち前をいちじるしく削る食糧管理制度等々がつくられて、労働者や農民の経済的、社会的地位が向上した」のであり、こうして「一九三〇年代の後半から四〇年代前半の総力戦体制によって、社会関係の平等化、近代化、現代化が進行した」(雨宮、二〇〇八)。

それは山之内の言うところの「戦時動員体制(warfare-state)と福祉国家体制(welfare-state)の同一性というパラドックス」であり、その事実はまた、総力戦においては「すべての資源及び人員や制度を合理的に組織する結果、戦争という一見非合理な事象が、逆説的にも合理化や効率化、さらには近代化を推進する場合すらある」という、石津朋之が紹介するところのイギリスの歴史家アーサー・マーウィックの諸説によっても裏づけられる(「総力戦と社会の変化」石津他編、二〇一三所収)。そして、この意味での戦争のための社会の合理化・近代化もまた、マルクス主義に理解と共感を有していた、あるいは合理主義的な思考の持ち主であるところの、研究者や知識人によって高く評価されることになる。

経済学者の大河内一男は一九四〇年のエセー「技術と社会立法」で、労働力保全のための社会立法について「労働力に対する保全は、ただ労働力の量的調達にとって条件となるだけではなく、また産業社会そのものの生産機構の安定化、その順当な再生産のための不可避な手続きなのである。この意味で、社会立法は単なる倫理の問題ではない」と語り、産業報国会にたいする政府の通牒が、その中枢機関たる労使懇談のための委員会の懇談内容として「能率増進」とともに「待遇、福利、共済、教養」その他を挙げていることにたいして「この問題の所在が反省され、それへの解決の最初の一歩が踏み出されることは、我が国の労働史上極めて革新的な出来事」と高く評価している（『工業』1940.2）。大河内は、平時においては実現までにきわめて長期を要する社会政策――労働力の保全を目的とする社会システム全体の合理的編成――を、戦争がきわめて短期間に実現したことに着目し、そのことを高く評価していたのである。「福祉国家＝戦争国家」にたいする大河内のこの評価について、山之内靖はコメントしている。

大河内が、自らの理論的活動をもってかの日本精神主義の非合理的・神話的モーメントと対決するものだと自覚していたことは明らかである。……だが、にもかかわらず、大河内のこうした理論活動は、日本型ファシズムとトータルに対立するものだったのではなく、むしろ、もっとも合理的な思考に立って日本型ファシズムに存在の根拠を与えるものであった。(「戦時期の遺産とその両義性」山之内、二〇一五所収)

この一文は、大河内を小倉と置き換えても、そっくりそのまま通用する。大河内にせよ小倉にせよ、山之内の指摘するように「戦時体制が必須のものとする近代化によって日本社会のより合理的な編成が可能となる」と考え、ファシズムへの協力を表明したのである。

後進資本主義国としての封建性の残滓や、右翼国粋主義者の反知性主義による非合理にたいして、近代化と科学的合理性を対置し、社会全体の生産力の高度化にむけて科学研究の発展を第一義に置くかぎり、総力戦・科学戦にむけた軍と官僚による上からの近代化・合理化の攻勢にたいしては抵抗する論理を持ち合わせず、管理と統制に簡単に飲み込まれていったのである。

8　科学振興の陰で

科学動員のかけ声のもとで研究者や技術者は優遇され、戦時下の理工系ブームがもたらされた。理工系の学者は、研究活動上も私生活においても、わが世の春を迎えることになる。前述の宮本武之輔の一九四〇年の「技術国策論」には「現に理科系統の大学卒業者に対する需要は供給の三倍以上、同じく専門学校卒業者に対する需要は五倍以上に達する状態」とある。

大阪帝大と名古屋帝大は、それぞれ理工と医の学部だけで一九三一年と三九年に創立し、三九年には九州帝大に理学部が新設されている。そして、大学理学部に相当する自然科学系高等教育機関の数は、一九四〇年から四五年の間で二倍以上に増加した。

総力戦体制がピークに近づいた一九四一年四月の『科学ペン』のある随筆には書かれている。

科学総動員といふ言葉が昨年来から用ひられ、広範囲の計画がたてられた。これ等の空気を反映して世はまさに科学時代である。科学を知らざる者は人にあらずとまではゆかないとしても、科学の華がこれ程ぱつと開いた時は未だかつてないのである。科学書は、どしどしと出版されて毎日の新聞の広告欄をかざり、劇場は科学者の伝記を上演し、文化映画は科学知識の普及に全力をあげる、科学者はラジオに講演に引きだされて熱弁をふるふ、大学専門学校の技術科方面は志願者が殺到する、娘達は技術者との結婚を希望する、世はまさに科学者の春である。（伊藤行男「科学者の春」）

他方で、生産増強のかけ声によって労働者にはいよいよ過重な労働が課せられ、工場や鉱山等での労働条件は悪化していった。科学振興の眼目が不足資源の補塡と生産力拡充にあったとすれば、当然、それと並行して国内外での資源の増産が重視されていたわけで、それが労働者の酷使をもたらし、それにともなう労働災害が頻発していたことは、容易に想像がつく。

戦時下でその実態の多くは隠されていたが、日中戦争勃発直後の社会大衆党の国会議員・三輪壽壮のレポートには「準戦時体制の下、軍需産業の生産力拡充進行の過程に於て実に十二時間十三時間甚しきは十五時間の長き労働又は隔日の徹夜作業などと正に殺人的長労働が……全国各地の軍需関係工場に於て恒常化せられ来つた。……工場疾病の著しき増加率を示し、工場災害の激増を結果して居る」とある(「戦時体制下の労働者」『工業』1937. 10)。その二年後の小樽高等商業学校教授・南亮三郎のレポート「新たなる労働人口の構成」には、戦時産業が労働力の「払底」につきあたっているため、工場等で労働時間が延長されているとして、書かれている。

労働者災害数の漸増は更に又その一結果である。右と同種類の工場に於ける災害数は千人当りの率に表現して、死亡は昭和七年の〇・二八から昭和一二年の〇・三五へ、重傷は一三・四四から一五・六九へ、軽傷は四九・七八から六一・六五へと急増し、「事変(日中戦争)の勃発は尚一層此の傾向に拍車を掛ける」ものとの予測が公けにされてゐる。(『工業』1939. 6)

死亡と重症あわせて千人あたり一六人という一九三七(Ｓ12)年のデータは、それ自体相当恐るべき数だが、それでもこれは、まだ日米開戦以前のことである。

しかしおなじ時代でも、炭鉱のようなきつい・汚い・危険の３Ｋ職場では、より厳しかったと想像される。星野芳郎の書によると、日本の炭鉱災害の死亡率は、一九三五年の段階で英米独のそれを一桁上回っていたが、その後も「年をへるにしたがって激増する一方」とある(星野、一九五六)。物理学者で北大教授の中谷宇吉郎の同年の随筆には「石炭がいくらあつても足りないと、増産計画に躍起となつてゐる一方、炭坑の爆発は依然として頻々と起こつてゐる」とある(「炭坑の爆発」『工業』1939. 10)。炭鉱での爆発はただちに大量死につながる。犠牲者も相当出ていたであろう。そして一九四〇年の厚生省工場監督官のレポート「工場火災と最近の趨勢」では、一九三四(Ｓ９)年以後、工場火災とそれにともなう死者の数が急増していることが記されている(『工業』1940. 1. 2)。そのことはまた、軍や官僚機構が目的とした、工業生産の合理化による生産力増強の、目的どおりの実現をはばむ原因になっていた。

その後、アジア・太平洋戦争が始まり、国内の労働者の多くが戦争に駆り出され、労働力がさらに払底した状況下では、強制連行で集められた朝鮮人や中国人、あるいは連合軍の捕虜が、劣悪な労働条件下で働かされていた。もっとも多かったのは朝鮮人で、一九三九年八月から四五年八月までの間に七二万五〇〇〇人の朝鮮人が連行されている(竹内、二〇一四)。被連行朝鮮人が送られた産業は、主要に石炭鉱業、金属鉱業、土木建築業、鉄鋼業で、そのうち石炭鉱業が圧倒的で、全体の半数近くにあたる。そして「炭鉱企業に送られた被連行朝鮮人は、炭鉱のなかでも、もっともきつく危険な労働に従事させられた」(西成田、二〇〇九)。

資源の確保と増産は、もちろん植民地や占領地でも最重要課題であったが、ここでもそれは現地の住民の犠牲のうえになされていた。大本営政府連絡会議で一九四一(S16)年一一月に決定された参謀本部作成の「南方占領地行政実施要領」には、占領地で得られる資源は「重要国防資源」と位置づけられ、「国防資源取得と占領軍の現地自活の為、民政に及ぼさざるを得ざる重圧は之を忍ばしめ、宣撫上の要求は右目的に反せざる程度に止むるものとす」と銘記されている(小林英夫、二〇一二)。現地住民の酷使は軍のお墨つきであった。

科学技術の急速な振興と、それによる急ピッチの生産拡大は、その背後でつねに弱者にたいする犠牲をもたらしてきたのである。

第6章

そして戦後社会

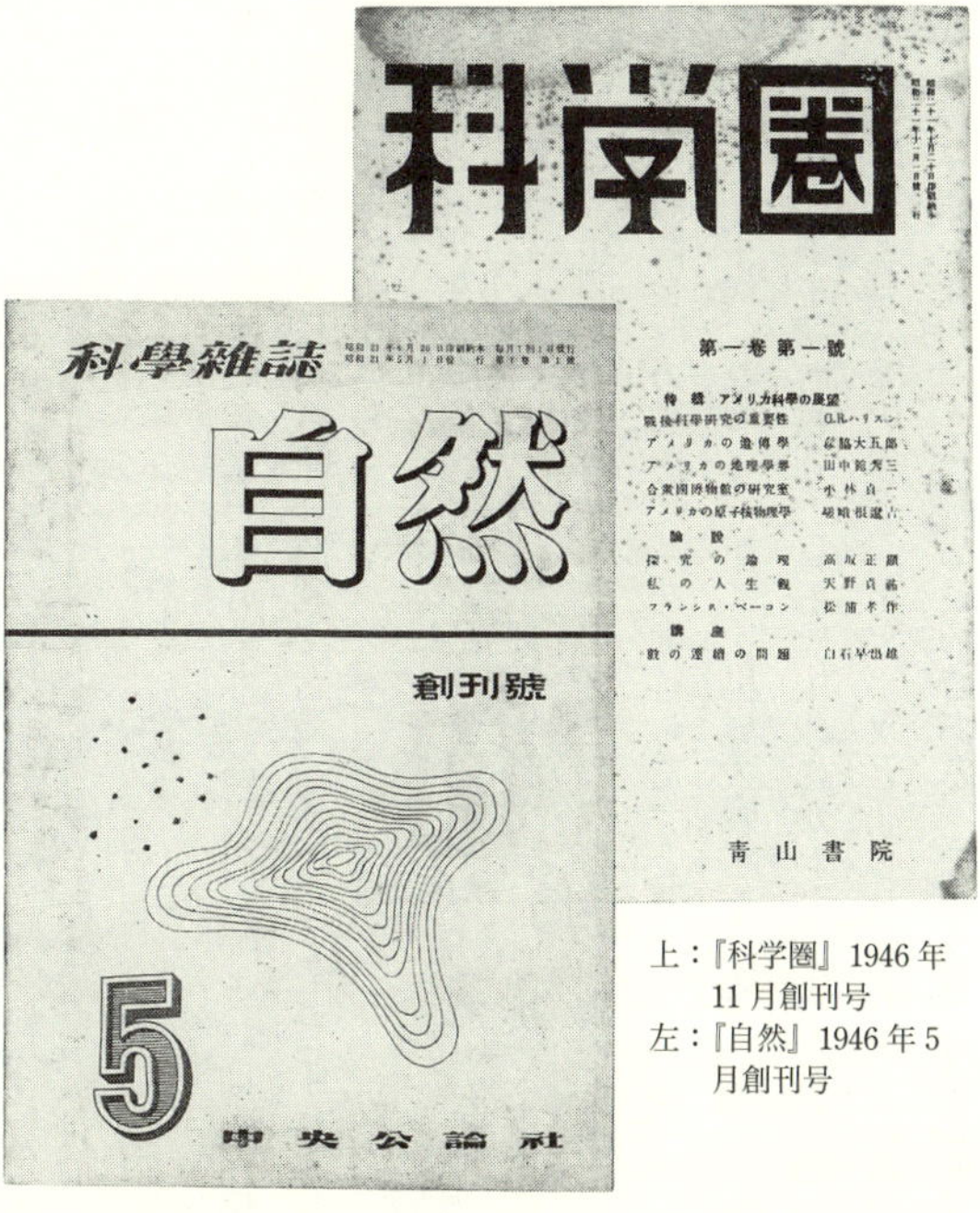

上：『科学圏』1946年11月創刊号
左：『自然』1946年5月創刊号

1　総力戦の遺産

日中戦争とアジア・太平洋戦争は一九四五(S20)年に日本の敗北で終了した。それは満洲事変に始まる一五年戦争の終結であるとともに、日清戦争の勝利で台湾を植民地として手に入れて以来、半世紀におよぶ帝国日本の崩壊であった。

そして、それに続く米軍による占領と非軍事化政策で、日本がそれまでの天皇制ファシズムの国家から主権在民の民主国家へ生まれ変わった、とこれまで理解されてきた。作家・吉村昭の小説『プリズンの満月』には「日本を七年間、軍事占領したアメリカは日本を確実に支配し、徹底した占領政策で日本の政治、経済その他全般の構造変革を強行した」とある。

しかしソビエト連邦が崩壊した一九九〇年代になって、第二次世界大戦とその後の歴史についてて、その基軸をファシズムにたいする民主主義の勝利と見る歴史観にかわり、総力戦体制による社会の構造的変動とその戦後への継承と見る歴史観が、ポツポツと語られ始めた。占領軍による「全般の構造変革」なるものの存在が疑問視され始めたのである。その発端を山之内靖の一連の論考に見ることができる。一九九五年に山之内は「方法的序論」で語っている。

ニューディール型社会も、ファシズム型社会がそうであったのと同様に、この二つの世界大戦が必須のものとして要請した総動員によって根底からの編成替えを経過したとみるべきである。とするならば、我々は、現代史をファシズムとニューディールの対決として描き出すよりも以前に、総力戦体制による社会の編成替えという視点にたって吟味しなければならない(山之内、二〇一五所収)。

そして山之内は、ジョン・ダワーの書『敗北を抱きしめて』に依拠して「第二次世界大戦の過程でひき起こされた社会体制の巨大な編成替え――総力戦体制のもとでの構造変動――とその基本的脈絡が……戦後日本社会の骨格をなすべき主要な要素の一つとしてそのまま保持された」と、書き記している(「総力戦体制からグローバリゼーションへ」山之内、二〇一五所収)。

経済学者・野口悠紀雄も、山之内の論考が出たのとおなじ一九九五年の書『一九四〇年体制』に、金融・財政面の分析にもとづいて、「日本は終戦時に生まれ変わったといわれている。しかし、経済の基幹的な部分には、戦時期に導入された制度や仕組みがいまだに根強く残っている。〈日本型経済システム〉は、戦時期に生まれたと考えることができる」と結論づけている。戦時下で形成された金融と財政のシステムに依拠した官僚機構が現在も日本経済をコントロールしているという主張で、それは戦時体制が今も続いていることを意味している。

山之内の言う「総力戦体制のもとでの構造変動」の一例に、前章で見た一九四二(S17)年の食糧管理制度の導入がある。戦後、一九四五年と四六年の二度にわたって進められた農地改革が占領下での改革の最大のものと言われている。しかし、小作制度は戦時下になされた食糧管理制度の改革でもってすでに相当程度形骸化し、戦後の農地改革はなし崩しに準備されていたのである。あるいは国民の健康管理制度がある。一九三八年の国民健康保険法は、一九五八年と六一年の戦後の二回の改正によって到達した国民皆保険にいたる第一歩であった。

歴史家サイドからは雨宮昭一が「総力戦体制によって変革された社会が存在していたことが、戦後、占領の前提となった」(雨宮、二〇〇八)ことを確認している。山之内の言うように「アメリカ占領軍の権力は、実際には総力戦体制下に整備された日本の中央集権的官僚機構と密接に連携し合い……民主化の動向を歪めていった」のである。実際にも、戦後日本を占領した米軍は、大日本帝国軍隊を解体したが、官僚機構については、内務省を解体しただけで、のちに通商産業省(通産省、現在の経済産業省)と名を変えることになる商工省と企画院については、戦時統制経済を指揮した中心機関であったにもかかわらず、実質的に手をつけていない。一九四六年に設置され日本経済復興のための司令塔となった経済安定本部は、企画院が姿を変えたもので、総力戦体制下で軍需産業に物資を集中させたのと同様の手法で、基幹産業に資源を集中させる傾斜生産方式を指導した。その後の朝鮮戦争から高度成長にかけては、通産省が日本経済の参謀本部となった。

歴史学者・小林英夫が語っているように「満洲の地ではじまった総力戦体制は、形を変えて戦後も生き続け、高度成長を準備した」のである(小林、二〇〇四)。

科学技術の面では、すでに一九六二年の論文で広重徹が指摘している。

わが国の科学の近代化は、もともと日本が軍国主義へ傾斜してゆくなかで、それに促され、その要請にこたえるなかで開始された。太平洋戦争は、それ自身のなかに近代化にたいする阻害要因を含みながら、他方では近代化を強く要請し、……戦後の近代化のための基礎を残したのであった。(「科学研究体制の近代化」広重編、一九六二所収)

その内容をくわしく展開したのが「研究資金をはじめこんにちの科学研究体制は、すべて戦争を本質的契機として形成されてきた」と言いきった一九七三年の広重の『科学の社会史』であった。実際、同書が示しているように、戦時下で創られた科研費、第一期二年・第二期三年の大学院制度の整備、そして研究機関や理工系の学校は、ほとんど戦後も生き残っている。かくして、広重の表現を借りれば「日本の産業の重化学工業の基礎は戦争中におかれたと言われるのと同じ意味で、日本の科学のこんにちの展開の基礎は戦争によって培われたのである」と結論づけることができる。

誤解のないように付言しておくと、戦時下で進められた食糧管理制度や健康保険制度の制定が、軍事目的であったから、あるいは軍の圧力のもとになされたから、いけない、と言うわけではない。問題は、そのような社会政策が軍事政権下でしか行えなかった日本の資本主義の問題性にある。ここでも「日本の近代化の悲劇」は「軍国主義の進展という社会条件のもとでしか始まらなかったという点に求められる」という広重の指摘があてはまる。

2　科学者の戦争総括

それにしても、歴史学者や社会学者や経済学者に三〇年先んじた広重の指摘は、先駆的である。それはもちろん、広重の歴史家としての抜群のセンスのしからしめるところではあるが、それと同時に、科学技術の世界では戦後の戦中との連続性がとりわけ顕著であったということ、そしてまた戦中との関係で理科系の科学者や技術者の発言が際立っていたことにもよる。

アジア・太平洋戦争の敗北によって、たしかに日本は、それまでの非民主的な政治思想や前近代的な国家思想の反省を迫られた。それゆえ、社会思想やイデオロギーが問題となる文系の研究者においては、戦時中になにがしか戦争に協力したならば、戦後の世界では、発言を躊躇われた。しかし科学技術においては、大戦中、戦争遂行に必須であるとして科学動員が語られ、研究者にはさまざまな優遇措置が与えられ、科学者も率先してそれに応えてきたのであるが、それにもかかわらず、敗戦の直後、科学者の内部からはそのことへの反省は語られなかった。一九四五(Ｓ20)年九月に出た『科学朝日』戦後第一号(八月・九月合併号)では、「新生の科学日本に寄せる」という「特輯」に大学の工学部や理学部の一三人の研究者が、思うところを語っている。その誰もが「科学日本の再建」を口にしているが、戦争協力への反省や、軍事研究に携わったことの悔恨を表明している者は、一人としていない。

敗戦の翌一九四六(Ｓ21)年に結成された民主主義科学者協会(民科)は、結成当初、戦争責任の追及を行ったが、民科によるその責任追及は、政治、経済、歴史、地理、哲学、農業に限られていた。ここに漏れている文学は新日本文学会が、教育は日本教職員組合が戦争責任を追及したのだが、自然科学者と技術者だけは誰からも責任を問われなかった。「科学は戦時中から平時に移るに際して、誰からも非難されずに、無傷で戦後の世界に生き残った」のである(中山、一九九五)。現在でも、たとえば白井厚編集の『大学とアジア太平洋戦争』のような、戦時下の大学と大学教師の責任を問うている書物があるが、議論はもっぱら文科系の学部についてで、理学部や工学部は考察の外にある。そのため、戦争遂行にもっとも協力したはずの理工系の学者の多くは、戦後も、悪びれることなく発言を続けることができたのである。一九四九年に設立された日本学術会議が、軍事研究に協力しないと決議したのは、ようやく一九五〇年になってからであった。

敗戦直後、「敗北の原因」として「科学戦の敗北」「科学の立ち遅れ」がさかんに語られた。もともとは軍人で、ポツダム宣言を受諾したときの首相であった鈴木貫太郎自身が、日本の敗北を「科学戦の敗北」と語っている。一九四五年一〇月二〇日の『朝日新聞』には、フィリピンで捕えられた山下奉文大将が、米国の記者に敗北の原因を問われたとき、英語で一言「科学」と叫んだ、との記事が載せられている。マスコミの論調も、そして科学者も同様であった。

もちろん、本当の「敗因」は別の所にある。第一次大戦で、今後の戦争は長期持久戦・物量戦、すなわち長期にわたる資源の消耗戦となることを学んだはずの軍が、米国との開戦にあたっては、短期決戦で事が運ぶような主観主義に囚われていたのであり、制空権・制海権を事実上奪われた段階で、共栄圏の資源と食糧に依存した戦争経済が破綻していたのである。総力戦であるかぎり、戦争の帰趨を決するのは自国領土内に保有している資源の多寡であり、資源の圧倒的不足を挽回しうるほど科学技術は万能ではない。敗因は科学戦以前の話と言わなければならない。軍人が敗北の責任を科学技術に押しつけるのは、責任逃れに他ならない。

現実には「科学戦で敗北した」という総括は、責任逃れにとどまらず、初めて直面した原子爆弾の異次元の破壊力と殺傷力を背景に語られることにより、それまでの戦争指導の責任、および大本営の虚偽宣伝でもって戦況を偽り、そのことによって敗戦の受けいれを先送りしてきた責任をうやむやにして、民衆に敗戦を受けいれさせるための、願ってもない口実を戦争指導者たちに与えたのである。

技術者や科学者もまた、同様に語っている。運輸省の技術官僚・池田正二は、先述の敗戦直後の『科学朝日』に「レーダーの発達は我が潜水艦と航空機の活躍を封じ、戦争終結直前の原子爆弾は一瞬にして我が同胞の多数に無残な犠牲を要求した。……彼の科学的優勢の前には所詮我の竹槍的攻撃は、その敵でないことが明瞭に認識されてしまつたのである」と記している。同様にその年の『週刊朝日』一〇月二八日・一一月四日の合併号に湯川秀樹は「総力戦の一環としての科学戦においても残念ながら敗北を喫した」と記している。

しかし「科学戦で敗北した」という総括には、そのこと自体に根本的な問題がある。

要するに、米国しか見ていないということだ。「科学戦に敗れた」と言うとき、日本ができなかった原爆製造に米国が成功したということを前提に語られている。つまり、中国は目に入っていない。実際には、蔣介石の国民党軍にせよ毛沢東の共産党軍にせよ、経済力や技術力では日本軍にはるかに及ばなかったが、にもかかわらず、日本軍は中国大陸の泥沼の中で身動きがとれなくなっていたのである。しかし、「科学戦に負けた」と言うことによって中国にたいする敗北に目をとざした日本は、同時に、アジア侵略の政治的・道義的責任に目をつむったのである。戦時下科学技術史の研究者・沢井実は書いている。

戦争が終わり、だれもがアメリカの物量、科学技術に敗れたと納得すればするほど、中国に敗れたとの意識は希薄化したように思われる。敗戦によって明治以来の欧米に学ぶ姿勢は再強化されたものの、アジアに学び、また他国・他民族を帝国に編入したことの重さを考え続ける技術者は少なかった。(沢井、二〇一五)

こうして「唯一の被爆国」という、アジア諸国にたいする侵略戦争の加害者性を相殺するかのような、はては隠蔽しさえする、戦後日本の枕詞が生まれてきた。

ところで敗戦の原因をこのように科学技術の立ち遅れに帰するならば、その主たる責任は、科学者や技術者自身が負うべきことになるはずであるが、当の科学者にその自覚は見られない。

戦時下で「国策大学」として理工と医の学部で創られた名古屋帝大の初代学長に就任したのは、当時東大教授をしていた電気工学者の渋沢元治である。日本の水力発電開発の基礎を築き、技術エリートのトップにいたこの人物は、先述の『科学朝日』戦後第一号で「科学でも徹底的に敗北を喫した。その責任の帰するところにつき今更互ひになすり合ひをしている時ではない。

国民の誰もが程度の差こそあれ背負ふべきものである」と語っている。

多くの日本人が戦地に送り出され、命を落としたものも少なくはない。しかし理科系の研究者や技術者の多くは大学に残って研究活動を続けることが許されていた。学徒出陣で文系の学生は戦地に送られたが、理系の学生の多くは出陣を免除されていた。このおなじ『科学朝日』に東大講師の杉靖三郎が「戦時前から戦時中を通じて……、科学者や技術者は特権階級扱ひにされ」と書いている。その「特権階級」の中でもトップの位置にいた人物が「科学戦の敗北」の責任を「国民の誰もが背負ふべきもの」と言ったのでは、読者は鼻白む。戦争中に置かれていた地位にたいして、あまりにも無自覚と言わねばならない。

やはりこの『科学朝日』で、東京工業大学教授で工学博士の佐々木重雄は「科学戦敗戦の原因として現在までに挙げられてゐるところは、科学者の冷遇、科学行政の失敗、……」と記している。科学戦敗北の責任は政治や行政にあり、科学者はその被害者であるかのような言い方だ。同様の被害者意識は、この『科学朝日』の東大助教授・檜山義夫の「科学力の差異は、政治家、軍人の科学に対する認識不足に起因した」との発言にも読み取れる。物理学者・嵯峨根遼吉にいたっては、「研究従事者はいづれも俸給生活者にして戦時戦後に渉り最も政府の政策の犠牲となりたる人種に属し……」とまで語っている(『帝国大学新聞』1946. 2. 11)。

政治家や軍人は科学にたいして無理解で、そのため科学は冷遇されていたという科学者の根強い被害者意識は、マスコミによって増幅された。敗戦の年の一九四五年九月一四日の『朝日新聞』は、戦時下の科学技術政策を批判した記事に「科学戦の敗因　軍・官の縄張争ひ　科学者冷遇と功利主義」という見出しをつけた。

科学者としての戦争協力の責任の自覚や反省を欠いた形でこのように「科学技術の不足」「科学技術の立ち遅れ」という形で敗戦を総括すれば、そこから導かれる方針は、「科学技術の振興」ということにならざるをえない。東京帝大工学部出の電気工学者・八木秀次は、戦争中に東京工大の学長をつとめ技術院の総裁におさまり「戦前の軍官産学のネットワークの要に位置していた有力者」(沢井、二〇一二)であったが、敗戦後に「日本は科学戦で負けたのだから、これからは科学を振興して平和国家を建設しよう」と語っている。「科学振興による高度国防国家の建設」の看板を「科学振興による平和国家の建設」に差しかえただけで、科学者は今までどおり研究にいそしむことができたのである。一九四六年五月に創刊された科学雑誌『自然』の「創刊の言葉」に、「日本の再建は、科学の振興を俟たずして期待しえない」とある。戦争中は原爆研究に従事していた仁科芳雄が同号に掲載したエセー「日本再建と科学」は、「科学は真に救国の具である」とあり、「我が国再建の基礎は科学によつて築かるべきもの」と、ストレートに結ばれている。先の杉靖三郎のエセーにも「今や平和国家を確立し世界文化に寄与すべき秋にあつて、科学立国が叫ばれるのは当然である」とある。

そして「科学戦の敗北」の責任を軍や政治家の短見や無理解や認識不足に押しつけるならば、科学振興・科学立国の中心的・主導的担い手は、当然、科学者・技術者であるという結論に行きつく。その現実的な内容は、政治的にも経済的にも科学と科学者を優遇せよ、すなわち政治家や財界は科学者の発言をもっと尊重せよ、科学研究にもっと金をかけろという要求にまとめ上げられる。そしてその要求を、科学者のエゴとしてではなく、普遍的な意義のあるものとして訴える論理が、科学と民主主義の同等視であった。

小倉金之助は一九四六年のエセー「自然科学者と民主戦線」を「今日日本の再建に際して、自然科学者に俟つところ、実に甚大なるものがある。日本再建のために必要なのは、まず自然科学の成果である」と起こしている(『中公』1946. 5)。そして小倉は、ほぼ同時期の論考「科学発達史上における民主主義」の冒頭に「今日わが日本が民主主義的文化国家を建設するためには、科学の振興を絶対に必要とする。……明治以来わが科学の発達が遅れたのは、封建制、官僚性、等々、一切の反民主主義的要素が齎した結果である」と記している(『自然』1946. 6)。

しかし、湯川秀樹の中間子論や朝永振一郎の量子電気力学といった物理学における超一流の業績が、戦前・戦中の非民主的な日本社会から生まれているのである。科学の発展と民主主義の普及の関係をこんな風に簡単に等号で結びつけることはできない。

すくなくとも理科系の学問では、多くの学者は、おのれ自身の知的関心に突き動かされ、あるいは自身の業績をあげることを目的に、研究している。他方で、国家が科学と技術の研究を支援しているのは、それが、経済の発展、軍事力の強化、そして国際社会における国家のステータスの向上に資するがゆえに、である。そのことが民主主義の発展に結びつくかどうかは、まったく別の問題、つまり政治の問題である。にもかかわらず当時、科学的合理性と非科学的蒙昧の対比が民主制と封建制の対比として語られることによって、科学的は民主的とほとんど等置され、科学立国は民主化の軸と見なされた。

そういう時代の気分のなかで、マルクス主義者を中心にして、小倉金之助を初代会長にすえる民主主義科学者協会(民科)が生まれた。その民科の創立総会の「宣言」の冒頭には「日本封建主義・軍国主義はその専制主義・侵略主義を擁護すべき似而非科学を育成し、国民の知識の武器たる真正科学を絞殺した。それは国民の物質的、政治的、文化的生活の向上に役立つ平和的、国民主義的科学の代りに破壊と殺戮の武器を生産する道具としての科学の隷属を強制した」とある。

しかし、ゼロ戦や戦艦大和を作る科学技術も、乗用車や新幹線を作る科学技術も、科学技術として本質的に異なるわけではない。前者を「似而非科学」、後者を「真正科学」と区別することは、たんなる思い入れの問題である。

たしかに戦争下では、日本精神のような蒙昧な精神主義や、大和魂といった空疎な根性論、あるいは神州不滅のような神話的皇国史観がまかり通っていたのであり、このような野蛮な軍国主義に痛めつけられ、神がかりの国粋主義に惑わされていた国民にとって、科学的合理性こそが真に近代的で民主的な日本に生まれ変わるための導きの糸と考えられたのは、無理もない。一九四六（S21）年の『自然』創刊号の編集後記には「無謀な侵略戦争を敢行した我国を平和国家として甦生せしめる方法は真に民主的な科学振興以外にはない」とある。雑誌編集者の率直な気持ちであろう。多くの国民がそのように考えたのは十分に頷ける。

しかし戦時下で戦争遂行の鍵は科学技術にあるとして戦争に全面的に協力していた科学者・技術者が、まったくおなじレベルで語るのは、率直に納得しがたい。

敗戦後の一九四六年三月に学術研究会議は、帝国学士院、学術研究会議、そして日本学術振興会の改組にかんして建議したが、その前文には書かれている。

吾々の祖国が今この筆紙に尽し難き悲想に逢着しつつある根本的の原因は従来永きに亘り政治の局に立つものはもとより国民一般が学問を軽視し、真理の命ずる所を無視し、国民一般の生活はもとより文化、経済、政治が不合理なる精神に依つて支配され不合理に営まれ来りたることに存す。従つて、今や国民すべての熱願となりつつある国運再建の目的を一日も早く速に達成する為めには何よりも先づ科学を徹底的に振興すると共に真理を愛する精神を国民全般の脳裡に浸透せしむるを要し、此際科学者に課せられたる責務極めて重且大なるものありと言はざるべからず。（中根ほか編、二〇〇七）

前にも言ったように、学術研究会議は人文・社会科学系の研究者をふくまないから、政治家や「国民一般」の「学問軽視」が戦争と破局に導いたというようなこの主張は、当時の理工科系の指導的研究者の総意と見てよい。しかし現実には、戦時下で「経済、政治が」一から十まで「不合理なる精神によって支配され不合理に営まれ」ていたわけではない。自由主義経済のアナーキーに統制経済の計画性を対置したのは、他でもない、軍人と官僚であった。気象事業の一元化にせよ、電力の国家管理にせよ、食糧管理制度や健康保険制度の改正にせよ、あるいは科学動員にせよ、軍と官僚機構による総力戦体制はそれなりに「合理的」精神に導かれていたのである。そして軍人や官僚は、科学者や技術者と口をあわせて生産力の増強を語っていたのである。真の問題はその「合理性」が、侵略戦争の遂行にたいしてさえむけられること、現にむけられていたこと、そして科学者はそれにほぼ全面的に協力してきたことにある。

「合理的」であること、「科学的」であることが、それ自体で非人間的な抑圧の道具ともなりうるのであり、そのことの反省をぬきに、ふたたび「科学振興」を言っても、いずれ足元をすくわれるであろう。それを私たちは、やがて戦後の原子力開発に見ることになる。

ともあれこうして、敗戦によっても科学と科学技術にたいする信頼は、揺るがないばかりか、むしろ強化されていった。小説家・有吉佐和子が後に『複合汚染』で喝破したように「科学戦争に負けた」ことが「骨身にこたえた」日本人のあいだに「科学盲信という風潮が生まれた」のである。こうして、アジア侵略の自覚も戦争協力の反省も希薄な科学者・技術者は、戦後社会再建の中心的担い手のように振るまうことができた。そして「良心的」な科学者や技術者は、技術的合理性の啓蒙をともなった戦後の民主化運動に関わっていった。その組織的表現が民科であった。政治家は無知で官僚は自己保身的で財界は近視眼的であり、いずれも科学にたいしては理解がなく短見であるという思いあがりと被害者意識のないまざった感情に支えられていたその民主化運動は、その後、一九六〇年代の高度成長に、すなわち官僚と政治家のヘゲモニーによる科学技術立国の奔流に、なすところなく飲み込まれてゆくことになる。

3　復興と高度成長

先に、総力戦の過程で日本社会に構造的変化がもたらされ、それが戦後社会に残されていると言ったが、戦後の復興もそして高度成長も、その土台の上に、そしてその枠組みの中で成し遂げられた。経済学者・中村隆英の書には「戦時中に作られた諸制度がそのまま戦後の経済制度として受け継がれ、戦時中に発展した産業が戦後の主要産業となり、戦時技術が戦後の輸出産業に再生され、戦後国民生活の習慣にも、戦時以来の変化が残っている」とある(中村、一九七八)。その中心にあったのが、内務省をのぞき、ほぼ無傷で残された官僚機構である。

そして産と学にたいする官の優位性、官の指導性という思想も引き継がれていった。思想と言えば、総力戦思想そのものも継承されている。一九五〇年代には日本開発銀行、日本輸出入銀行が設立され、政府は重点産業に国家資金を積極的に投入し、税制上の優遇措置をとり、こうして電力、造船、鉄鋼などの部門で設備投資が活性化していった。一九五七(S32)年成立の「租税特別措置法」は戦時中の「事業法」の戦後版と言われる。そして五五年一二月に、重化学工業化を目的とした「経済自立五ヵ年計画」が、最初の正式な経済計画として閣議決定され、日本経済は成長への道を歩み始めた。自動車産業をはじめとする日本の機械工業の大量生産体制への移行は、この頃に始まる。一九六〇年代には、とくに池田内閣が六〇年一二月に「国民所得倍増計画」を閣議決定して以降、国家資金を用いて社会資本を充実させ、産業構造の軸を重化学工業に転換し、同時に輸出産業の成長を図ることによって、国家の政策として高度成長が追求された。

中央集権的な行政システムを有する官僚機構の指導で進められた戦後の復興、そして官僚機構と産業界と大学の協働による一九六〇年代の経済成長は、戦後版の総力戦であった。

それを可能にした国内の条件としては、第一に、「一九二〇年代にはじまり、戦時中に急速に進められた重化学工業が、戦後産業の基調となった。重化学工業では、一般に残存した生産設備が一九三七年当時よりも多かった」(中村、一九八九)という事実がある。

第二には、戦時下の科学動員と理工系ブームにより急膨張した軍事部門で育まれ蓄積されていた技術と技術者層の存在である。戦時下で軍の研究機関や軍需産業に取り込まれ、軍事研究に携わっていた有能な技術者、とりわけ精密加工や高級素材技術などのエキスパートが、高度成長における技術開発に大きな力を発揮した。戦争遂行のために創設された東大第二工学部(現生産技術研究所)で教育された技術者も、戦後の高度成長を支えた主力となった。

実際、戦時下のレーダー開発が、戦後のトランジスターやダイオードを基礎とした電気通信分野発展の基礎となったことは、よく知られている。電器産業では、東芝、日立、松下は、いずれも戦時下の軍需生産によって大きく成長した企業である。戦後生まれの企業としてはソニーが知られているが、そのソニーにしても、母体はほぼ全面的に海軍技術研究所の人脈である。

自動車産業も、トヨタ、日産、いすゞは、以前に言った「自動車製造事業法」の恩恵を受け、昭和一〇年代に政府の保護下で育まれた企業である。さらに、米軍の占領下で航空機の生産が完全に禁じられたことによって、戦時下で軍用機の開発と生産に従事していた三菱重工以外の軍用機メーカーや軍の研究所の技術者たちの多くが、自動車産業に移ったことが知られている。戦後の国産乗用車の開発には、戦前・戦中の航空機産業の技術的蓄積がものを言ったのである。軍の技術者はまた、国鉄や鉄道研究所にも多く働き口を求め、鉄道技術の発展をもたらした。日本の高度成長を代表する技術のひとつが新幹線と言われているが、「新技術の集大成である新幹線開発においても陸海軍技術者や航空技術者の活躍が目立った」のだ(沢井、二〇一五)。

そして国内の条件の第三は、戦前からの教育程度の高い労働者の存在とともに、戦後の急速な人口増加がある。こうして労働力とともに国内市場が拡充していったことで、工場を造って生産を拡大することも、その製品を国内で売りさばくことも、可能になったのである。

しかし、戦後の復興と高度成長を可能にした条件は、これらの国内的なものだけではない。同様に重要なことは、日本がその当時置かれていた国際環境にある。

戦後の経済成長の外的な条件としては、米占領軍による賠償の棚上げないし延期といった占領政策のほかに、IMF・GATT体制のもとで、貿易が拡大していたこと、そして、石油輸出国機構(OPEC)による原油価格の大幅引き上げによる第一次石油危機の一九七三(S48)年まで、石油をきわめて安く買うことができたということがある。

そしてそれとともに、あるいはそれ以上に、以下の事実がきわめて重要である。

そもそも一九五〇年代に日本本土が復興に専念することができたのは、沖縄が米軍政下に置かれ、全島あげて軍事基地とされ、南朝鮮では米国の軍事力を背景に軍事政権が存在していたからである。米占領軍による日本の非軍事化と民主化は「成功した占領」の稀有なる例としてしばしば語られているが、それは、沖縄と南朝鮮におけるおなじ米軍あるいは独裁政権による過酷で非民主的な軍政支配に支えられていたのである。

その後、六〇年代に日本本土が平和で高度成長を維持できたのも、沖縄に米軍の統治と基地を押しつけ続けていたからこそであった。「もはや〈戦後〉ではない」と戦後復興過程の終了を宣言した一九五六(S31)年の『経済白書』には、戦後の復興について「戦後日本経済の回復の速かさには誠に万人の意表外にでるものがあった。それは日本国民の勤勉な努力によって培われ、世界情勢の好都合な発展によって育まれた」と、さらりと書かれているが、その「世界情勢の好都合な発展」とは、こういう厳しい現実を指していたのである。

一九四八年の朝鮮民主主義人民共和国と翌四九年の中華人民共和国の成立を前にして、占領軍は、日本の民主化から日本を極東の軍事工場・兵器廠にするという方針に転換した。そして一九五〇年六月に朝鮮戦争が始まると、日本は米軍の兵站基地の役割をはたした。

その朝鮮戦争での特需こそは、日本経済が速やかに回復できた最大の要因である。特需は、ナパーム弾やロケット砲・迫撃砲・バズーカ砲をふくむ砲弾類や、拳銃・小銃・機関銃とそれらの弾薬といった兵器類から、軍用トラックや自動車部品、石炭や麻袋あるいは軍服や毛布等の物資にいたり、さらに戦車や無線装置等の修理から基地建設にまでおよんでいる。米軍特需によるトラックの発注が「天の恵み」となって、トヨタ、日産、いすゞの三社を蘇らせた。一九五〇年から五年間の特需で、日本には三〇億ドルが流れ込み、企業は、その利益を古びた設備の更新と最新の技術の導入にあて、その後の発展、六〇年代の高度成長の基礎を築いた。

そして、高度成長が七〇年代半ばまで持続しえたのは、自動車、鉄鋼、テレビの輸出が好調であったことともに、これまた六五年に本格的に始まるベトナム戦争での特需に大きく負っている。朝鮮やベトナムの人たちを殺戮するために、多くの兵器が「平和憲法」の支配する日本で作られていたのであり、こうして日本は復興をなしとげ、「驚異的」と言われる経済成長を達成した。ふたたび日本は、アジアの人たちを踏み台にして大国への道を歩んだのである。

4　軍需産業の復興

ところで朝鮮戦争時に日本が兵站部として米軍の特需に応えることができたのは、その時点で日本の企業に相当のレベルの兵器生産能力があったことを意味している。敗戦当初、米国の占領政策の基本方針は、日本の完全非軍事化で、賠償請求もそれに応じて厳しいものであり、「これがもし実行されていたら、日本の潜在的な軍事生産能力は、根こそぎになっていたであろう」と見られている。しかし一九四八(S23)年「アメリカの対日政策は賠償よりも〈経済安定〉へと大きくかわり」、その結果「潜在的軍事工業の大部分は破壊と撤去をまぬがれた」のであった(小山、一九七二)。もちろん戦争中に軍需生産に従事していた民間の技術者の多くはそのまま企業に残っていたし、軍の研究機関の研究者や技術者も民間企業に転職していた。

星野芳郎が一九五六年に記しているように、「あれほどの大戦争をおこし、そして大敗北を喫しながらも、戦争経済にもっとも深入りしていた銀行や軍需会社がつぶれたという話は、ついぞ聞かれなかった」のである(星野、一九五六)。

朝鮮戦争の勃発後、米国の対日政策は日本に軍事協力を求める方向に転換し、一九五二(S27)年四月に日米安保条約と抱き合わせにサンフランシスコ講和条約が発効して、日本は、沖縄・奄美・小笠原をのぞき、主権を回復して、独立を達成する。その直前、ＧＨＱは「兵器・航空機生産禁止令」を解除し、「ひきつづいて賠償に指定してあった民間軍事工場の指定解除の方針をだし、四月二六日には航空機製造施設など八五〇工場を日本に返還することを発表した」(小山、一九七二)。そして五二年に「航空機製造事業法」、五三年には「武器等製造法」が制定され、五四年には日米相互防衛援助協定(ＭＳＡ協定)が締結され、日本は防衛力漸増に努力することが義務づけられた。そしてこれにつづいて、東大と京大に航空学科が復活した。

それとともに三菱、三井、住友の旧財閥は息を吹き返し、軍需産業が復活の歩みを始めることになる。経団連は一九五二年に「防衛生産委員会」を組織し、翌年には業界団体「日本兵器工業会」(のちに「日本防衛装備工業会」に改名)が設立されている。

朝鮮戦争は一九五三年七月に休戦に入るが、朝鮮戦争勃発直後に創設された警察予備隊が、五二年の独立後は保安隊にかわり、さらに防衛庁(現防衛省)が設置され自衛隊にかわったのが五四年七月で、五五年に防衛庁は防衛六カ年計画で、一九六〇年をめどに陸上自衛隊一八万人、海上自衛隊一二万トン、そして航空機一二〇〇機におよぶ軍事力保有計画をとりまとめた。その年、国家予算に占める防衛関係費の割合は実に一三・四%で、防衛庁は新三菱重工業(現三菱重工)にF86Fジェット戦闘機七〇機、川崎航空機にT33Aジェット練習機九七機の発注を内示し、それに応じて両社は米軍需産業からの技術導入にむかっている。こうして戦後日本の軍需産業に、一過性の特需依存にかわる恒常的な防衛庁依存の体制が形成され、企業の本格的な軍事技術開発がスタートすることになる。

そして一九五八(S33)年に第一次防衛力整備計画が始まり、軍備増強が開始される。この年の防衛庁契約上位一〇社は、順に、新三菱重工業、川崎航空機、スタンダード石油、石川島播磨重工業、三菱造船、浦賀船渠、東京芝浦電気、三菱電機、三菱日本重工業、富士重工業で、この多くはその後も上位を占め続けることになる。戦後日本の軍需産業の復活と成長の過程は、朝鮮戦争から日本の再軍備、そして自衛隊の誕生と戦力増強の過程に連動していたのである。

六二〜六六年の第二次防衛力整備計画にあたって、兵器生産業界は「国産化による米軍供与への兵器依存からの脱却」を宣言し、ここに戦後日本の軍需産業は、防衛庁・自衛隊と不可分な結びつきを持つにいたる。こうして二次防とともに兵器産業の受注の安定化・計画化を可能とする道が開かれていった。以来、第三次(六七〜七一年)、第四次(七二〜七六年)と防衛力整備計画は続き、高度成長の陰に隠れて、軍需産業は着実に育まれていった。

もともと三菱は、一八七四(M7)年の台湾出兵の際に明治政府から軍事輸送を託されたことで発展の礎を築き、その後も郵便汽船三菱会社として政府から手厚く保護され、西南戦争では政府軍の軍事輸送を一手にひきうけ、政府の総戦費の三分の一、一五〇〇万円の利益を得て大きく飛躍した。他の財閥も程度の差はあれ似たり寄ったりで、その後も日清・日露の両戦争、そして第一次大戦の過程で、軍と結託した日本の軍需産業は拡大の一途を辿った。とりわけ満洲事変から日本帝国主義敗北までのあしかけ一五年間、三菱、三井、住友のビッグ・スリーは黄金時代を迎えていた。この時代、日本の軍事費は突出していた。一九三五(S10)年の大蔵省の発表で、総予算にたいする軍事費の割合は、日本46%、それにたいしてフランスとイタリアが21%、アメリカ18%、イギリスとドイツが13%で、日本のこの割合はその後、敗戦の前年まで増加し続け、一九四四年には実に85%に達している。日本がどれほど軍事力強化に背伸びし、民生面を犠牲にしていたかがわかる。

戦艦武蔵を建造しゼロ戦を開発した三菱重工は、三七年から敗戦までの間に、日本全体で作られた航空機八万機のうちの四分の一、ゼロ戦一万四〇〇〇機のうちの半分を製造していた。その社長・郷古潔は、大戦下の一九四三(S18)年に、大衆に訴えている。

決戦体制下の総力戦においては、計略経済の強力遂行は、国民全体の協力が基底でなければならない。勤労奉公といひ、物資回収といひ、貯蓄公債消化といひ、消費節約といひ、買溜め、売惜みの自粛といひ、凡て国民全体の時局認識に基づく国策遂行への協力である。
(「決戦政治体制の確立」郷古ほか、一九四三所収)

「欲しがりません　勝つまでは」のスローガンどおり、民衆には金属供出、質素倹約、貯蓄奨励等を訴えながら、そうして支えられた軍需生産で、軍需産業は巨利を収めていたのである。実際、三菱重工の資本金は、一九三四(S9)年の六〇〇〇万円から敗戦の年の一九四五年には一〇億円にまで、実に一七倍に膨れあがっていった。政府購入が売り上げの大部分を占める軍需の旨みを、三菱は熟知していたのであり、敗戦時には、再興を期して航空機関係の技術者を全国の製作所に分散させて温存し、「兵器・航空機生産禁止令」が解除され「航空機製造事業法」が制定された五二年に、彼らを名古屋航空機製作所に再結集させた。

ただ、航空機生産は戦前とはくらべものにならないくらい高度化し、戦前の知識や技術はそのままでは使い物にならなくなっていた。しかし日本の航空機産業は、防衛庁が採用した米軍用機のライセンス生産によって、技術を獲得し、はやくも一九六二（S37）年に、三菱重工は超音速ジェット戦闘機ロッキードF104Jを作りあげ、一九七〇年代には超音速ジェット戦闘機を開発できるまでに力をつけていった（水沢、二〇一七）。かつてゼロ戦を作った三菱は、「現代のゼロ戦」と言われるF1支援戦闘機を独自開発し、それは七七年に自衛隊に制式採用されている。二〇〇九（H21）年以来防衛庁が開発を進め、三菱重工、富士重工、川崎重工が請け負っていた、機体だけではなくエンジンも国産化されたジェット戦闘機X2は、二〇一六年四月二二日に初飛行を行った。二〇一七年には次期主力戦闘機として最新鋭ステルスF35A四二機が決定された。三菱重工により六月に完成したその国内生産第一号機の調達価格は、一機一四〇億円とされる（『毎日新聞』2017.6.6）。

戦後の航空機産業は自衛隊に依存して復活を遂げたのである。「いつの時代にも、もっとも気前のよい金主と買い手にありつくことのできるのは、常に軍事技術であった」（中岡、一九七〇）のであり、戦力不保持を謳った平和憲法を有している戦後の日本も例外ではなかった。

もちろん軍需産業は三菱重工だけではないし、製品は戦闘機だけでもない。一九八八（S63）年に海上自衛隊は「ミサイル防衛」の主力とされるイージス艦を導入したが、その一号艦から三号艦までは三菱重工、四号艦は石川島播磨重工(現IHI)が建造した。軍用ミサイルも重要分野で、軍事技術が高度なエレクトロニクス化を進めているなかで、総合エレクトロニクス・メーカーも、軍需産業に本格参入し始めている。イージス艦は一艘一五〇〇億円、戦闘機は一機一〇〇億円強、この単位の商品が市場を介さず買い上げられるのであり、メーカーにとってこれほどおいしい商売はない。

こうして日本は、高度成長とともに世界有数の技術大国となったが、それと同時に、軍事技術の先進国にして潜在的軍事大国となっていった。自衛隊の増強、そして防衛予算の増大とともに、日本の軍需産業は着実に肥大化し実力をつけていったのである。

内橋克人は「〈日本は軍事技術にエネルギーを割くことがなかったので今日の技術大国たり得た〉〈軍事技術の波及効果は微小なものだ〉などと唱える〈平和技術優位〉説の神話は、事実の検証によって否定される」と言明している。その内橋の論考には「多種多様な家電製品やOA機器を消費市場に送り出してきた総合電機メーカーが、同時に軍需産業の一角に大きな地歩を占めてきている」とあり、その若干の例として、エレクトロニクス分野で防衛庁納入実績第一の三菱電機、一三〇〇人におよぶ研究者・技術者を軍事技術の研究・開発にむけている富士通、防衛庁への納入部品・製品の契約アイテム年間二九〇件の日本電気(NEC)、自動防空警戒管制システムで名乗りを上げ、社内に「防衛技術推進本部」を発足させた日立製作所、ミサイルの推進ロケット部分を分担した日産自動車、等が挙げられている（「80年代日本技術の光と影」内橋、一九九九所収）。一般には家電メーカーとして知られている企業も、軍需産業に深くコミットしているのである。

この内橋の論考は一九八〇年代末に書かれたものだが、現在も基本的には変わらない。二〇一五年の防衛省との契約実績上位一〇社は、順に川崎重工、三菱重工、ＩＨＩ、三菱電機、ＮＥＣ、東芝、ジャパン・マリンユナイテッド、富士通、コマツ、住友商事である。この年は川崎重工がトップに出ているが、たいがいの年は三菱重工がトップに位置している。ちなみに防衛庁（現防衛省）や自衛隊高級幹部の多くが、退職後これらの企業に天下っている。『日本経済新聞』の元論説委員でノンフィクション・ライターの大西康之は記している。

あまり知られていないが、東芝には防衛装備部門があり、地対空ミサイルを開発・製造している。一方、原子炉は発電装置であると同時に、核兵器の原料となるプルトニウムの製造装置でもある。両方の技術を持つ東芝は「核ミサイルを作れる会社」だ。……こうした二面性は総合電機に共通した特性だ。東芝はこのほかに防衛省にレーダーシステムも納入しており、毎年、同省から５００億円前後の受注を得ている。レーダー、空対空ミサイル、赤外線シーカーなどを手掛ける三菱電機は約１０００億円、ＮＥＣは無線通信装置などで約８００

億円、富士通は通信電子機器で約400億円を防衛省から受注している(いずれも2013年度実績)。NECの全盛期に社長・会長を務めた関本忠弘は「年が明け、仕事始めで一番に挨拶に行くのは防衛庁(現防衛省)」と語っていた。日本の総合電機は「防衛」という紐帯で国と深くむすびついているのである。(大西、二〇一七)

兵器生産に関係ある業界団体「日本防衛装備工業会」の現在(二〇一七年一一月)の構成は、正会員一三七社、賛助会員四三社よりなる。しかし戦闘機にせよ戦艦にせよ組立産業であり、厖大な数の部品のそれぞれが最先端の素材と技術からなる最新鋭の戦闘機や戦艦が国産で製造されるためには、名のある大企業の裾野に数多くの下請け企業群や関連企業群が形成されていなければならない。「主要契約企業」と呼ばれる防衛省と直接契約する大企業の傘下には、何千もの企業が存在している。もはや軍需産業はごく一部の特殊な会社なのではない。

日本現代史の研究者ジョン・ダワーは「昭和期の最後の数年間になると、民需目的に開発された日本の高度な技術を軍事目的に転用したさまざまな事例から、日本は、たとえ軍産複合体がなくても、すでに世界でも有数の軍事的アクターとしての潜在的な力量を備えるほどの、めざましい技術的な成果を達成済みだということが明らかとなった」と指摘している(ダワー、二〇〇一)。日本人自身が気づかなくとも、あるいは気がつかないふりをしていても、外国の研究者は冷静に見ているのである。

5　高度成長と公害

こうして日本は一九六八(S43)年にはGNPがアメリカについで自由世界第二位という経済大国になった。明治百年にして、大量生産・大量販売・大量消費の社会になったのだ。五〇年代末から各地に大規模な一貫製鉄所が造られ、鉄鋼の生産は急増し、七〇年にはほとんどアメリカと肩を並べるまでになり、七〇年代に日本は世界第二位の自動車生産国になった。

六〇年代中期には、「三種の神器」と称されたテレビや冷蔵庫や電気洗濯機がたいがいの家庭に備えられた。東京〜新大阪間の東海道新幹線は六四年に、名神高速道路は六五年に、東名高速道路は六九年に全線開通し、六〇年代末には「3C」と呼ばれたクーラー、カラーテレビ、カーも多くの家庭に行き渡っていった。マイカーの普及は、同時に、道路の舗装が進んだことを意味している。五〇年代中期には、日本人にとってその多くが夢物語であった。

しかしそのことは、生活や労働の質の向上とは別問題である。NHKが一九九〇(H2)年に行った戦後社会(つまり戦後の昭和)の印象についての世論調査結果が一二項目に分けて記されているが、プラスの印象とマイナスの印象のそれぞれの割合はつぎのようになっている(NH

K放送文化研究所・世論調査レポート「日本人の中の昭和」。数字は小数点以下四捨五入）。

家庭電気製品がそろい、便利な生活ができるようになった……………80％
レジャーや旅行が手軽に楽しめるようになった……………58％
だれでも高校や大学までの教育をうけられるようになった……………44％
所得がふえ、暮らし向きがよくなった……………37％
欲しい情報は、なんでも手に入り、仕事や生活が便利になった……………32％
社会福祉が行き届き、安心して暮らせるようになった……………14％

地価が高騰し、国民の生活を圧迫した……………51％
公害や自然破壊が広がり、生活環境が悪くなった……………51％
交通事故や交通の渋滞がひどくなり、生活の安定が脅かされるようになった……50％
財産のある人とない人の格差が広がった……………46％
物価があがり、暮らし向きが苦しくなった……………27％
仕事や環境がきびしくなり、心にゆとりがもてなくなった……………26％

前六項のプラス印象の合計が二六五ポイント、後六項のマイナス印象の合計が二五一ポイント、たしかにプラスが上回っているものの、その差は僅かである。家電製品の普及にたいしては、大部分(八割)の人が喜びを感じているが、その点をのぞけば、プラスとマイナスがトントンであることがわかる。実際、マイカーの普及が「交通戦争」をもたらし、都市への人口集中が「通勤地獄」を生んだように、高度成長は良いことばかりではなかった。一九七五(S50)年の乗用車の登録台数は一四八〇万台(ほぼ二世帯で一台)となったが、その年の星野芳郎の『技術革新　第二版』には「現在では、交通事故による死傷者数は、自動車による場合が圧倒的に多い、一九七〇年代の日本において年間一〇〇万人に近い」とある。実際、死者だけで年間一万人前後におよび、警視庁がそれを「交通戦争」と名づけたのは、けっして誇大な表現ではない。自動車産業の発展のための犠牲というには、あまりにも深刻な数字である。

なによりも見過ごしえないのは、高度成長が各地で深刻な産業公害と地域共同体の崩壊、そして自然環境の破壊をもたらしたことにある。一九六二年に池田内閣で「全国総合開発計画」が閣議決定され、以来、いくつもの新産業都市が指定され、臨海工業地帯の建設にともなって海岸線が埋め立てられ、工場が誘致され、石油化学コンビナートもつぎつぎ建設されていった。一九六〇年代の日本の高度成長は、とくに石油化学工業の育成によって飛躍的に進められたが、そのことは同時に、それまで自然界には存在していなかった有毒物質の大量の産出と、環境への拡散をもたらすことになった。公害の発生であるが、その実態を見ると、高度成長に公害が付随したと言うより、公害を織り込んで高度成長がなされたと言うべきである。

高度成長の後半期にいわゆる四大公害訴訟が始まった。一九六七年の三重県四日市公害訴訟と新潟水俣病訴訟、六八年の富山県神通川流域のイタイイタイ病訴訟、そして六九年の熊本水俣病の訴訟である。その被告は、水俣病ではチッソ(六五年までは「新日本窒素肥料」、以下では六五年以前にたいしても「チッソ」とする)、四日市公害では三菱系化学工業三社と昭和四日市石油、中部電力、石原産業の六社、新潟水俣病では大量のメチル水銀を阿賀野川に排出していた昭和電工、そしてイタイイタイ病では神岡鉱山からのカドミウムが神通川を汚染した三井金属鉱業で、いずれも戦後の高度成長、いや、日本の近代化においてきわめて重要な役割をはたした企業である。もちろんこれら以外にも、日本各地で公害が生まれていた。潜在化したものも少なくない。

水俣病の最初の患者が認定されたのは一九五三(S28)年、水俣病が初めて公式に確認されたのは五六年で、五九年には熊本大学の研究班が「水俣病の原因は、水銀化合物、特に有機水銀であろうと考えるにいたった」と結論づけ、その水銀はチッソの工場から排出されたものであると突き止めた。しかし厚生省がその事実と企業責任を公式に認めたのは、水俣病の公式確認から一二年後(患者発生から実に一五年後)の六八年であった。その間、会社側も原因が自社の工場からの廃液にあることは知っていたはずである。五九年にチッソ付属病院の細川医師が、工場の廃液を与えられた猫が水俣病の症状を起こしたことを確認していたのだが、チッソ上層部からの圧力で実験は中止させられ、実験結果は秘匿されていた。六三年には熊本大学の入鹿山教授がチッソの工場から採取した水銀かすから水俣病の原因物質としての有機水銀を検出している。しかしチッソが責任を認めたのは、ずっと後、有機水銀発生源のアセトアルデヒドの生産が終了してからであった。チッソは新規の患者の発生を防止するよりも、生産の持続を優先させたのである。こうして不知火海沿岸二十数万人の住民が犠牲にされた。

チッソだけが責任逃れをしたのではない。政府もチッソに加担していた。そもそもチッソが企業単独で生産計画を決定していたのではない。日本の高度成長は、総力戦の継続として官産一体で進められたのであり、チッソは、石油化学工業の発展を重点目標とする、一九五〇年代に始まる通産省の方針にそって生産を拡大していたのである。チッソの前身の日本窒素は、日本で初めて石灰窒素、合成アンモニア、塩化ビニール、酢酸ビニール、ポリエチレン等の製造に成功したことが知られている。当時、チッソは日本の石油化学工業の最前線に位置していた。実際にも六〇年にチッソは、化学工業の基礎物質として重要でプラスチックの可塑剤の原料となるアセトアルデヒドを四万五〇〇〇トン生産していたのだが、これは実に国内生産の30%に当たり、チッソは高度成長に突入する日本の化学工業にとってきわめて重要な役割を担っていたのである。

一九五九(S34)年、水俣病の原因がチッソの廃液中の有機水銀だとする熊本大学の研究班の表明後、厚生省食品衛生調査会は熊本大研究班のその発表を支持したが、当時の通産大臣・池田勇人は、成長第一主義の立場から、閣議でチッソの廃液と水俣病の因果関係を否定し、そのためチッソはなんの対策もとらず、その後六〇年代をとおして患者が爆発的に増え続けたのである。一九六〇年代なかばの通産省の雰囲気について、次の証言が残されている。

「頑張れ」と言われるんです。「抵抗しろ」と。(排水を)止めたほうがいいんじゃないですかね、なんて言うと、「何言ってるんだ、今、止めてみろ。チッソが、これだけの産業が止まったら、日本の高度成長はありえない。ストップなんてならないようにせい」と厳しくやられたものね。(NHK取材班『戦後五〇年　その時日本は　第三巻』、一九九五)

完全に企業サイドに立つ通産省のこのような姿勢は、水俣病にかぎられるものではない。

四日市公害は、旧海軍燃料廠跡地に一九五〇年代半ばに三菱油化を中心とする三菱系石油化学コンビナートが建設されたことから始まる。工場からの廃水による海水汚染と硫黄酸化物をふくむ煤煙による大気汚染によるもので、一九六一年には市民の健康被害(呼吸器疾患)が深刻化し、六四年に肺気腫による最初の死者が発生している。公害による自殺者も出ている。

四日市公害裁判の被告の一社である石原産業は、戦前からある、四日市最大の草分け企業である。金属チタンは耐食性に優れ、硬くて軽くて強くて延性に富むので、その用途が広いが、とくにアルミニウムやスズを少量加えると著しく強度の強い合金が得られ、第二次大戦後に、とくに軍用航空機やジェットエンジンに使用するため、需要が高まっていた。一九六〇年代には石原産業は国内最大のチタン・メーカーであったのだが、酸化チタンを製造するにあたって、原料のイルメナイト（チタン鉄鉱）にふくまれる不要な鉄分を除去するために使われた濃硫酸を、排水口からそのまま四日市港に垂れ流していた。それもハンパではない。六八年から一年以上にわたってpH２程度の硫酸水を一日二〇万トン、それに付随して多量の硫酸第一鉄を、多いときには月一万トンも海上に投棄していたのである。

社長以下、有害廃液を垂れ流しているという事実は知っていたが、対策をとっていなかった。海上保安庁の田尻宗昭の書『公害摘発最前線』によると、同社が酸化チタンの増産を決めたとき、「工場次長が廃硫酸の対策をどうしたらよいか質問したのに対して、社長は〈当分の間、硫酸の処理は考えないでよい〉という指示をし、皆これに同調した」とある。そしてまた同書には、この件を捜査する過程で通産省に資料の提供を求めた田尻に、通産省の役人は「あなた方は捜査機関だ。われわれは企業の弁護士みたいなものだから、企業のイメージダウンにつながるようなことには手を貸せない」と公言して捜査に必要な資料の提供を拒んだとある。ここでも企業と通産省はグルであり、企業は収益第一の立場から有害廃液を垂れ流し続け、通産省は成長第一の立場から、その企業の姿勢を支えてきた、すくなくとも黙認してきた。そしてこのように公害を黙認してきたことが、戦後の高度成長を可能にしたいまひとつの条件であった。

明治から大正にかけての経済成長、すなわち富国化・近代化は、主要に農村の犠牲のうえに行われ、昭和前期の大国化は植民地と侵略地域の民衆の犠牲のうえに進められたのだが、戦後の高度成長もまた、漁民や農民や地方都市の市民の犠牲のうえに遂行されたのである。生産第一・成長第一とする明治一五〇年の日本の歩みは、つねに弱者の生活と生命の軽視をともなって進められてきたと言わざるをえない。その挙句に、日本は福島の破局を生むことになる。

6 大学研究者の責任

戦後の高度成長は戦後版総力戦だと言ったが、その戦後版総力戦も、軍が表に出なくなっただけで、官・産・学つまり官僚機構と企業と大学の協働体制で進められてきた。

公害問題にかんしては、患者に寄り添って原因を追究し、被害の拡大を食い止めようとしてきた地元の大学の研究者がいた半面、いまだに「旧帝大」と称される有力大学には、企業から研究費が導入されている講座も多く、企業サイドにたって公害や労災や薬害の隠蔽や責任回避に手を貸してきた教授たちも少なくはない。とくに工学部や薬学部では、企業に太いパイプをもつ教授たちが多く、彼らの権威は、特定企業に卒業生を多数送り込める力を有していることや、政府の審議会などの委員をしているということによって、保たれていた。

そのことはすでに明治時代に始まっている。一八九七(M30)年、前年の大洪水で社会問題化した古河鉱業・足尾銅山の鉱毒問題で、政府は一六名の委員からなる「足尾鉱毒事件調査委員会」を発足させた。この委員会で鉱業の停止か存続かをめぐって議論は紛糾したが、結論を存続へと強引に導いたのは、帝国大学工科大学(現東大工学部)出身の工学士たちであり、なかでも突出していたのが、古河の顧問の工学士でのちに工科大学の教授となる渡辺渡であった。彼の「活躍」で、足尾銅山は操業停止にいたらなかったのである。

水俣病にしろその他の公害にせよ、いずれも地元の献身的な医師や学校の先生、そして良心的な研究者の手によって患者の存在が確認され、原因とその発生源が突き止められてきたのだが、それから、実際に公害病と認定され企業の責任が問われるまで何年も、しばしば一〇年以上もかかり、その間にも被害が拡大し続けている。そしてこの過程には、かならずと言っていいほど「権威ある」大学教授や学界のボスの介入が見られる。時に「学識経験者」と称され、官庁や業界に関わりをもつことの多いその教授たちは、企業サイドに立って、ろくに現地での調査もせずに、思いつきのような原因論を語る。富山のイタイイタイ病の場合も、地元の開業医・萩野昇医師の長年の調査と研究でカドミウム中毒が突き止められたのにたいして、それを根拠もなく否定したのが、慶応大学教授で産業衛生の権威・土屋健三郎であった。

水俣病でも、腐った魚から生じるアミンが原因であるといった、およそ水俣漁民の生活実態に無知な東工大教授・清浦雷作の説とか、終戦時に軍が海中に投棄した爆薬が原因だといった日本化学工業協会専務理事・大島竹治の説とかが語られてきた。熊本大の原田正純らの研究班が何年もかけた慎重な調査を踏まえて、原因をチッソからの廃液中の有機水銀による中毒と突き止め発表したのは一九五九(S34)年七月二二日、そのわずか二カ月後の九月二八日に大島の爆薬説が発表されている。爆薬説は、もともとは、戦前にチッソの工場長であった橋本彦七水俣市長が一九五七年に言い出したのだが、熊本大研究班の調査で五九年二月に否定されていたものである。原田の書『水俣病』には「爆薬説とか、アミン説などは、いまだかつて学説として問題になったこともなく、実証性に乏しく、説とか言えるようなものではまったくない」とある。

たいがいは企業の意を汲んで提唱されるその手の説は、早晩いずれも誤りであることが判明するが、しかしそれまでは、それなりに科学的な装い、そして一流大学教授という肩書きとその世界の有力者という権威によって維持され、マスメディアをとおして広められ、結果として

「学界内では諸説があり、原因は確定されていない」として、患者サイドの告発が相対化され

「中和」され、企業の責任が問われないままに事態が進み、その間も、新規患者が発生し続けることになる。

水俣病の場合、水俣湾に封じ込められていた悲劇が全国に知られるようになったのは、チッソにたいする漁民の抗議行動が「暴動」化した一九五九年一一月二日の事件に関する新聞記事であった。翌日の『朝日新聞』東京版の記事は「水俣病で漁民騒ぐ　警官72人が負傷」との見出しで、石を投げる漁民と「メチャクチャにされた」チッソ事務所の写真が掲載されている。完全に漁民による暴力事件の扱いである。末尾の解説には、水俣病について「水俣市に工場を持つ新日本窒素の工場廃水が原因ではないかとする一部学者の説に対して、日本化学工業協会の一部では、旧日本海軍が水俣湾内に捨てた爆薬類の影響ではないかと主張、対立している」とし「六年経ってもまだはっきりした原因もわからず」としている。現地の研究者の長年の地道な調査結果と中央の権威の無責任な思いつきが同レベルに並置され、結果として原因がうやむやにされている。その意味において、明治以来、国策大学として創られた帝国大学の学問は、多くの場合「専門家」の発する「科学的見解」として権威づけられることで、国家と大企業に奉仕してきたのである。日本の公害の歴史は「専門家」と「専門の知」が企業や行政、総じて権力の側のものであったことを示している。

公害にはかぎられない。高度成長の真っ最中の一九六三(S38)年一一月九日、三井鉱山経営の三池炭鉱で炭塵爆発事故が起こった。死者四五八人、一酸化炭素中毒後遺症患者八三九人、「戦後最悪の労災事故」である。根本的な原因は、一九六〇年の三池争議における労働者側の敗北がもたらしたエネルギー政策の転換と、それによる石炭産業の斜陽化にあるが、直接的原因は、保安にたいする鉱山側の怠慢にある。これも高度成長の裏面である。

九州工業大学の荒木忍教授を中心とした調査団の報告書は、事故直後の現場の調査を踏まえて、原因を坑道内に放置された炭塵の爆発と認定した。その場合、当然、清掃を怠り炭塵の堆積するに任せた三井鉱山の不作為の責任が問われることになり、鉱山保安法違反と業務上過失致死傷の疑いで捜査が行われたのだが、しかしいずれも証拠不十分で不起訴となった。調査団が原因として堆積炭塵の放置を明確に指摘したのにもかかわらず、三井鉱山の刑事責任が問われなかったのは、調査団の報告が出された三カ月後に、九州大学工学部の山田穰教授による「風化砂岩説」を主張する論文が出たからである。その論文は、爆発した第一斜坑の堆積炭塵には坑道の天井から落ちてくる風化した砂岩の粉が混じっているため、絶対に爆発しないというものであった。「炭塵爆発説」を否定したこの「風化砂岩説」が三井鉱山から「山田上申書」として検察側に提出され、それが検察の不起訴処分に決定的な影響を与えたと言われている。

九大の学長もつとめた山田教授は、当時の九州の鉱山学界で天皇と呼ばれ、絶大な権力を有していた。そのため、直後の現場調査にもとづいて炭塵の爆発を指摘した九州工大の荒木教授には、この山田論文が発表されたのち、マスメディアからの非難が集中し、荒木は失意のうちに九州工大を去ったと伝えられている。他方、山田教授は『西日本新聞』のインタビューで「検察側は証拠不十分のため不起訴処分にしたが、疑わしきは罰せずで、この結論は妥当だろう」とコメントしている。山田にとっては、再発防止にむけて爆発の真の原因を突き止め、事故の責任の所在を明らかにすることが問題なのではなく、原因と責任を曖昧にできればよかったのだ。この二つの説のいずれを重視するかをめぐる判事や地元マスメディアの判断には、もと帝国大学の九州大学ともと工業専門学校の九州工業大学の社会的なブランドの格差も影響していたのではないかと思われる。

しかし、一〇年近く後の一九七二年に被災労働者とその家族が三井鉱山を相手取って損害賠償請求訴訟を起こし、その裁判の過程での五年間にわたる荒木証言によって、一九九三年に堆積炭塵が爆発の原因だとする判決の事実認定を勝ち取ることができた。事故から実に三〇年、調査団報告から二八年が経過していたのである。

この記述は三池CO研究会編『福島・三池・水俣から「専門家」の責任を問う』に依っているが、そこには「採鉱学、医学、法律など、それぞれの分野で専門家を名乗る〈専門家〉が、事故原因の隠蔽や患者の切り捨てに手を貸してきた歴史が、三池CO〔一酸化炭素〕中毒の問題にはあった」と記されている。水俣で見られたのとまったくおなじ構造である。「専門の知」なるものが患者や地域の住民や被災者にとっては権力としてあったのだ。

今また、おなじことが福島での小児甲状腺ガンについて繰り返されている。

7 成長幻想の終焉

公害訴訟が一斉に始まり、高度成長が日本中で公害をひき起こしてきたことが明らかになっていった一九六〇年代末は、敗戦でもほとんど無傷で生き延びた「科学技術性善説」と「成長信仰」を見直すべきときであった。一九六八・六九年の学園闘争は、そのことを問うていたのだ。しかし政治権力は、高度成長に付随する影の部分・負の側面を直視せず、財界も官僚機構も成長方針を放棄することはなかった。

実は、公害問題の深刻化とともに、一九六四(S39)年には厚生省に公害課が設置され、六七年には「公害対策基本法」が制定されていたのだが、環境保全を「経済の健全な発展との調和」を図って行うという「経済との調和条項」が抜け道となり、それは、実効性の乏しいものであった。一九七〇年に総理大臣・佐藤栄作は「日本の繁栄は経済成長によるものであり、公害が発生しているからといって経済成長の速度をゆるめることはできない」と開き直っている

(『朝日新聞』1970. 7. 29 夕刊)。半世紀以上前、農商務省鉱山局長・田中隆三はまったくおなじ論理で足尾銅山を擁護した。経済成長を追い続けた近代日本の歴史は、つねに弱者に犠牲を強いてきたのである。

しかしそれでも、公害の深刻化とひろがりには、通産省も無視しきれなくなっていた。通産省は、従業員二〇〇人以上の規模の五〇〇〇工場に一九六九年一年間の廃棄物に関してアンケート調査を行い、そのうち二四四三工場から回答があり、それによると、これらの工場からの年間廃棄物は三九三六万トン(国全体に直すと六〇〇〇万トン弱)、その七割が無処理のまま排出され、投棄され、垂れ流されているとのことである。

これは『毎日新聞』の一九七〇年八月二〇日の記事からであるが、そのおなじ号の紙面に、「死の海に　市原沖　千葉大の汚染調査　貝殻もポロポロ　工場廃液で石灰質とける」と見出しがあり、東京湾の汚染が報じられている。そのような状況下で、各地に革新自治体が出現していた。そのことは政府自民党と財界の主導する高度成長政策にたいする都市市民の審判であった。このことに危機感を持った自民党政府は、重い腰を上げ、一九七〇年暮れのいわゆる「公害国会」で、公害対策基本法の改正とその他のいくつかの公害関連法を成立させた。そして七一年には環境庁(現環境省)が設置され、世界的にも七二年には国連人間環境会議(「ストックホルム会議」)が開催され「人間環境宣言」と「環境国際行動計画」が採択されている。

ミッシェル・ボーの『資本主義の世界史』には、「高度成長後の〔資本主義の〕新しい構造的危機」として、労働者の賃金上昇と労働内容についての発言力の増大とともに「大量生産は環境汚染を深刻にした。最初の被害者たち——農家、漁民、地域住民——と自然の友は抗議し、組織をつくり、汚染対策の実施要求を実現していった」事実を挙げている。ということは、裏返せば、経済成長を持続するためには、労働者がおとなしくて労働力が安く、さらに公害規制の緩やかな、あるいは住民運動の困難な開発途上国に資本が向かうのは必然ということになる。実際、日本の資本主義が一九七〇年代の二度の石油危機を乗り越えることができたのは、ひとつには労使協調路線をとる大手の労働組合が賃上げを強く望まず、企業の合理化に協力的であったこととともに、多くの企業が生産拠点を海外に移したことにあった。

工場を海外に求めたのは労働賃金が安いことだけによるのではない。一九八四年出版の渡辺徳二と佐伯康治の『転機に立つ石油化学工業』には、四日市公害訴訟の結果として七四年に地域全体で有害物質の排出にたいする総量規制が求められることになったのにたいして「直ちに、鉄鋼、電力、石油、化学の四業界が反対の意向を表明した」とあり、続けられている。

しかし、このような総量規制の政策は次第に企業においても受け入れざるをえなくなり、基本的にその政策は浸透していった。これに対応する企業の行動としては、一つは、在来地域以外に新しいコンビナート立地を求めることであった。……北海道の苫小牧、青森県のむつ小川原、瀬戸内海西部の周防灘、さらには韓国の麗水、シンガポールなどの大型コンビナート新立地計画が打ち出された。しかし、これらはその後の石油化学工業の成長停滞によって、**一部外国での計画を除いて**実現するには至っていない。（太字強調は山本による。）

何のことはない、公害規制の緩い所として国外を選んだということである。早い話、日本は資本を公害と抱き合わせに輸出したのである。これは「戦争中の大東亜共栄圏構想の戦後における複製」とさえ言うことができる（鶴見、一九八二）。

ちなみに日本は、対日無賠償を原則としたサンフランシスコ講和条約に異を唱えたフィリピン、インドネシア、ビルマ（現ミャンマー）、そして当時の南ベトナムの四カ国と、かつての戦争にたいする賠償協定を結び、一九七六年（S51）年までに総額一〇億ドル強の賠償金を支払った。とはいえ支払いは現金によってではなく、工場や発電所建設、あるいは港湾や鉄道といったインフラストラクチャーの建設工事といったサービス、あるいは機械やプラント類の提供という形で行われたのであり、このことは、その後の日本の企業と商品の東アジア進出の足掛かりとなった。戦前のアジアへの軍事侵略にたいする賠償が、戦後のアジアへの経済進出の道を開いたのである。

こうして為替レートが変動相場制に移行した一九七三年以降、九〇年代不況と言われる時代まで、日本企業は、生産拠点を海外に移し、経営の合理化・効率化を図り、とりわけ自動車関係の排ガス規制と省エネの技術、そして電機メーカーの半導体生産により、さらには高度成長期に蓄積された技術力が生んだクォーツ時計やVHSビデオやデジカメやウォークマン等のユニークな発明でもって、米国市場を中心に輸出を伸ばし続け、日本の資本主義は八〇年代末のバブルの時期まで年率3%を越える安定成長を維持することができた。一九六〇年代にはIBMを擁する米国が世界市場を支配していたコンピューター産業でも、通産省の支援により、七〇年代前半には日本のメーカーがIBMに追いついている。日本は、多くの犠牲を払いながらも、鉄鋼、自動車、化学工業、電機産業といった二〇世紀後半の資本主義の基幹産業部門で、世界の先端に達することができ、国際競争力を高めることができたのである。

しかし一九九〇年代にはいり、グローバル化した世界経済のなかで競争力を確保するという名目で、新自由主義の旗の下に構造改革が語られ、進められたのであるが、その結果もたらされたのは、格差の拡大と二〇年近くのデフレの進行であった。そして現在では、自動車産業では中国やインドが台頭し、半導体やパソコンや電化製品では中国ばかりか韓国や台湾にも追い上げられ、追い越されている。さらに香港やシンガポール等の工業化も進んでいる。日本企業は競争力を失い、日本の資本主義はこれまでのような形ではやっていけなくなっている。

先述の大西康之の書には「〈かんばん方式〉のトヨタ自動車を筆頭に、〈日本のものづくりは世界最強〉というプライドが、いまもって日本全体を覆っている。しかし電機メーカーに限って言えば、それはもはや幻想だ」とある(大西、二〇一七)。実際、白物家電の製造部門を、東芝は二〇一六年に中国の美的集団《マイディアグループ》に、三洋電機は二〇一一年に中国のハイアールにそれぞれ売却し、シャープは二〇一六年に台湾の鴻海《ホンハイ》精密工業の傘下に入っている。NECは、かつて9801シリーズというヒット商品を生産していたパソコン部門を二〇一一年に中国の聯想《レノボ》集団との合弁会社に譲渡した。東芝はさらに二〇一七年、テレビを生産販売している子会社を中国の家電メーカー海信集団《ハイセンスグループ》に売却し、かつて世界に先駆けてノートパソコンを発売したパソコン事業の台湾企業への売却を検討している(『東京新聞』2017.11.15, 17)。

そもそもが、リーマンショック以降、資本主義国では鉄鋼や自動車や電化製品などは売れなくなっているのである。二〇世紀後半の資源多消費型の基幹産業が今では衰退産業に向かっているのであり、それにかわってIT産業、情報技術が登場しているが、この方面では日本は米国に大きく水をあけられている。

このような状況下で、政府は、一方では法人税率を下げ、他方で非正規雇用の拡大で労働者の賃金を押し下げ、苦境にたっている大企業をトコトン優遇している。そのため一九九〇年代初めには五分の四であった正規雇用の割合は二〇〇七年には三分の二まで減っている。経済学者・水野和夫の書に書かれている。

もはや利潤をあげる空間がないところで無理やり利潤を追求すれば、そのしわ寄せは格差や貧困という形をとって弱者に集中します。そして……現在の弱者は圧倒的多数の中間層が没落するという形になって現れるのです。（水野、二〇一四）

実際、現在多くの労働者は、結婚すらできない状態に置かれている。しかしそうなると、早い話、物を作っても売れなくなっているのであり、たとえ金融緩和があっても、企業が国内で積極的に設備投資にむかうこともない。だいいち結婚もできない、子育てもできないとなると、少子高齢化は必然的になる。そのように人口が減少している現在、将来的な市場の拡大は望むべくもなく、経済成長の現実的条件は失われているのである。水野のこの書にあるように「技術革新で成長するというのは、二一世紀の時代には幻想にすぎない」のである。

その状況下で、現在、日本政府と財界が画策しているのが、原発輸出とならんで「経済の軍事化」、すなわち軍需生産の拡大と武器輸出である。安倍政権は軍需産業を最大の成長戦略と位置づけ、これまでの武器禁輸政策を一八〇度転換した。かつての武器輸出三原則は、もともとは佐藤内閣のもとで、基本的には共産圏への武器輸出を禁ずるためのものとして提起されたものだが、一九七六(S51)年に三木内閣が拡大し厳格化することで、成立した。それはたしかに例外規定をもち完全なものではなかったにせよ、兵器の輸出をしないという原則の対外的な表明は、平和憲法と合わせて日本の姿勢を国際的に明らかにする意味をもっていた。その後、中曽根内閣の時に、例外規定が拡大され、かなり骨抜きにされていったが、それでも曲がりなりに維持されていた。しかし安倍内閣は、武器輸出三原則を実質的に撤廃する防衛装備移転三原則を二〇一四(H26)年に閣議決定し、武器輸出が事実上全面解禁されたのである。

二〇一六年に潜水艦のオーストラリアへの売り込みに失敗した安倍政権は、二〇一七年に川崎重工を中心として作られたP1哨戒機とC2輸送機のニュージーランドへの輸出を目論んでいる。二〇世紀末から日本の年間の防衛費は五兆円弱という高額を保ち、とくに第二次安倍政権になってからは四年続けて増加を示し、二〇一七年の防衛関係予算は四兆八九九六億円、米軍再編関連予算をふくめた総額は五兆一二五一億円で、初めて五兆円を超えた。いずれも過去最高である。そして防衛省は、二〇一八年度予算の概算要求として、さらに二・五%増の五兆二五五一億円を計上する方針を固めている(『毎日新聞』2017.8.23)。

先に見たように、日本の軍需産業は、戦後、高度成長の裏側で、人目にふれないかたちで、しかし着実に成長してきた。一九八〇年代末に内橋が「日本的軍事技術は長い〈潜伏の時代〉を通過して、いよいよ公然化の道を選び始めた」と語ったが、実際その時代に「日本防衛装備工業会」への新規加入の申し込みが「かなりのテンポで増え始めた」とある。経済成長の持続が見込まれなくなったこの時点で、財界はすでに軍需生産の拡大を展望していたのであり、それが今、安倍政権のもとで公然とその姿を現し、財界と政府によって「日本経済の牽引車」として期待されるにいたったのである。実際にも、たとえば日本を代表する企業のひとつであった東芝は、すでに家電部門を中国企業に引き渡し、原発部門は破綻し、そのため半導体部門も放棄する事態に陥っているが、そうなると残るのは軍需生産部門だけになる。

軍需産業への傾斜はまた、大学に軍事研究が要請されている背景である。国家の発注による兵器生産は採算を度外視しているのであり、そのため「その時代の技術水準が提供している最先端の可能性は大国の戦争のシステムの中だけに現実化している」(中岡、一九七〇)。この点が家電生産と軍需生産の決定的な差であるが、そのように科学技術の最先端の成果の求められる軍事技術でもって外国の企業と競うためには、どうしても大学の協力が必要になる。研究者はふたたび「科学動員」に直面しているのであり、かつての戦争にたいする反省の本気度が現在問われているのである。

経済の軍事化を問題とする理由《わけ》は、軍需生産が隆盛するためには、実際にどこかで戦争つまり大量の殺人と破壊が行われていることが必要であるという、人道上の問題ももちろんきわめて大きいが、それだけではない。

軍需製品以外のものは、電気製品にしても自動車にしても、すべて何らかのかたちで消費生活か、あるいは再生産に役立つ。しかし軍需製品だけは、消費生活に資するものでもなければ、かといって再生産に資するものでもなく、地球規模で見るならば単なる資源の浪費、それもおびただしい浪費である。つまり、実戦や演習で消費された場合はもちろん、実際に使われずに保管されていたとしても、兵器や弾薬類は旧式になれば使い物にならないので、やがて廃棄するしかない。とくに最近の兵器は超高度なＩＴ技術によって構成されているが、現在ＩＴ技術の進歩はきわめて速く、そのため兵器の更新と廃棄のサイクルは極端に短くなっている。いずれにしても資源の浪費である。そのことは、資源の浪費が地球のキャパシティーをこえる限界に近づいている現在、人類の生存という観点からみても、それ自体で大きな問題である。

とりわけ「憲法改正」が語られている現在の日本においては、問題は重要であり深刻である。つまり憲法改正が日本を「戦争のできる国」に導くのに加えて、軍需産業の重視は、それをこえて日本を「戦争を望む国」へと誘うことになるからである。

実際、兵器生産・武器輸出は、どこかで戦争がなければ儲からないので、ひとたびそれで商売を始めると、どこかで戦争が起こることを望むようになる。冷戦体制崩壊後の二〇〇三年に「フセインが大量破壊兵器を保有している」というデマで米国の大統領ジョージ・ブッシュがイラクに戦争を仕掛けたのは、当時、米国の製造業が国際的競争力を失っていたことと無関係ではない。ブッシュ政権には、いくつもの米国有数の軍需産業から何人もの役人や高官が送り込まれていたのである。こうして、圧倒的な資金と情報と科学技術を手中にしている「産軍学複合体」が二一世紀のリバイアサンとして、世界中で戦争を仕掛けているのである。

武器輸出反対ネットワークの杉原浩司が指摘している。

現在日本は「軍産学複合体」形成のとば口に立っている。その二つの柱が、武器輸出と軍学協同研究だ。ここで踏みとどまることが出来なければ、日本は「戦争できる国」から「戦争を欲する国」へとさらに変質するだろう。私たちは今、歴史的な分岐点に立っている。

（ＮＰＯ法人ピースデポ『核兵器・核実験モニター』2017. 3. 15）

武器は、実戦で使われればもちろん多くの人々を殺傷する。とくに現代の戦争では、一方で前線と銃後の区別が融解・消滅し、他方で、兵器の破壊力が極限的に増大しているため、戦闘員だけではなく市民や子供に数多くの犠牲者が生まれ、人道上も、問題はきわめて大きい。しかし、それだけでなく、建造物等の私有財産はもちろん、道路や橋や港湾といった社会資本、および自然環境という貴重な社会的共有財産をも大規模に破壊し、損失を与えることになる。

「経済の軍事化」についてルイス・マンフォードの書『権力のペンタゴン』には「戦争は、

他に較べるもののないほどの物資の消費と浪費によって、拡大しつつある技術の不治の病、〈生産過剰〉を一時的に鎮め」ることになり、「物資の欠乏状態をつくりあげてくれる戦争は、古典的資本家の言葉でいえば、利潤を保証するためになくてはならないものである」と認めたうえで、「戦争機械が技術的発明や兵器の大量生産に依存すればするほど、国家の経済体制に与える直接の利潤も増加した。しかしながら、一般に利益だと思われていたものは、長期的な目でみれば、人間の悲惨さはいうまでもなく、修復、修繕、補充の費用で相殺された」と付け加えられている。

戦争経済のこの「修復、修繕、補充」のための物質的、エネルギー的、そして金銭的な支出、武器生産に要した費用をはるかに上回る支出は、すべて子孫の世代に付け回されることになる。要するに、兵器生産・武器輸出は、同世代の人間にたいする犯罪行為であるとともに、将来の世代からの収奪によって、その「利益」を作り出しているのである。

将来の世代からの収奪によって成り立っているという点では、たとえ事故がなく寿命を終え無事廃炉を迎えたとしても、放射性廃棄物としてのきわめて危険な使用済み核燃料、および放射線に汚染されリサイクル不可能な原子炉本体が残され、子孫にゆだねられることになり、子孫に押しつけられるその管理と解体の経費をすべて考慮すると経済的にペイするはずのない原子力発電も、まったくおなじ構造である。その点については、次章に見てゆくことにする。

第7章

原子力開発をめぐって

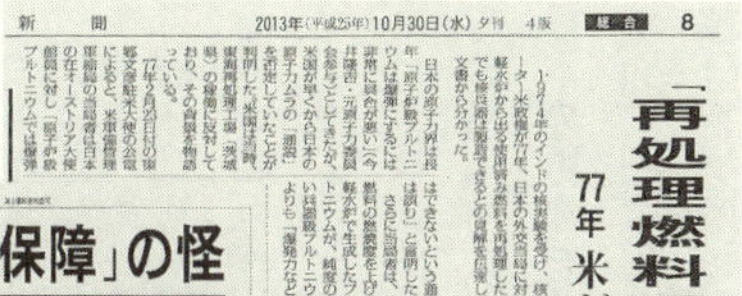

新聞 2013年(平成25年)10月30日(水) 夕刊 4版 総合 8

「再処理燃料で核兵器可能」

77年 米が日本に指摘

原発建設受注 トルコと合意

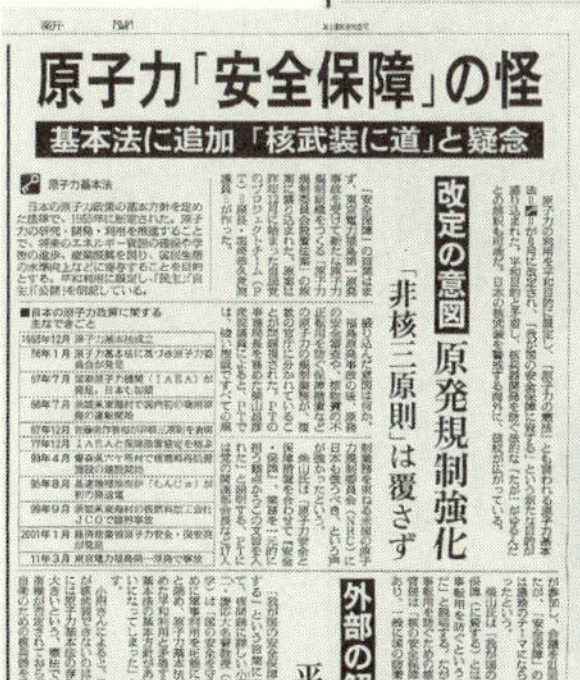

原子力「安全保障」の怪

基本法に追加「核武装に道」と疑念

改定の意図 原発規制強化

「非核三原則」は覆さず

外部の解釈 軍事利用可能

平和目的に限定と矛盾

上：『毎日新聞』2013年10月30日

左：『朝日新聞』2012年8月17日

1　原子力と物理学者

エネルギー革命に始まる日本の近代化の物語は、エネルギー革命のオーバーランとしての福島の原発事故でもって、そのひとつの結末を迎えた。

水力発電は、重力のエネルギーによる。火力発電は、石油であれ石炭であれ、電磁力よりなる分子間力のエネルギーによる。現在知られている自然界の力は、この重力と電磁力の他には、強い相互作用とも言われる核力と弱い相互作用の都合四つであるが、このうち弱い相互作用はあまりにも弱くて、マクロなエネルギーとして取り出すことは事実上不可能である。それゆえ、核力のエネルギー(核エネルギー)は、技術的使用の可能性が考えられる最後のものであり、日本で「原子力」と称されているその核エネルギーの使用でもって、エネルギー革命は完了する。

敗戦後、科学者が科学による日本の再建を語り、科学技術幻想をふりまいたことを先に語ったが、その幻想は原子力開発の場面で肥大化されることになった。

ウラン235原子核における核分裂反応の存在、それが連鎖反応を可能とすること、その際に多大なエネルギーが解放されること、この一連の事実が見出されたのは、第二次大戦勃発直前の一九三八(S13)年から三九年にかけてであり、そのことは、かなり早くに日本でも知られていた。『科学ペン』一九三九年六月号には、物理学者・竹内時男が「ウラン爆裂」という表現で、ウラン原子核の核分裂とその際大きなエネルギーが放出されることの発見を記している。同年八月七日の日刊『国際科学通信』には、「ウラニウム　原子エネルギー利用の最新鋭武器」と題する、石原純監修の解説が載せられている。やはりその年の『科学主義工業』五月号にも「新発見・原子核の爆裂」の記事が見られる。一般向けの雑誌『科学知識』一九四一年三月号の「原子動力ウラン二三五」という記事には、核分裂についてそれなりに正確な説明があり、「もし一塊の二三五が瞬間に破壊されたとすれば恐らくその放出エネルギーは一挙に大都市を全滅せしめる程大動力なのである。……ウラン二三五が将来動力源として、発電所、運輸機関、家庭等の燃料に代り得る予想は必しも不合理ではあるまい」と記されている。核エネルギーの軍事と民生の両方面での使用がすでに予想されていたのである。

その核エネルギーの人為的解放の最初の実現が、一九四二年にスタートしたマンハッタン計画、すなわち二〇億ドル(現在の日本円にして約二兆円)以上を要し一三万人を投入した大戦中の米国における極秘の原爆製造計画であった。この過程でプルトニウム239原子核も同様に核分裂することが判明し、この計画で作られた三個の原子爆弾(通称「原爆」正確には「核分裂爆弾」)のひとつのプルトニウム爆弾は、一九四五年七月一六日、ニューメキシコの砂漠で爆発のテストに用いられた。テストは成功どころか、予想を上まわる爆発力・破壊力で関係者を驚かせたと言われる。ウラン爆弾は二週間後の八月六日に広島に、いまひとつのプルトニウム爆弾は同九日に長崎に投下された。最初の原爆が広島に投下された一六時間後に、米国大統領ハリー・トルーマンは、投下された爆弾が原爆であるとの声明を発表した。声明には「将来、原子力は現在の石炭・石油・水力を補う動力源となるであろう」との予測も語られていた。

第一次大戦では、大戦に先立つ第二次産業革命の過程で生まれた内燃機関やプロペラ機や無線電信等の新技術が軍事転用された。これにたいして第二次大戦では、大戦中に軍事目的で開発された技術、すなわちコンピューターやレーダーやジェット機や抗生物質が戦後に民間転用されることになるが、そのことを象徴しているのが原爆のために開発された核エネルギーの発電への使用であった。

原爆投下直後の広島での大本営調査団としての現地調査をふまえ、この爆弾がたしかに原子爆弾、つまり核分裂の連鎖反応によるものであることを日本で最初に確認したのが、仁科芳雄であった。原子物理学を専門とする仁科は、戦前の日本を代表する物理学者であり、戦争中の日本陸軍の原爆開発計画の中心にいて、その意味で原子力に関して当時日本でもっとも権威のある学者であった。その仁科が原爆投下を知って直後に語ったことは、物理学がかくも破壊的な兵器を生み出したことにたいする畏怖の念ではなく、自分たちがなしえなかった原爆製造に米国の学者たちが成功したことの無念さであり、日本国家にたいする申し訳なさであった。

仁科、そして当時の日本の物理学者は、原爆製造そのものを否定的に見てはいない。一九四六(S21)年の『自然』創刊号のエセーで仁科は、米国の原爆製造について「原子核の研究といふ最も純学術的の、しかも何等応用といふことを目的としない研究が、太平洋戦争を終結せしむる契機を作つた最も現実的な威力を示すことになつたのである。これは如何なる外交より強力であつたといはねばならない」と語り、そのことをもって「科学が現代の戦争といはず文化といはず、凡ての人類の活動上、如何に有力なものであるのかといふことを示す一例である」との理解を示し、「原子爆弾は有力な技術力、豊富な経済力の偉大な所産である」と結んでいる。原爆開発を「偉大」と形容するところに、この時点での仁科の評価と姿勢が見て取れる。仁科は、『世界』四六年一一月号のエセー「原子力問題」では「原子爆弾は科学技術の発達がもたらしたおそるべき武器である」と語っているものの、同時に、「〔原子力を〕動力源とすれば産業又は文化上の利益は驚くべきものがある筈である。実際原子力は寧ろ徐々に発生させることの方が、爆発させるより易しいのであるから、利用の可能性は多分に存在する」との、非軍事的使用への楽観的な予測を表明している。

原爆製造に始まった原子力開発にたいするこのような肯定的な評価と楽観的な見通しは、仁科にかぎったことではない。一九四六(S21)年一一月に、「科学振興による日本の復興」という当時の思潮にのって科学雑誌『科学圏』が創刊された。その創刊号の特集が「アメリカ科学の展望」であり、その「編輯後記」に「コペルニクス的転回以上の一大革命である原子力時代をもたらしたアメリカの科学は、人類史上に人類平和の理想を高くかかげた」とある。多くの物理学者は、原爆に体現された巨大なエネルギーの「解放」を「近代科学の精華」と受け止め、戦後世界における進歩のシンボルと見なしていたのである。

実際この当時、原爆を用いて台風の進路を変えるだとか、大規模な土木工事に使うといった夢物語が、権威ある物理学者によってしばしば語られていたのである。戦前からの雑誌『科学主義工業』は戦後『科学主義』と名を改めて一九四六年二月に再出発したが、その「海外科学技術通信」の欄には「一発で広島市を全滅させたあの巨大なエネルギーが力源として使はれたら、山間の水力発電所から長距離を送電する必要もなければ、石炭や石油の輸送に苦しむ必要もなくなる。都会の真中で大発電機が運転されて電力を供給するだらうし、マッチ箱位の原子破壊物質をもつて大工場のボイラーが何年もの間沸きたぎることにならう。航空機も列車も自動車も殆ど使ひつぶすまで燃料補給の必要なく、卓上電話か携帯カメラ位の発動機で飛びまはり走りまはる」と、まったくの夢物語が近未来の現実のように語られている。

戦争のあいだ仁科の下で原爆研究に従事していた武谷三男が編集し、一九五〇年に毎日新聞社から出版された『原子力』には「原子動力というのは、ゆっくりとしかも永続的に仕事をする原子爆弾である。もし実現すれば、すばらしい動力源になる」とある。ここに「永続的」とあるが、実はここには注目すべきことに「ブリーダー（増殖式原子炉）」への言及があり、その点は後にふれる。そして原子力の動力使用には「相当な困難が控えている」が、その「困難を解決するためには、技術の研究だけでは不十分である。物理学や化学の新知識を求めねばならない」として、物理学者や化学者が原子力研究に鋭意取り組むべきことを促している。

そして核物理学の研究が禁じられていた占領下の一九五一（S26）年八月に『毎日新聞』への寄稿で「原子力はもはや現実の問題なのである。原子力の平和利用に十分の注目をしないと世界に遅れる」との焦燥感を語った武谷は、五二年にサンフランシスコ講和条約の発効により日本が独立した時点での『改造』増刊号で、原子力研究に取り組むべき理由を表明している。

日本人は、原子爆弾を自らの身にうけた世界唯一の被害者であるから、少なくとも原子力に関する限り、最も強力な発言の資格がある。原爆で殺された人々の霊のためにも、日本人の手で原子力の研究を進め、しかも、人を殺す原子力研究は一切日本人の手では絶対に行なわない。そして平和的な原子力の研究は日本人は最もこれを行なう権利をもっており、そのため諸外国はあらゆる援助をなすべき義務がある。

武谷は同趣旨の発言を、一九五七年の『自然』二月号でも繰り返している。武谷のこのかなり特異な論拠が当時一般に受けいれられていたとは思えないが、しかし「人を殺す原子力」と「平和的な原子力」すなわち「軍事利用」と、通常「平和利用」と称されている「民事利用」の二分法はその後もひろく語られ、その二分法に依拠することによって、原爆製造と距離を置く原子力研究推進の積極的な主張が物理学者のなかから出てくることになる。

一九五二(S27)年七月、東大教授で日本学術会議副会長の物理学者・茅誠司は、学術会議が政府に原子力委員会の設置を申し入れるべきと提唱し、一〇月に物理学者の伏見康治と共同で学術会議総会に、原子力研究を国家事業として進めるよう政府に申し入れるという趣旨の提案を行った。しかし若手研究者からの強い反対によって、政府への申し入れは見送られた。若手研究者の反対の基本的な理由は、軍事研究につながる虞《おそれ》、そして米国の原子力研究に従属させられ米国の軍事戦略に組み込まれることへの危惧にあった。原子力研究そのものを否定したわけではない、今はその時期ではない、その条件がないというものであった。

朝鮮戦争が事実上終結した一九五三年、八月にソビエト連邦が水爆保有を公表したのちの一二月の国連総会において、米国のアイゼンハワー大統領は、「平和のための原子力《アトムス・フォア・ピース》」のスローガンで、核情報の一部の公開と国際機関による核の共同管理を訴えた。実際には、核の共同管理は棚上げにされ、それにかわって米国から西側友好国にたいして二国間協定による核技術と核物質の供与が提唱されることになる。ここに、「原子力の平和利用」――正確には「非軍事利用」ないし「民生用利用」――の流れが生まれ、原子力発電普及の機運が生じてくる。

アイゼンハワー演説の背景には、ソ連の水爆実験だけではなく、その年、原爆製造のためのプルトニウム生産用に開発した原子炉の発電への転用計画を、英国が米国に先駆けて表明したことがあった。国際的原発市場の主導権争いが始まっていたのだ。アイゼンハワーの目的は、マンハッタン計画に投入した厖大な国家資金を回収するために、米国企業による核ビジネスを立ちあげ、英国を制して世界の原発市場を掌握することにあった。つまり「平和のための原子力」は、戦時下で形成された米国の産軍複合体、とりわけ原爆製造過程で生まれた核関連企業のためのものであり、その出発点から矛盾に満ちたものであった。

ともあれアイゼンハワーのこの呼びかけに応え、日本の政治家や財界も原子力開発にむかって動きだした。米国が二国間協定を提唱した後の一九五四(S29)年三月、米国がビキニ環礁で水爆実験を行い、ミクロネシアの多数の住民、そして立ち入り禁止区域外で操業していた第五福竜丸ほか日本の多くの漁船が被曝した直後、中曽根康弘を中心とする国会議員のグループが原子力予算をふくむ補正予算の修正案を提案し成立させた。

このことは、物理学者にとって「青天の霹靂」であったといわれる。一九五二年以来、日本における原子力研究のあり方を議論してきた学術会議の努力が完全に無視されたからである。

核エネルギーの使用可能性は百パーセント物理学理論から生み出されたものであるからには、その開発・実用化にあたっては、当然、物理学者が指導的役割をはたすはずのもので、自分たちに相談もなく国が原子力開発に乗り出すことなどありえないと、物理学者ははなから思い込んでいたらしいが、今にして思えば、世間知らずと言うか、自惚れていたと言わざるをえない。

そして、電力会社や中央官庁が原子力開発にむかって一斉に走り出した時点で、研究の中心的な担い手は物理学者から工学畑の研究者や技術者に移行していくことになった。もともと原子力研究といっても、物理現象としての核分裂については理論もすでに解明されていたのであり、もはや技術研究の領域に焦点が移っていたのであるから、当然といえば当然である。

その後、物理学者の抵抗は、一九五四年の学術会議総会で「原子力の研究と利用に関し、公開・民主・自主の原則を要求する声明」を採択させ、翌五五年、国会で「原子力基本法」が議論されたさいに「自主」「民主」「公開」という実効性の乏しい三原則を書き込ませたのが精一杯であった。実際、その後の日本の原子力開発は、「自主」とはほど遠い米国の技術の直輸入に依拠したもので、とてもではないが「民主」とも「公開」とも言えない商業ベースで進められることになる。

結局、物理学者は、「原子力平和利用」の幻想をかきたてて、官産の主導による戦後日本の原子力開発の露払いをつとめたことになる。

2　原子力開発の政治的意味

国策として原子力発電に取り組むべきことを日本で最初に提唱したのは、一九五四(S29)年の中曽根康弘であった。それはもちろん前年のアイゼンハワーの国連演説に呼応したものであるが、実は、中曽根はそれ以前から原子力に強い関心を有していた。占領下の日本ではGHQにより原子力研究が禁じられていたが、独立にあたって締結されるべき講和条約に原子力研究の禁止条項が含まれるかどうかについて、物理学者は気を揉んでいたのだが、中曽根も同様の思いでいた。対日講和条約締結にむけて一九五一年に来日した米国の特使ジョン・F・ダレスに、中曽根は原子力研究の自由を求める書簡を送っていたのである。

その中曽根の原子力研究重視の根底にあったのは、学問的関心でないのはもちろんのこと、経済的関心でさえなく、端的に大国主義ナショナリズムであった。一九五五年の原子力基本法をめぐる国会の議論で、中曽根は「日本の現在の国際的地位は戦争に負けて以来非常に低い」という現状認識を踏まえて語っている。

われわれが国際的地位を回復し、日本の科学技術の水準を上げるということは、原子力や科学によって可能であると思うのであります。……日本の国際的地位を回復するという意味におきましても、原子力基本政策を確立するということは、歴史的意義を有することと思うのであります。

戦前には巨大戦艦を保有することが「一等国」の条件と見られていたのとまったく同様に、核兵器が誕生した戦後世界においては、日本が帝国主義列強クラブのメンバーに今一度返り咲くための有効な手段が、原子力と考えられていたのである。国家主義者にとって、原爆保有は「超大国」の証《あかし》であり、核技術と原子力発電の保有はそれにつぐ「一流国家」のステータス・シンボルなのであった。

前節で見たように、原子力の「軍事利用」と「平和利用」の二分法は戦後ひろく語られてきた。しかし、そもそも軍事技術と非軍事技術の境界はあいまいであり、戦後世界において最先端技術が産軍複合体のなかで営まれているかぎり、両者をクリヤカットに分離することはできない。しかも中曽根のこの発言は、核技術が原爆製造に始まり原爆製造に直結する技術であるかぎり、たとえ直接的な目的が非軍事的・産業的利用であったとしても、その技術の所有それ自体が大国主義ナショナリズムの発揚であり、国際社会での発言力の強化をもたらすという、きわめて政治的な意味を持つことを示している。かつてド・ゴールのフランスと毛沢東の中国が原爆保有に躍起となったのも、おなじ理由である。政治という座標軸で見るとき、「平和利用」「軍事利用」の二分法は意味を失うのである。

そのことを端的に示したのが、岸信介の潜在的核武装論であった。

先述の武谷編『原子力』の論考に「増殖炉《ブリーダー》」が言及されていた。天然ウランはウラン238とウラン235の同位元素からなり、核分裂する、つまり「燃える」のは後者のみである。しかし後者の含有率はきわめて少なく、日本の商業用原子炉（軽水炉）では、「燃料」としてウラン235の含有率を高めた「濃縮ウラン」を米国から購入している。このウラン235の核分裂のさいに出てくる中性子がウラン238に吸収されるとプルトニウム239が作られ、これも核分裂性である。したがってこのプルトニウム239とウラン238をうまく使い、プルトニウムが核分裂をしたさい出てくる二つあまりの中性子のひとつが他のプルトニウム239に吸収されることで連鎖反応を続け、いまひとつがウラン238に吸収されることにより新たにプルトニウム239が作られるようにすれば、理論上では、燃料が「消費され」ながら同時に「生成される」ことが期待され、その意味で「増殖炉」と言われる。

日本の原子力政策の大綱は、一九五六（S31）年以来、原子力委員会の長期計画という形で、ほぼ五年ごとに決定されてきた。その最初の長期計画で、すでに増殖炉の国産化が最終目標として語られていた。原子力発電では、使用済み核燃料をそのまま廃棄にする方式と、使用済み核燃料から残存ウランと生成されたプルトニウムを抽出し再利用する「再処理」と言われる方式があり、早くから日本は、自前で核燃料を調達するための天然ウランの濃縮、および使用済み核燃料の再処理をふくむ核燃料サイクルの確立をめざしてきた。再処理の目的は、公式には増殖炉で使用するプルトニウムを得るためとされている。

ところで原爆を作るためには、天然ウランから濃縮ウランを作り出すか、使用済み核燃料の再処理によりプルトニウム２３９を抽出するかの、いずれかの方法がある。とくに再処理で抽出されたプルトニウムは純度が高く、これから原爆(プルトニウム爆弾)を作るのは比較的容易とされる。実際にもインドは、民生用原子炉の使用済み核燃料から抽出されたプルトニウムで原爆を作りあげた。もちろん、増殖炉で得られるプルトニウムも高純度で、それ自体すぐれた原爆材料になる。その意味で、核燃料の再処理によるプルトニウムの抽出、そして増殖炉建設は、いずれも原爆製造に直結する機微《センシティブ》技術と言われる。そうだとすれば、たとえ直接の目的が民生用であれ、再処理やウラン濃縮のための施設を建設すること、そして増殖炉を建設することは、とりもなおさず、核武装にむけての潜在的能力を高めることになる。

そしてそれが潜在的核武装であることを明言したのが、岸信介であった。戦争中に東条内閣の商工大臣をつとめ、戦後、Ａ級戦犯で逮捕されながら起訴を免れ、占領軍権力に取り入って総理大臣にまでのぼりつめた岸は、一九五〇年代に原子力開発のアクセルを踏むことになるが、後に語っている。

原子力技術はそれ自体平和利用にも兵器としての使用も可能である。どちらに用いるかは政策であり国家意思の問題である。日本は国家・国民の意志として原子力を兵器として利用しないことを決めているので、平和利用一本槍であるが、平和利用にせよその技術が進歩するにつれて、兵器としての可能性は自動的に高まってくる。日本は核兵器を持たないが（核兵器保有の）潜在的可能性を高めることによって、軍縮や核実験禁止問題などについて、国際の場における発言力を高めることが出来る。（岸、一九八三）

岸が唱えた、その気になればいつでも核武装できる状態に日本をしておくというこの「潜在的核武装」路線は、「すべての産業能力は潜在的軍事力である」というかつての総力戦思想を踏襲したものであり、これこそが、技術的にもきわめて困難で超多額の経費を要する核燃料の再処理と増殖炉建設に日本が固執し続けてきた裏の理由であり、政治の世界において原子力開発が推進されてきた背景である。実際、岸は一九五七（Ｓ32）年五月七日に外務省記者クラブで「現行憲法下でも、自衛のための核兵器保有は許される」と語り、五九年三月一二日の参院予算委員会で「防衛用小型核兵器は合憲」とあらためて表明し、将来的な核武装にむけてフリーハンドの維持に努めてきた。

ＮＰＴ（核拡散防止条約）が発効する前年の一九六九年に外務省の非公式組織である外交政策企画委員会によって作成された「わが国の外交政策大綱」には「核兵器については、ＮＰＴに参加すると否とにかかわらず、当面核兵器は保有しない措置をとるが、核兵器製造の経済的・技術的ポテンシャル（潜在能力）は常に保持するとともに、これに対する掣肘をうけないよう配慮する」とある。岸の語った潜在的核武装路線は、外務省に引き継がれているのである。

そのことは、核燃料の再処理をめぐるこれまでの日米間の交渉に見てとれる。

核燃料（濃縮ウラン）の用途については、使用後の処理もふくめて、日米原子力協定によって提供国アメリカに厳密に管理されている。一九六八年に発効した最初の協定では、使用済み核燃料の再処理にかんして「個別的事前同意」が必要とされていた。つまり再処理を日本で実施する、あるいは海外に委託するたびごとに、米国の了承を得なければならなかった。インドが民生用原子炉の使用済み核燃料から得られたプルトニウムで原爆を作りあげたときに、危機感をいだいた米国の民主党カーター政権が、七七年に日本の再処理を停止させ、そのため東海村再処理工場の運転が止められることになった。このとき、日本の通産省、科学技術庁、そして外務省の原子力官僚たちは、カーター政権と「必死で闘い」、日本の再処理路線を「守ろう」としたのである。米国側は、核燃料サイクルにたいする日本の「異常なまでの執着心」に強い印象を持ったと言われる。

しかし米国の原子力産業つまり核兵器産業に支えられた共和党レーガン政権が登場し、カーター政権の規制方針を転換させたとき、情勢は日本に「有利に」変わり、一九八八(S63)年に締結され二〇一八年まで有効な新日米原子力協定には、定められた施設における再処理の実施を事前に承認する「包括的事前合意」が盛り込まれた。米国側からの了承が事実上不要ということで、その結果プルトニウム使用にたいする規制が大幅に緩められ、日本の再処理と増殖炉建設の路線が延命した。それは非核保有国では日本だけに認められた「特権」である。

かくして、東海村の施設と海外委託で生成された日本のプルトニウム保有量は、現在すでに四八トンに達する(『東京新聞』2017. 7. 16)。国際原子力機関(IAEA)の指針では、核兵器を一個作ることの出来るプルトニウムの量は、8キログラムとされている。ということは、日本は、実に六〇〇〇発のプルトニウム爆弾を作り得るだけの材料を、保有していることになる。

一九九二年一一月二九日の『朝日新聞』には「日本の外交力の裏付けとして、核武装選択の可能性を捨ててしまわないほうがいい。〔核兵器の〕保有能力は持つが、当面、政策として持たないという形でいく。そのためにもプルトニウムの蓄積と、ミサイルに転用できるロケット技術は開発しておかなければならない」という外務省幹部のまことに正直というか、あからさまな談話が記されている。核燃料サイクルにたいする日本の「異常なまでの執着心」の根っ子に潜在的核武装路線があるという想定は、けっして無理なこじつけではない。すくなくとも、外国からそのように受け取られても不思議はない。自覚していないのは、日本人だけである。

二〇一一年の福島の事故後、ドイツとイタリアは脱原発を宣言した。このことは、ドイツとイタリアは将来にわたって核武装をすることはない、という国際的メッセージを意味している。それにたいして日本は、いまだ原発使用と核燃料再処理に固執しているし、他方では、国連で一二二カ国が賛同した核兵器禁止条約には、核保有国とともに署名を拒んでいる。これらのこともまた、日本が将来的な核武装のオプションを残していることの状況証拠を与えている。

状況証拠だけではない。一九五五年に制定された「原子力基本法」の「第二条　原子力の研究、開発及び利用は、平和の目的に限り、安全の確保を旨として、民主的な運営の下に、自主的にこれを行うものとし、その成果を公開し、進んで国際協力に資するものとする」にたいして、二〇一二年六月二〇日の参議院本会議で、以下の条文が追加された。

> 前項の安全の確保については、確立された国際的な基準を踏まえ、国民の生命、健康及び財産の保護、環境の保全**並びに我が国の安全保障に資することを目的として**、行うものとする。（太字強調は山本による。）

日本の原子力開発の目的に、「わが国の安全保障」すなわち広義での軍事目的が掲げられることとなったのだ。日本における原子力開発は、たんに経済だけの問題ではなく、それ以上に政治と軍事と外交の問題であったし、現在もますますそうなのである。二〇一六年四月に安倍内閣は「核兵器でも、必要最小限にとどまるものであれば、保有することは必ずしも憲法の禁止するところではない」との政府答弁を閣議決定した。将来的な核武装のオプションを残しておくという日本の一部の支配層の思惑を過小視してはならない。

3　日本の原子力開発

日本の原子力開発が実際に動き出すのは、原子力予算が成立した一九五四(S29)年からであり、正力松太郎が政界に進出し、あわよくば宰相の座をかすめ取ろうという野心を実現するための道具として原発を使ったことに端を発する。もっとも、原子力の知識の乏しい正力が実際にやったことは、英国から出来合いのコールダーホール型原子炉(天然ウラン黒鉛炉)を丸ごと購入するという安易なものであった。

しかし、巻き返しに出た米政府が、軽水炉の燃料となる濃縮ウランと必要な技術の供与を申し出てのちは、日本では商業用としてはもっぱら米国のメーカーの軽水炉(ウエスティングハウスの加圧水型とゼネラルエレクトリックの沸騰水型）が使われるようになった。

米国は自国原子力産業育成のために、将来有望な原子力市場となるであろう国に原発と余剰の濃縮ウランを売り込み、それに付随して留学制度を設け、受けいれた留学生に核技術の教育を施した。一九五〇年代後半、日本のメーカーや電力会社は、技術者を米国に留学させ、米国から与えられた資料や文献を学ぶところから始めたのである。かつて明治の初めに工部省が行った技術者教育のやり方とおなじである。「自主」もなにもあったものではない。

日本の電力会社やメーカーの原子力開発はこのようにして始まったが、国策としての日本の原子力開発は、一方における通産省と電力会社と原発メーカーのブロック、もう一方における傘下に原子力研究所を擁する科学技術庁の二本立てで行われることになった。前者は商業用の原子炉建設、後者は増殖炉にいたる技術開発を主たる任務とし、形式的にはその全体を統括するものとして原子力委員会が置かれ、それがほぼ五年単位の長期計画を立てる、という配置になっていた。実際には、原子力委員会は技術面でも政策面でも能力が低く、実質的な力をもっていたのは官僚機構、とくに通産省であった。「原子力開発利用長期計画」は戦時下の官僚主導統制経済の戦後版といえる。

商業用原子力発電の拡大を指導したのは、一貫して通産省であった。国の原子力政策にのっとって一九六〇年代中期に、三菱重工がウエスティングハウスと、東芝、日立、石川島播磨がゼネラルエレクトリックと、それぞれ提携し、原発メーカーとして踏み出した。日本の原発建設の弾みがつくのが石油危機の一九七三年であり、この年、通産省に資源エネルギー庁が設けられ、翌年に電源三法が制定された。そして七五年、資源エネルギー庁長官官房原子力産業室は原子力産業課に昇格したが、その課がその年に発行した『日本の原子力産業』の末尾には「我が国の原子力利用は、約20年の歴史を経てこれから本格的な実用化の時期を迎えようとしている……」と謳われている。以降、九〇年まで、ほぼ毎年二基弱というハイペースで原発建設は続き、二〇世紀末には五〇基をこえるまでに増加することになる。それも七二年までの五基はいずれも出力は五〇万キロワット以下であったが、その後は一〇〇万キロワット級のものがつぎつぎ造られていったのであり、七〇年代後半から八〇年代にかけて原発依存が飛躍的に拡大していった。こうして日本は、二〇世紀末に有数の原発大国になった。

しかしそれは、電力需要が増加し続けたからではない。第一次石油危機の一九七三年でもって高度成長は終焉し、以後、日本経済は安定成長期にはいり、また多くの企業が生産拠点を海外に移していた。高度成長が持続していた六一年から七三年までの一二年間、全国の電力需要は三・七倍に増加し、東京電力の販売電力量も三・八倍の増加を記録しているが、第二次石油危機の七九年以降、電力消費は頭打ちになっていた。原因は産業構造の変化、つまり鉄鋼をはじめとするエネルギー多消費型素材産業衰退の始まり、技術革新による製造工程における省エネの進行、省エネ型家電製品の普及、生産拠点の国外への移転、等が考えられるが、いずれにせよ電力会社の発電能力が過剰になっていたのである。「こうした構造変化が完了した八〇年代前半に入って、脱石油が急速に進んだ。それは通産省の予測を遥かに越えるものであったため、原子力エネルギー開発の理由が立たなくなって困る、という皮肉な現象が生じた」と言われる(中山、一九九五)。実際、八六年に東京電力の社長は、冷夏の予想にたいして電力が余ることを心配し、八七年に九州電力の社長は、電力の需要を拡大しなければならないと語っている(『東京新聞』1986. 7. 17,『朝日新聞』1987. 7. 29)。電力の需要があって原発を造ったのではなく、原発を造ったことで電力需要の掘り起こしが必要になったのである。

七〇年代、八〇年代の原発建設ラッシュは、ひとつには、高度成長終焉後にも「原発御三家」と称される日立、東芝、三菱といった原発メーカー、さらにはゼネコン、鉄鋼、セメント等の企業を儲けさせるためのものであった。言うならば原発ビジネスのための原子力開発であった。実際、一基五〇〇〇億といわれる商品が、市場を介することなく毎年確実にほぼ二基のペースで買い上げられるのであり、軍需生産と同様、メーカーにとってこれほど旨い話はない。米国流の新自由主義のかけ声のもと、規制緩和・自己責任が叫ばれ、社会保障費が抑制され、社会的弱者のためのセーフティネットがつぎつぎ撤廃されている反面、戦時下に形成された官産の総力戦体制は依然として健在で、とりわけ軍需産業や原発メーカーは「国策会社」として過剰に保護されていたのである。

そして原発推進のいまひとつの目的は、政治家や官僚の利権構造を維持するためであった。そのようなことが可能となるのは、電力会社では、総括原価方式によっていくら経費がかかってもその何パーセントかの利益を上積みできるように、電気料金が設定されていたからである。そのため電力業界は、他の業種では考えられない潤沢な宣伝費を使ってマスコミを抱き込み、同様に、多額の研究費の寄付で大学の研究室を買収し、都合の良いことしか語らないマスコミと御用学者を生み出してきた。それに加えて、原発立地自治体買収法とも言うべき電源三法により自治体に多額の交付金が流れ込み、自治体の原発依存体質が形成されていった。

結局、日本の原発建設は、政・官・産・学そしてメディアからなる原子力ムラの利害のためになされていたのである。もちろんそのことは、資本主義社会でのあり方としても、きわめて不健全で正当性を欠くことである。

しかしそれ以前に原発は、それ自体がきわめて問題のある技術であることを認めなければならない。

原爆は純粋に物理学の理論から生まれた、百パーセントの科学技術であり、しかもそれは、純粋の軍事目的から始まった。物理学や化学の理論から生まれたという意味での科学技術は、一九世紀前半の電気工学に始まり、その後、一九世紀後半に化学工学が生まれ、そして二〇世紀中期に原子力工学が誕生した。科学技術のこの発展とともに、原理論からその工業的応用までの距離は広がり、それに応じて工業化にともなう問題も拡大していった。実際、試験管の中での微少試薬による化学反応から大規模な工業化までの距離は大きく、そのため化学工業では、公害すなわち有害物質による環境汚染が深刻な問題として浮上することになった。

極微の物質による核反応の実験から原爆製造までの距離はさらに大きく、解決しなければならない問題は、さらに複雑で困難で、しかも危険であった。化学工学でも、それまで自然界には存在しなかった有毒物質をいくつも作り出したが、原子力工学では、もっとも危険な物質と考えられるプルトニウムをはじめ、化学反応では処理しえない、それゆえ取り扱いのさらに困難で危険な放射性物質を生み出した。たとえば、物質中をほとんど無抵抗に通過する中性子線による金属やコンクリートの脆化と言った問題は、原子力工学で初めて遭遇した問題である。

しかし、戦争中の米国の原爆開発は、ドイツより先に原子爆弾を作ることのみを唯一最大の目的とし、経済性も安全性もすべて無視した突貫工事であり、原発はその副産物である。したがって、原子力の技術なるものは、民生用技術としてはきわめて未熟で不完全なのである。

原子力発電では先行していた英国がコールダーホール型原子炉で世界市場にうってでたとき、それまで潜水艦のエンジンのための動力炉の開発に力を入れていた米国は、巻き返しをはかって、急遽、潜水艦動力炉の技術を発電に転用して外国に売り込んだ。それが米国の軽水炉であり、それゆえ商品としてはきわめて完成度の低いものであった。実際、この軽水炉は運転開始とともにさまざまなトラブルをひき起こしているが、それだけではない。

そもそも原発は、軽水炉にかぎらず、燃料としてのウラン採掘の過程から定期点検にいたるまで労働者の被曝が避けられないという問題、運転過程での熱汚染と放射線汚染という地球環境への重大な影響、そして使用後にはリサイクルはおろか人の立ち入りをも拒む巨大な廃炉が残され、さらには数十万年にわたって危険な放射線を出し続ける使用済み核燃料の処分方法が未解決であるという、およそ民生用の商品としては致命的ともみられる重要な欠陥をいくつも有している。通常の商品では、このどれひとつがあっても、市場には出しえない。

東京電力の発行した『原子力発電の現状(二〇〇四年度版)』によると、ウランの「可採年数(確認可採埋蔵量÷年需要量)」が「八五年」とある。この値は文献によりばらつきがあるが、最大でも二〇〇年程度である。その高々二〇〇年の原発使用で、人間の近寄れない夥しい数の廃炉と一〇万年単位で保管の必要な放射性廃棄物が、何世代にもわたる子孫に大量に残されるのだとすれば、それは子孫にたいする背信と言うべきであろう。

決定的な点は、そもそも安全性が実証されていないという問題である。原発とそれまでの技術の本質的な違いは、原発はひとたび事故が起こると「暴走」する、すなわち人間のコントロールが利かなくなる、という可能性があることである。そのために、原発には緊急事態にたいして、暴走を防ぐための緊急炉心冷却装置(ECCS)が装備されているが、それが設計通りに作動するかどうかは、実証されていない。現実に事故が起こったならば大変な事態になるため、ECCSが確かに作動するかどうかを実際に確かめることが不可能で、安全性の確認は部分的機能にたいしてか、さもなければコンピューター・シミュレーションという模擬実験によってでしかなしえないのである。つまり原子炉の安全性はひとつのフィクションのうえに語られている。緊急時にブレーキが働くかどうか、計算上は働くはずだということだが実際に確かめたことのない車に乗って高速で走っているようなもので、冷静に考えるとおそるべきことである。

このような本質的な問題をかかえながらも、日本の原子力開発は、きわめていびつな体制で、問題をすべて棚上げにして、なし崩しに進められてきた。

4　そして破綻をむかえる

国策として進められた日本の原子力開発は、大きく分けて、以前の科学技術庁から引き継がれた日本原子力研究開発機構(日本原子力研究所と動力炉・核燃料開発事業団――略称「動燃」、一九九八年以降は核燃料サイクル開発機構――が二〇〇五年に統合されたもの)による増殖炉建設の開発と核燃料サイクルの確立にむけた研究、そして経済産業省(旧通産省)と原発メーカーおよびユーザーとしての電力会社のブロックによる商業用原発の製造と使用、の二系列で進められてきた。

日本が原子力開発の「最終目的」と当初から掲げてきた増殖炉は、経済的に採算がとれないということだけではなく、コントロールがあまりにも困難で技術のキャパシティーをこえているということから、日本以外の国では、ずっと以前にすべて放棄されている。一般に原子炉の開発は、実験炉↓原型炉↓実証炉↓実用炉と順を追って進められる。イギリス、ドイツ、アメリカは、すべて実証炉以前の段階で、そしてフランスは実証炉の段階で、いずれも二〇年以上も前に増殖炉建設計画からの撤退を決定している。

日本では「もんじゅ」が、増殖炉の原型炉として一九八二年に建設が閣議決定され、動燃が八五年に建設を開始し、九四年に臨界に達し、翌年に発電を開始したが、四カ月後にナトリウム漏洩火災の大事故を起こし、ようやく二〇一〇年に運転を再開したが、その三カ月後にふたたび事故を起こし、さすがにこれ以上の計画延長は無理と判断せざるをえなくなり、ようやく二〇一六年末に廃炉が決定された。総額一兆七八四億円をかけて、二二年間の稼働はわずか二五〇日であった。これは日本原子力研究開発機構の最終的な破綻を意味している。

また、おおやけには増殖炉の燃料生産のためとして、動燃が茨城県の東海村に建設した再処理施設でも、九七年に火災爆発事故を起こし、さらに一九九三年に建設が始まり、九七年に完成予定であった青森県六ヶ所村の再処理工場も、実に二三回の稼働延長を重ね、いまなお稼働できていない。現在は二〇一八年に稼働予定とされているが、これも事実上、破綻していると見るべきである。「燃料を消費しながら生成しつづける」という夢の増殖炉計画は、二〇世紀技術の蜃気楼でありつづけ、二一世紀になってついに消滅したのである。

しかしそれにもかかわらず、日本政府は、増殖炉建設計画と再処理による核燃料サイクルの延命を語っている。その背景として、ひとつには、核燃料サイクルの放棄を決定すれば、再処理のためのものとして現在各原発に保有されている使用済み核燃料がすべて「廃棄物」にかわり、電力会社の資産が激減するという、これまで決断を先送りしてきたことのつけが回ってきたと言うしかない「不都合」が語られているが、いまひとつには、先にふれた一部の政治家と外務官僚が画策してきた潜在的核武装路線が考えられる。核武装に直結するプルトニウムの備蓄のための表向きの口実を、政府は手放していないのである。

他方、経産省サイドの破綻は、福島第一原発の事故、そして東芝の敗北に象徴されている。原子力発電が地球温暖化対策の切り札であるかのような手前味噌な宣伝により「原子力ルネサンス」なるものが語られていた二〇〇六年、東芝は、アメリカの原発メーカー・ウエスティングハウスを五四億ドル(当時の為替レートで六六〇〇億円)で買収し、原子力部門の海外展開に社運を賭けた。それを促し支援していたのが、原発輸出を成長政策のひとつの柱に考えていた経産省であった。二〇一〇年に経営方針説明会で東芝の社長は「半導体と並ぶ二大事業と位置づける原子力で、ウラン採掘から使用済み核燃料再処理に至る核燃料サイクル全分野で提携などを模索していく」と大風呂敷を広げた(『朝日新聞』2010. 7. 7)。それから五年、「日本の産業史上最悪」と言われた東芝の粉飾決算が発覚したが、その真の原因は原発にあった。そして二〇一七年三月に、東芝の子会社となっていたウエスティングハウスが経営破綻し、それにともない東芝は、製造業としては最大の一兆円をこす赤字を出し、再建のために虎の子の半導体部門の売却を決定した。元も子も無くしたのである。

原子力ムラの一翼として、国家の過剰な保護の下で電力会社と慣れあってきた体質の商売が、海外では通用しなかったと言える。前章で見た大西康之の書には「一四二年の歴史を持つ名門企業、総合電機大手の東芝は、この時点で〈消滅〉した。それは東京電力、NTT(旧日本電信電話公社)に依存した日本の電機産業の〈終わり〉を意味する」とある(大西、二〇一七)。しかし問題は、電機産業だけにあるのではない。「問題の本質は、政権・経済産業省・原子力ムラ・原発企業等からなる〈日本株式会社〉の失敗にある。東芝凋落で示されたのは安倍政権の成長戦略の危うさだ」(『東京新聞』2017. 5. 11)という経済学者・竹田茂夫の指摘がより本質をついている。経済成長の強迫観念《オブセッション》にとらわれた戦後の総力戦の破綻である。

そして経産省ブロックの中心に位置する原発ユーザーの東京電力は、福島の事故で原発依存の決定的な破綻を迎えた。実はこれまで日本の原発は何度か事故を起こしているが、歴史的に重大なこととして、つぎの二点だけ触れておきたい。

ひとつは、東海村のウラン燃料の加工を業務としていた会社、ＪＣＯの事故である。

ＪＣＯでは、国が定めた正規マニュアルによってではなく、簡略化した裏マニュアルで行うような杜撰《ずさん》な作業が常態化していて、その結果、一九九九年九月、ウラン溶液が臨界に達して核分裂の連鎖反応が生じ、放射線の急性障害で死者二名、被曝者六六七名という大事故を起こした。原爆の爆発を別にすれば、原子炉の外で制御なしに核分裂の連鎖反応が生じたという、管見のおよぶかぎり、世界で初めての驚くべき、恐るべき事故である。

裏マニュアルによる作業は、需要元である電力会社からの納入価格引き下げ要求にたいする会社としてのコスト削減努力の結果であり、作業員二名の死は、作業内容にたいする正確な知識が与えられていなかったことのもたらした悲劇であるが、根本的には直属する企業とその上にある電力会社の利潤追求の痛ましい犠牲と言わなければならない。

世界を呆れさせ、日本の「安全神話」を打ち砕いたこの事故は、国内では、下請けの特殊で低レベルな問題として、十分な教訓を汲み上げることなく片づけられてしまった感があるが、しかしきわめて重要な問題をはらんでいた。というのも、ＪＣＯ社員の「決死的」な働きで、二〇時間かかって臨界状態を終わらせることに「成功」し、ともかくも事故は終息したのだが、このことは、核物質を扱う原発関連の事故では、事故対策や住民救助に場合によっては「決死隊」が必要とされるという、それまで誰もが目を瞑って考えないようにしていた決定的な事実を否応なく突きつけたのである。

「決死隊」を命じうる組織としては軍隊しかなく、したがって核エネルギーの使用は、一歩間違えれば強力な軍隊の出動を必要とする過酷で非情な事態をもたらす類のものなのである。

そしていまひとつは、言うまでもなく二〇一一年三月一一日の東京電力福島第一原発四基の、全電源喪失による爆発事故である。福島の事故については多くのことがすでに語られているので、一点だけふれるにとどめる。

東京電力は、福島第一原発の汚染水対策の切り札として始めた凍土遮水壁について、二〇一六年の夏、完全に凍結させることは難しいと発表した。全国紙はあまり大きくは取り上げなかったが、さすがに『福島民報』(七月二〇日)は大きく一面トップで東電の裏切りを報じた。そして今なお、溶解した核燃料の状態はわかっていない。完全に「お手上げ」なのである。

一九六四(S39)年六月の新潟地震で、大小三〇〇基の石油タンクが炎上する大火災があった。日本で初めての石油コンビナート火災で、当時の消火能力ではどうしても消すことができず「お手上げ」の状態になり、関係者に多大なショックを与えた。しかし火は、そのまま二週間ほど燃え続けて自然鎮火した(星野、一九七五)。当時、「お手上げ」と言っても、その程度のことであった。

それにくらべて福島の原発事故では、発生から六年以上も経っていまだにどうにもこうにもしようがない状態が続いている。現場で悪戦苦闘している技術者や労働者には頭がさがるし、県外に避難した福島の人々の苦渋には言葉もないが、現実にはどうしようもない状態であり、私たちは、この事故の後始末に、今後何年も何十年もつき合わなければならないのである。このことは、原発事故が今まで人類が経験した事故と決定的に次元が異なるということを意味している。

反原発運動に生涯をかけた故高木仁三郎の言葉を借りれば原子力は「消せない火」なのだ。その高木は、生前最後のメッセージに「原子力時代の末期症状による大事故の危険と結局は放射性廃棄物がたれ流しになってゆくのではないかということに対する危惧の念は、今、先に逝ってしまう人間の心を最も悩ますものです」と書き遺している(高木、二〇一一、二〇〇〇)。予言的である。明治とともに始まった日本のエネルギー革命は、一九七〇年代中期の高度成長の終焉でどん詰まりを迎え、福島の事故でオーバーランしたのである。

二〇一四年五月二一日、住民が大飯原発三・四号機運転の差し止めを求めた裁判において、福井地方裁判所はその請求を認め、生存を基礎とする「人格権」は憲法上の権利としてすべての法分野で最高の価値を持ち、原発稼働のような経済活動の自由の上位にあるとし、確言している。

コストの問題に関連して国富の流出や喪失の議論があるが、たとえ本件原発の運転停止によって多額の貿易赤字が出るとしても、これを国富の流出や喪失というべきではなく、豊かな国土とそこに国民が根を下ろして生活していることが国富であり、これを取り戻すことができなくなることが国富の喪失であると当裁判所は考えている。

福島の事故は、明治以来、「富国強兵」から「大東亜共栄圏」をへて戦後の「国際競争」にいたるまで一貫して国家目的として語られてきた「国富」の概念の、根底的な転換を迫っているのである。

おわりに

一九世紀に西欧で科学技術が生まれて以来今日までのほぼ二〇〇年間、科学技術の発展と経済成長が相携えて世界を席巻してきた。日本もまた、開国以来、ほぼ五〇年の遅れで、その世界史的な奔流に取り込まれ、多くの犠牲を払いながらキャッチアップに邁進してきた。

しかし増殖炉開発計画の事実上の破綻と、福島第一原発の事故は、科学技術の限界を象徴し、幕末・明治以来の一五〇年にわたって日本を支配してきた科学技術幻想の終焉を示している。科学技術の進歩によってエネルギー使用をいくらでも増やすことができ、それにより経済成長がいくらでも可能になるというようなことがありえないことを示したのである。

綻びは原発だけではない。一二月一一日の新幹線「のぞみ」の重大インシデントは、科学技術への過信のもとで車体の軽量化による高速化が追求された末の大惨事を予告している。

そのうえ日本における二〇一一年からの人口減少は、開国以来一世紀半にわたって進められてきた経済成長の現実的条件が失われたことを示している。

『毎日新聞』(2017. 10. 20)の「仲畑流万能川柳」への投句に「武器原発カジノが成長戦略か」とある。正常な商品経済では最早経済成長が望めないことを、安倍政権の経済政策自身が語っているのである。

「殖産興業・富国強兵」に始まり「総力戦体制による高度国防国家の建設」をへて「経済成長・国際競争」と語られてきた物語、すなわち大国主義ナショナリズムと結合した科学技術の進歩にもとづく生産力の増強と経済成長の追求という、これまでの近代日本一五〇年の歩みから最終的に決別すべき時がきたのである。つまるところ、経済成長を持続しなければならないという命題そのものが問われているのである。すでに二〇世紀末に内橋克人が断言している。

バブル経済崩壊の過程で、自らの犯した消費エラーの後遺症に傷ついた多くの国民は、苦い体験に照らして、猜疑の目を為政者に向けている。政府の想像力をはるかに超えて、今や世界の消費者にとり、節約、倹約、シンプルライフは苦痛ではなく、価値高い生き方の選択の一つになっており、適正な消費を超えた浪費は卑俗な人間的欲望の象徴へと一変している。……個人の消費生活において、人々は「いかにモノを買わないか」に心を砕く。そのことは単に消費者の生活防衛という次元にとどまらず、地球環境・資源問題に処する望ましいあり方である。このあるべき消費者の選択が経済を委縮させ、失業を増やすというのであれば、そのような経済の循環こそが改革の対象でなければならない。（「〈理念型経済社会〉への転換」内橋、一九九九所収）

ポスト資本主義社会を模索し展望する広井良典の書には、現状認識として書かれている。

近代科学と資本主義という二者は、限りない「拡大・成長」の追求という点において共通しており、その限りで両輪の関係にある。しかし地球資源の有限性や格差拡大といった点を含め、そうした方向の追求が必ずしも人間の幸せや精神的充足をもたらさないことを、人々がより強く感じ始めているのが現在の状況ではないか。（広井、二〇一五）

そうだとすると、現在とるべき方向がかなりはっきりしてくる。一九五〇年代末の全学連委員長で農業経済学者・塩川喜信の二〇年前の書物の一節を引用して、結論にかえよう。

市民社会が発達し、国家・市場経済に対する統制力を増し、国家の枠組みの相対的低下が、国境を越えた市民社会、民衆の国際的交流・連帯が、国家権力の発動のもっとも暴力的形態である戦争の防止、多国籍資本の監視、国境を越えた環境保全等を可能とするシステムを遠望している。先進諸国の「失業なきゼロ成長」社会へのソフトランディング、グローバル化する資本と国家への対抗軸は、こうした構造のなかで育まれるのではないかという期待を込めている。「ユートピア」を批判し、「科学的」な未来社会像を描こうとしたのがエンゲルスであったとすれば、「科学的」未来像はあるべくもないことを実感し、「ユートピア」的発想を、民衆の努力・運動・将来社会へのビジョンの提示によって少しでも実現可能な課題とするのが、二〇世紀末に生きる私たちの最小限の課題ではなかろうか。(塩川、一九九六)

二〇年も前にこの指摘があったのは、先駆的である。

日本は、そして先進国と称されてきた国は、成長の経済から再配分の経済にむかうべき時代に到達したのだ。この二〇〇年間の科学技術の進歩と経済成長は、強力な生産力を生み出したが、同時に地球を何回も破壊できるだけの軍事力を生み、少数国による地球資源の収奪を加速させ、世界中の富をきわめて少数の人たちの手に集中させることになった。

限りある資源とエネルギーを大切にして持続可能な社会を形成し、税制や社会保障制度をとおして貧富の差をなくしていくことこそが、現在必要とされている。

かつて東アジアの諸国を侵略し、二度の原爆被害を受け、そして福島の事故を起こした国の責任として、軍需産業からの撤退と原子力使用からの脱却を宣言し、将来的な核武装の可能性をはっきりと否定し、経済成長・国際競争にかわる低成長下での民衆の国際連帯を追求し、そのことで世界に貢献する道を選ぶべきなのだ。

* * *

本書は、二〇一六年一〇月二一日に京都精華大学で行った講演「近代日本と自由——科学と戦争をめぐって」を下敷きにし、敷衍する形で書かれたものです。執筆は、当日、講演を聞いておられた岩波書店編集部・島村典行氏の強い勧めによります。

草稿の段階で、私の勤務先の駿台予備学校の日本史科講師の福井紳一・樋山憲彦両氏に目を通して頂き、貴重なアドヴァイスや誤りの指摘を頂きました。とくに樋山氏には、引用を丹念にチェックして頂き、感謝に堪えません。もっとも、その後、かなり書き直し書き加えたため、また誤りが紛れ込んだかもしれませんが、それはすべて私の責任です。

私に講演の場を与えてくださった京都精華大学のスタッフの皆様、そして岩波書店新書編集部の諸氏、新幹線のゆきすぎた軽量化について示唆を頂いた赤木昭夫氏を含め、これらの方々に深く御礼申し上げます。

二〇一七年一二月二〇日

山本義隆

文　献

資料集

飯田賢一校注『日本近代思想大系 14　科学と技術』岩波書店　1989
内水護編『資料足尾鉱毒事件』亜紀書房　1971
神岡浪子編『資料近代日本の公害』新人物往来社　1971
塩田庄兵衛・長谷川正安・藤原彰編『戦後史資料集』新日本出版社　1984
日本科学史学会編『日本科学技術史大系』第一法規出版株式会社　1963-72
沼田次郎・松沢弘陽校注『日本思想大系 66　西洋見聞集』岩波書店　1974
松本三之介・山室信一校注『日本近代思想大系 10　学問と知識人』岩波書店　1988
山住正己校注『日本近代思想大系 6　教育の体系』岩波書店　1990

主要参考文献・引用文献

〈あ行〉

浅田光輝「退潮期社会科学の思想」住谷悦治等編『講座日本社会思想史 第4　反動期の社会思想』芳賀書店　1967
雨宮昭一『占領と改革』岩波新書　2008
アーミティッジ『テクノクラートの勃興』赤木昭夫訳　筑摩書房　1972
飯塚一幸『日本近代の歴史 3　日清・日露戦争と帝国日本』吉川弘文館　2016
石井寛治『日本の産業革命』講談社学術文庫　2012
石津朋之「総力戦と社会の変化」三宅正樹・石津朋之・庄司潤一郎・山本文史編著『総力戦の時代』中央公論新社　2013
犬丸義一校訂『職工事情 上中下』岩波文庫　1998
ウィリアムズ『二〇世紀技術文化史 上下』中岡哲郎・坂本賢三訳

筑摩書房　1987
内田星美『産業技術史入門』日本経済新聞社　1974
内橋克人『同時代への発言 3　実の技術・虚の技術』岩波書店　1999
ウッド『地球の科学史』谷本勉訳　朝倉書店　2001
海野福寿編『技術の社会史 3　西洋技術の移入と明治社会』有斐閣　1982
大島清・加藤俊彦・大内力『人物・日本資本主義 2　殖産興業』東京大学出版会　1974
大西康之『東芝解体　電機メーカーが消える日』講談社現代新書　2017

〈か行〉
楫西光速・大島清・加藤俊彦・大内力『日本における資本主義の発達(全)』東京大学出版会　1958
鹿島茂『絶景、パリ万国博覧会』河出書房新社　1992
岸信介『岸信介回顧録』廣済堂出版　1983
気象学史研究会編『日本の気象』三一書房　1956
紀田順一郎『近代事物起源事典』東京堂出版　1992
木村匡編『森先生伝』金港堂書籍　1899(復刻版　大空社　1987)
久米邦武編『特命全権大使　米欧回覧実記(一～五)』岩波文庫　1977-82
黒沢文貴『大戦間期の日本陸軍』みすず書房　2000
クローデル『孤独な帝国　日本の一九二〇年代』奈良道子訳　草思社　1999
郷古潔ほか『生産増強の方策』霞ケ関書房　1943
小林英夫『帝国日本と総力戦体制』有志舎　2004
小林英夫『「大東亜共栄圏」と日本企業』社会評論社　2012
小林瑞穂『戦間期における日本海軍水路部の研究』校倉書房　2015
小山弘健『日本軍事工業の史的分析』御茶の水書房　1972

〈さ行〉
沢井実『八木秀次』吉川弘文館　2013
沢井実『帝国日本の技術者たち』吉川弘文館　2015
塩川喜信『高度産業社会の臨界点』社会評論社　1996
渋沢栄一『渋沢栄一　雨夜譚／渋沢栄一自叙伝〔抄〕』日本図書センター　1997
白井厚編『大学とアジア太平洋戦争』日本経済評論社　1996
新藤宗幸『技術官僚　その権力と病理』岩波新書　2002
杉山伸也「いつでもどこでも福沢諭吉」慶應義塾編『福澤諭吉書簡集 第8巻』月報　岩波書店　2002
鈴木淳『明治の機械工業　その生成と展開』ミネルヴァ書房　1996
鈴木淳『日本の歴史 20　維新の構想と展開』講談社　2002
ゾンバルト『戦争と資本主義』金森誠也訳　論創社　1996

〈た行〉
ダイアー『大日本』平野勇夫訳　実業之日本社　1999
高木仁三郎『原発事故はなぜくりかえすのか』岩波新書　2000
高木仁三郎『原子力神話からの解放』講談社＋α文庫　2011
高崎哲郎『評伝大鳥圭介　威ありて，猛からず』鹿島出版会　2008
高野房太郎『明治日本労働通信　労働組合の誕生』岩波文庫　1997
高村直助編『近代日本の軌跡 8　産業革命』吉川弘文館　1994
瀧井一博『渡邉洪基』ミネルヴァ書房　2016
竹内康人『調査・朝鮮人強制労働 ②　財閥・鉱山編』社会評論社　2014
武谷三男編『原子力』毎日新聞社　1950
田尻宗昭『公害摘発最前線』岩波新書　1980
ダワー「二つの「体制」のなかの平和と民主主義」森谷文昭訳　ゴードン編『歴史としての戦後日本 上』みすず書房　2001
鄭在貞『帝国日本の植民地支配と韓国鉄道　1892-1945』三橋広夫訳　明石書店　2008
塚原徳道『明治化学の開拓者』三省堂選書　1978
辻哲夫『日本の科学思想　その自立への模索』中公新書　1973

鶴見俊輔『戦時期日本の精神史——1931〜1945年』岩波書店 1982

〈な行〉
中岡哲郎『人間と労働の未来　技術進歩は何をもたらすか』中公新書　1970
中岡哲郎『近代技術の日本的展開』朝日新聞出版　2013
中根良平ほか編『仁科芳雄往復書簡集 III』みすず書房　2007
中村隆英『日本経済　その成長と構造』東京大学出版会　1978
中村隆英『日本経済史 7 「計画化」と「民主化」』岩波書店　1989
中山茂『帝国大学の誕生　国際比較の中での東大』中公新書　1978
中山茂『科学技術の戦後史』岩波新書　1995
西成田豊『労働力動員と強制連行』山川出版社　2009
野口悠紀雄『一九四〇年体制(増補版)』東洋経済新報社　2010

〈は行〉
ハーバーマス『イデオロギーとしての技術と学問』長谷川宏・北原章子訳　紀伊國屋書店　1970a
ハーバーマス『社会哲学論集(II)』細谷貞雄訳　未来社　1970b
原田正純『水俣病』岩波新書　1972
ヒューズ『電力の歴史』市場泰男訳　平凡社　1996
広井良典『ポスト資本主義　科学・人間・社会の未来』岩波新書 2015
広重徹編『日本資本主義と科学技術』三一書房　1962
広重徹『科学の社会史』中央公論社　1973
福沢諭吉『福沢諭吉選集』岩波書店　1951-52
ベルトラン，カレ『電気の精とパリ』松本栄寿・小浜清子訳　玉川大学出版部　1999
ボー『資本主義の世界史　1500-1995』筆宝康之・勝俣誠訳　藤原書店　1996
星野芳郎『現代日本技術史概説』 大日本図書株式会社　1956
星野芳郎『技術革新 第2版』岩波新書　1975

〈ま行〉
前間孝則『技術者たちの敗戦』草思社　2004
松原宏遠『科学・明治百年史』講談社ブルーバックス　1966
マンフォード『権力のペンタゴン』生田勉・木原武一訳　河出書房新社　1973
三池CO研究会編『福島・三池・水俣から「専門家」の責任を問う』弦書房　2014
水沢光『軍用機の誕生　日本軍の航空戦略と技術開発』吉川弘文館　2017
水野和夫『資本主義の終焉と歴史の危機』集英社新書　2014
三谷太一郎『日本の近代とは何であったか』岩波新書　2017
三好信浩『日本工業教育成立史の研究』風間書房　1979
三好信浩『明治のエンジニア教育』中公新書　1983
森武麿「戦時・戦後農村の変容」『岩波講座日本歴史 第18巻』岩波書店　2015

〈や・ら・わ行〉
矢島祐利・野村兼太郎編集『明治文化史 5　学術(新装版)』原書房　1979
山川健次郎『山川健次郎日記』芙蓉書房出版　2014
山之内靖『総力戦体制』伊豫谷登士翁・成田龍一・岩崎稔編　ちくま学芸文庫 2015
山本義隆『一六世紀文化革命　1,2』みすず書房　2007
湯浅光朝『日本の科学技術100年史(上)』中央公論社　1980
横山源之助『日本の下層社会』岩波文庫　1949
ルーデンドルフ『ルーデンドルフ　総力戦』伊藤智央訳・解説　原書房　2015
渡辺徳二・佐伯康治『転機に立つ石油化学工業』岩波新書　1984
渡辺徳二・林雄二郎編著『日本の化学工業(第4版)』岩波新書　1974

山本義隆

1941年大阪生まれ．東京大学理学部物理学科卒，同大学院博士課程中退，駿台予備学校勤務．

科学史家，元東大全共闘代表．

主な著書に『知性の叛乱』(前衛社)，『重力と力学的世界』全2巻，『熱学思想の史的展開』全3巻(以上，ちくま学芸文庫)，『古典力学の形成』(日本評論社)，『解析力学 I・II』(共著，朝倉書店)，『幾何光学の正準理論』(数学書房)，『磁力と重力の発見』全3巻，『一六世紀文化革命』全2巻，『世界の見方の転換』全3巻，『福島の原発事故をめぐって』『リニア中央新幹線をめぐって』『ボーアとアインシュタインに量子を読む』(以上，みすず書房)，『原子・原子核・原子力』(岩波現代文庫)，『私の1960年代』(金曜日)など．主な訳書に『ニールス・ボーア論文集 1・2』(岩波文庫)，カッシーラー『実体概念と関数概念』(みすず書房)など．

近代日本一五〇年
――科学技術総力戦体制の破綻　　岩波新書(新赤版)1695

2018年1月19日　第1刷発行
2023年4月5日　第11刷発行

著　者　山本義隆《やまもとよしたか》

発行者　坂本政謙

発行所　株式会社 岩波書店
〒101-8002 東京都千代田区一ツ橋2-5-5
案内 03-5210-4000　営業部 03-5210-4111
https://www.iwanami.co.jp/

新書編集部 03-5210-4054
https://www.iwanami.co.jp/sin/

印刷・三秀舎　カバー・半七印刷　製本・牧製本

ISBN 978-4-00-431695-4　　Printed in Japan

岩波新書新赤版一〇〇〇点に際して

ひとつの時代が終わったと言われて久しい。だが、その先にいかなる時代を展望するのか、私たちはその輪郭すら描きえていない。二〇世紀から持ち越した課題の多くは、未だ解決の緒を見つけることのできないままであり、二一世紀が新たに招きよせた問題も少なくない。グローバル資本主義の浸透、憎悪の連鎖、暴力の応酬――世界は混沌として深い不安の只中にある。

現代社会においては変化が常態となり、速さと新しさに絶対的な価値が与えられた。消費社会の深化と情報技術の革命は、種々の境界を無くし、人々の生活やコミュニケーションの様式を根底から変容させてきた。ライフスタイルは多様化し、一面では個人の生き方をそれぞれが選びとる時代が始まっている。同時に、新たな格差が生まれ、様々な次元での亀裂や分断が深まっている。社会や歴史に対する意識が揺らぎ、普遍的な理念に対する根本的な懐疑や、現実を変えることへの無力感がひそかに根を張りつつある。そして生きることに誰もが困難を覚える時代が到来している。

しかし、日常生活のそれぞれの場で、自由と民主主義を獲得し実践することを通じて、私たち自身がそうした閉塞を乗り超え、希望の時代の幕開けを告げてゆくことは不可能ではあるまい。そのために、いま求められていること――それは、個と個の間で開かれた対話を積み重ねながら、人間らしく生きることの条件について一人ひとりが粘り強く思考することではないか。その営みの糧となるものが、教養に外ならないと私たちは考える。歴史とは何か、よく生きるとはいかなることか、世界そして人間はどこへ向かうべきなのか――こうした根源的な問いとの格闘が、文化と知の厚みを作り出し、個人と社会を支える基盤としての教養となった。まさにそのような教養への道案内こそ、岩波新書が創刊以来、追求してきたことである。

岩波新書は、日中戦争下の一九三八年一一月に赤版として創刊された。創刊の辞は、道義の精神に則らない日本の行動を憂慮し、批判的精神と良心的行動の欠如を戒めつつ、現代人の現代的教養を刊行の目的とする、と謳っている。以後、青版、黄版、新赤版と装いを改めながら、合計二五〇〇点余りを世に問うてきた。そして、いままた新赤版が一〇〇〇点を迎えたのを機に、人間の理性と良心への信頼を再確認し、それに裏打ちされた文化を培っていく決意を込めて、新しい装丁のもとに再出発したいと思う。一冊一冊から吹き出す新風が一人でも多くの読者の許に届くこと、そして希望ある時代への想像力を豊かにかき立てることを切に願う。

（二〇〇六年四月）

岩波新書より

岩波新書より

昭和史〔新版〕	遠山茂樹・今井清一・藤原彰
管野すが	絲屋寿雄
山県有朋◆	岡義武
明治維新の舞台裏〔第二版〕	石井孝
革命思想の先駆者	家永三郎
福沢諭吉	小泉信三
吉田松陰	奈良本辰也
「おかげまいり」と「ええじゃないか」	藤谷俊雄
人身売買	牧英正
犯科帳	森永種夫
大岡越前守忠相	大石慎三郎
江戸時代	北島正元
大坂城	岡本良一
織田信長	鈴木良一
応仁の乱	鈴木良一
歌舞伎以前	林屋辰三郎
源頼朝	永原慶二
京都	林屋辰三郎

奈良	直木孝次郎
日本国家の起源	井上光貞
日本神話◆	上田正昭
沖縄のこころ	大田昌秀
ひとり暮しの戦後史	塩沢美代子・島田とみ子
日本精神と平和国家	矢内原忠雄
日露陸戦新史	沼田多稼蔵
伝説	柳田国男
岩波新書で「戦後」をよむ	小森陽一・成田龍一・本田由紀
岩波新書の歴史 付総目録1938-2006	鹿野政直

シリーズ 日本近世史

戦国乱世から太平の世へ	藤井讓治
村 百姓たちの近世	水本邦彦
天下泰平の時代	高埜利彦
都市 江戸に生きる	吉田伸之
幕末から維新へ	藤田覚

シリーズ 日本古代史

農耕社会の成立	石川日出志
ヤマト王権	吉村武彦
飛鳥の都	吉川真司
平城京の時代	坂上康俊
平安京遷都	川尻秋生
摂関政治	古瀬奈津子

シリーズ 日本近現代史

幕末・維新	井上勝生
民権と憲法	牧原憲夫
日清・日露戦争	原田敬一
大正デモクラシー	成田龍一
満州事変から日中戦争へ	加藤陽子
アジア・太平洋戦争	吉田裕
占領と改革	雨宮昭一
高度成長	武田晴人
ポスト戦後社会	吉見俊哉
日本の近現代史をどう見るか	岩波新書編集部編

(2021.10)　◆は品切，電子書籍版あり．　(N3)

岩波新書／最新刊から

1957 **政治と宗教** ―統一教会問題と危機に直面する公共空間― 島薗 進 編

元首相銃殺事件が呼び起こした「政治と宗教」の問題をめぐる緊急出版。国際的視野からの比較も含めて、公共空間の危機を捉え直す。

1958 **いちにち、古典** 〈とき〉をめぐる日本文学誌 田中貴子 著

誰にも等しく訪れる一日という時間を、見ぬ世の人々はいかに過ごしていたのだろう。描かれた「とき」を駆けめぐる古典入門。

1959 **医の変革** 春日雅人 編

コロナ禍で医療は課題に直面し、一方AIなどの技術革新は変革をもたらす。日本医学会総会を機に各分野の第一人者が今後を展望。

1960 **法の近代** 権力と暴力をわかつもの 嘉戸一将 著

法と国家の正統性をめぐって繰り返されてきた議論の歴史。そこにこそ、人間的な生を享受するため、私たちが論ずべきことがある。

1961 **ウクライナ戦争をどう終わらせるか** ―「和平調停」の限界と可能性― 東 大作 著

ウクライナ侵攻開始から一年。非道で残酷な戦争を終結させる方法はあるのか。国際社会、日本が果たすべき役割を検討する。

1962 **「音楽の都」ウィーンの誕生** ジェラルド・グローマー 著

宮廷や教会による支援、劇場の発展、音楽教育の普及など、十八世紀後半のウィーンに音楽文化が豊かに形成されていく様相を描く。

1963 **西洋書物史への扉** 髙宮利行 著

扉を開けば、グーテンベルクやモリスなど、本の歴史を作った人々が待っています。ようこそ書物と人が織りなすめくるめく世界へ。

1964 **占領期カラー写真を読む** ―オキュパイド・ジャパンの色― 佐藤洋一 衣川太一 著

日本の黒い霧を晴らし、認識の空白を埋める、あざやかな色。占領者が撮影した写真を読み解き、歴史認識を塗り替える待望の一冊。

(2023. 3)